KB095359

SR 5점대 돌파!

챕터북, 뉴베리
300권 읽더니

하버드를 꿈꾸기 시작했다!

챕터북, 뉴베리 읽지 못해 고민하는
초3, 4, 5, 6 엄마 필독서!!

SR 5점대 돌파!

챕터북, 뉴베리 300권 읽더니

하버드를 꿈꾸기 시작했다!

이무원·지음

SR 5점대
리딩 벽을 뚫느냐,
못 뚫느냐가 영어 영재
판가름한다!

함빡리딩으로
영어 불꽃 연쇄 반응을
경험한 아이는 평생
영어 자유인 된다!!

사교육 1번지
목동에서 17년간 영어
도서관 운영한 저자의
실전 노하우!!!

좋은땅

요즘은 영어책 읽기가 유, 초등 영어 교육의 확실한 트렌드로 자리 잡았습니다. 인스타그램, 블로그, 유튜브 등 온갖 SNS상에서 영어 동화책 읽기, 영어 독서, 원서 리딩이 유, 초등 엄마들 사이에서 붐을 일으키고 있습니다. 그 이유는 원서 리딩을 꾸준히 하면 언어 회로가 만들어져 영어 영재가 되기 때문입니다.

"해적선이 훔친 보물보다 더 많은 보물이 책 속에 있다."라고 월트 디즈니가 말했습니다. 우리 아이 언어 천재가 되기를 원한다면 엄마가 아이에게 수백 가지 이야기를 들려주라고 하지요. 그만큼 신나는 이야기는 아이의 언어 능력을 변화시키는 놀라운 힘이 있으며 상상력, 창의력, 비판적 사고력을 샘솟게 하는 원천입니다. 이야기가 좋다는 것은 알겠지만 수많은 이야기를 지속적으로 해 줄 수 있는 엄마가 과연 몇 명이나 있을까요? 거의 불가능합니다. 그 대신 천재 작가들이 쓴 아름다운 동화책은 마음만 먹으면 얼마든지 아이 손에 쥐여 줄 수 있습니다. 이처럼 언어 천재가 될 수 있는 영어 교육 방법을 빨리 깨달은 엄마들은 아이가 알파벳 깨우칠 때부터 가정을 영어 독서 환경으로 바꿔 줍니다. 그리고 지속적인 리딩을 위해서 인근 영어 도서관을 최대한 활용하여 독서 습관을 길러 줍니다. 부모의 그런 노력으로 책을 장난감처럼 가지고 놀며, 독서 습관이 잡힌 아이들은 초, 중등 입학할 때가 되면 상당한 수준의 리딩 능력과 영어 두뇌 소유자가 되어 영어 영재가 됩니다.

요즘 유, 초등 아이들 영어 실력은 영어 동화책, 영어 원서 몇 권 이상 읽었는지에 따라 좌우되는 시대가 되었습니다. 즉, 영어 교육 정보에 빠른 엄마를 만나 영어책을 수백 권, 수천 권 이상 읽은 아이들은 이미 영어 영재가 되었고, 그렇지 못한 아이들은 초급 영어책조차 읽기 힘들어 영어 자체를 싫어하는 아이가 되기도 합니다.

이 책은 실제 17년간 목동과 전국 영어 도서관 가맹점을 운영하면서 시스템을 통해 누구에게나 적용할 수 있는 보통 아이들의 성공 이야기입니다. 요즘 영어학원이든, 어학원이든, 영어 사교육 안 시키는 분들이 없지요. 이왕에 시키는 사교육이라면 시행착오를 덜 겪고 내 아이도 영어 잘하는 아이처럼 영어 영재 되기를 바라는 게 엄마들의 소원입니다. 그런 엄마들의 간절한 소원에 대한 해답을 제시하고자 이 책을 집필하게 되었습니다.

"Imagination is more important than knowledge."라고 아인슈타인이 말했습니다. 바야흐로 4차 산업혁명이 펼쳐지고 대화형 AI가 상용화된 시대입니다. 이러한 AI 시대에는 상상력을 바탕으로 기발한 아이디어가 '톡톡' 튀는 인재라야 리더가 되고 인물이 될 수 있습니다. 이러한 상상력의 원천은 주입식 지식 암기 공부나 시험을 잘 보기 위한 입시 영어 공부법으로는 도저히 얻을 수 없습니다.

몇 년 전에 개정된 교육부의 교육 과정 핵심은 바로 창의융합형 인재를 만드는 데 목표를 두고 있습니다. 국가에서 창의융합형 인재를 만들기 위해서 모든 초, 중, 고 교육 과정에서 독서 교육을 강화하고 있습니다.

　영미권 작가들의 뛰어난 상상력을 내 것으로 만들려면 수많은 영어책을 읽어야만 길러집니다. 이제 대한민국 영어 교육도 단순히 단어 암기나 문법, 독해 위주의 시험 잘 보는 입시 위주의 영어 교육을 벗어 던질 때가 되었습니다.

　수많은 영어책을 읽어야 영미권의 문화와 사고방식을 배울 수 있습니다. 영어책을 많이 읽은 아이들은 영어로 생각할 수 있는 사고력, 상상력이 폭발적으로 성장합니다. 이러한 영어 원서를 수백 권 이상 읽은 아이들은 글로벌 시대의 필수 덕목인 실용 영어를 유창하게 구사할 수 있는 능력을 갖출 수 있습니다. 세계를 리드하는 과학, 우주, 생명공학, 인공지능, 로봇 산업, 자율 주행 등, 선진국의 고급 영어 정보를 내 것으로 만들 수 있습니다. 이제야말로 상자 안에 갇혀 있는 틀에 박힌 영어를 버려야 할 때입니다. 상자를 벗어나서 드넓은 세상을 무대로 상상력의 날개를 펼칠 수 있는 원서 리딩을 맛보게 할 때입니다. 그러면 영어가 더욱 재미있어지고 영어 실력이 '쑥쑥' 자라는 우리 아이를 만나게 될 것입니다.

　세상은 4차 산업혁명을 통해서 빠르게 변화하고 있습니다. 그런데 유독 대한민국 영어 교육은 입시 영어에 발목 잡혀 뒷걸음치는 모습이 너무나 안타깝습니다. 이제 그 변화의 물결을 선도하고자 공교육, 사교육이 바뀌고 있습니다. 미래를 내다보는 수많은 학부모와 학생들이 그 대열에 동참하고 있기 때문에 영어 교육에도 큰 변화의 바람이 불고 있습니다.

　영어 교육 변화의 바람으로 요즘은 영어 도서관을 통한 원서 리딩이 초등 영어 필수 코스가 되었습니다. 내 아이가 초3, 4, 5, 6학년이 되었는데도 아직 챕터북, 뉴베리북을 자유자재로 읽지 못하나요? 챕터북, 뉴베리북을 자유자재로 읽을 수 있어야 비로소 영어가 탁! 터집니다. 영어 벽이 뚫립니다. 영어 벽이 뚫리기도 전에 원서 리딩을 포기하셨다고요? 챕터북은커녕 리더스 수준의 초급 영어책 읽는 것조차 어려워하거나 싫어한다고요? 전국의 수많은 아이들의 이와 같은 영어 고민을 해결하기 위해 이 책이 나왔습니다.

영어 도서관을 보내고 있거나, 보내려고 하는 분을 위해 올바른 원서 리딩 노하우를 담았습니다. 사교육 1번지 목동에서 17년간 영어 도서관을 운영한 현장 경험과 전국 각 지역 영어 도서관 가맹점 학생들을 영어 영재로 키운 가장 효과적이고 현실적인 영어 독서 시스템을 안내합니다.

"AI 시대, 영어가 탁! 터지는 폭발적인 원서 리딩으로 영어 영재 만들자~!!"라는 교육 목표로 보통 아이 누구에게나 적용할 수 있는 원서 리딩 시스템을 만날 수 있습니다. 고학년이 되었는데 아직도 영어 챕터북 읽기를 어려워하며 영어 자신감 없는 아이들이 의외로 많습니다. 이런 아이들이 그들의 잠재력을 믿고, 이 책의 방법을 믿고, 영어가 탁! 터지는 폭발적인 원서 리딩 특급 노하우를 잘 따라 하면 자유자재로 영어를 구사하는 영어 영재가 될 수 있습니다. 감사합니다.

저자 이두원

Contents

프롤로그 —4

1장

여우비 리딩 vs 함빡 리딩, 영어 초급 탈출!

01 리딩 황금을 붙잡은 아이 vs 황금을 놓친 아이 —14

02 영어책을 잘 읽지 못해서 고민인 아이들 —20

03 여우비 리딩에서 함빡 리딩으로 조기 유학 대체 —25

04 아직도 영어책을 일일이 해석하면서 읽나요? —29

05 발음 좋다고 영어 잘할까? —35

06 난독증 있는 초2, 초3 아이,
   영어 리딩 유창성 향상을 위한 5가지 읽기 노하우 —39

07 우리 아이, 파닉스 반드시 배워야 할까요? —44

08 영어 동화책 읽기 좋은 감각적 나이 vs 의지적 나이 —49

09 영어 독서 SR 레벨이 오르지 않아서 고민 —52

10 리딩이 먼저냐? 문법 독해가 먼저냐? —61

11 원서 리딩, 단어부터 먼저 외우는 게 맞을까요? —66

12 뇌 속 흩어진 점을 연결하는 신비한 원서 리딩 —70

13 원서 읽기에 가장 좋은 골든 타임 —75

14 초6이 SR 2 초급레벨일 때 취해야 할
   가장 올바른 영어 교육 방향 —79

15 우리 아이, 고급레벨로 못 간 결정적인 이유 —84

16 원서 리딩, 이렇게 했더니 SR 레벨이 껑충 —88

17 논픽션 리딩하기에 가장 좋은 시기는? —93

18 영어 초급 탈출하는 리딩 5단계 특급 노하우!
   영어 동화책, 영어 원서, 제대로 읽는 법!! —97

2장

영어 고속도로 뚫는 챕터북, 뉴베리 읽기 노하우

01 영어 독서는 영어 사고력을 키우는 최고의 방법 — 106

02 원서 리딩 단어 공부와 적재적소 활용 능력 — 110

03 사막 교육 vs 오아시스 교육 — 115

04 묵독이냐? 오디오 듣고 읽기냐? — 120

05 SR 레벨 높이는 가장 효과적인 영어 노출 방법 — 124

06 뉴베리, 해리포터 같은 두꺼운 원서를
남보다 빠르게 읽는 노하우 — 130

07 완독한 영어 원서 권수에 따라 영어 실력 좌우된다! — 135

08 다독이냐? 정독이냐? — 139

09 영어 신세계 맛보는 리딩 뚫리는 5가지 노하우 — 143

10 언어 감각 천재를 만드는 1급 비밀 — 148

11 가장 효과적이고 빠른 문법 터득 노하우 — 151

3장

영어가 탁! 터지는
SR 5점대 돌파와 폭발적인 원서 리딩

01 '아' 다르고 '어' 다른 콩글리시 리딩 vs 원서 리딩   — 158

02 구멍난 영어 실력을 확실하게 메꾸는 노하우   — 166

03 상식을 뛰어넘는 탁월한 영어책 읽기란?   — 170

04 초4가 SR 11점대, 과연 영어 영재는 타고나는 것일까?   — 175

05 영어가 탁! 터지는 폭발적인 원서 리딩   — 180

06 공부 잔소리가 필요 없는 아이들   — 186

07 SR 5점대 돌파, 신에게는 아직 15세까지 나이가 있습니다!   — 190

08 원서 리딩 불꽃이 '팡팡' 터져야 영어 영재 된다   — 197

09 연속해서 챕터북,
    뉴베리 300권 읽더니 하버드를 꿈꾸기 시작했다!   — 202

10 영유 출신이 SR 레벨 높은 진짜 이유   — 205

11 모든 아이는 언어 모방의 천재   — 209

12 원서 리딩 많이 한 아이가 영어를 잘할 수밖에 없는 이유   — 212

13 프로 야구 안타제조기 TOP 타자와 영어 리딩 관계   — 216

14 70대 거창 할머니의 꿈과 챕터북,
    뉴베리 읽고서 하버드를 꿈꾸는 외손주들!   — 227

4장

AI 시대, 가장 쓸모 있는 영어 교육

01 4차 산업혁명, AI 시대에도 더욱 중요해지는 영어 독서 교육 — 234

02 영어 교육 패러다임의 획기적인 변화 — 238

03 AI 시대에도 최종 살아남을 수 있는 영어 — 242

04 리딩을 강조하고 사교육을 시키는 특별한 이유 — 246

05 e-book과 비교할 수 없는 종이책 원서 리딩의 탁월한 효과 — 252

06 영어 영재 만들려면 무조건 원서 리딩 좋아하는 아이로 키워라! —257

07 앞으로 초등 영어 교육은 영어 도서관 시스템이 지배한다 — 261

5장

대한민국 영어 살리기,
영어 도서관으로 혁명적 영어 교육 전환

01 영어 도서관이 메인, 혹은 서브 — 268

02 영어 못하는 이유, 영어 공부 방법이 문제 — 272

03 조기 유학생도 인정한 원서 리딩의 탁월한 효과 — 276

04 리딩 뚫리면 나머지 영역은 저절로 해결 — 280

05 한때 문법 강사였던 엄마가 보내 준 격려의 글 — 286

06 점수 따는 영어의 맹점, 터질 게 터졌다! — 290

07 온라인 영어 프로그램은 허가받은 게임 시간 — 295

08 귀공자, 귀공녀 같은 우리 아이, 어떤 능력을 물려줄까? — 298

09 신박한 영어 공부란? — 302

10 영어 때문에 조기 유학 보내야 할까요? — 308

11 영어 도서관 다니는데 스피킹, 라이팅도 늘까요? — 311

12 대한민국 영어 살리기,
　　영어 도서관으로 진정한 영어 교육 혁명 — 314

에필로그 — 324

1장

여우비 리딩 vs 함빡 리딩, 영어 초급 탈출!

———

01

리딩 황금을 붙잡은 아이
vs 황금을 놓친 아이

유, 초등부 때 읽어야 할 영어 동화책, 영어 원서를 왜 리딩 황금이라 할까요? 보통 황금이라고 하면 빛나는 보석이거나 엄청난 값어치가 있는 물건을 말합니다. 과연 유, 초등부 아이들이 읽어야 할 영어 동화책, 영어 원서들이 엄청난 가치가 있는 황금이 될 수 있을까요?

대개 값비싼 황금들은 여간해서 보통 사람들 눈에 잘 띄지 않습니다. 왜냐하면 알아보는 사람들의 눈에만 보이기 때문입니다. 영어 동화책, 영어 원서도 이와 마찬가지입니다. 영어 교육 정보에 빠른 엄마들 눈에는 황금으로 보이지만, 그렇지 않은 엄마들 눈에는 잘 보이지 않습니다. 영어 동화책, 영어 원서 말고도 주변에 반짝반짝 빛나는 영어들이 너무나 많습니다. 하지만 반짝거린다고 다 황금이 아닙니다. 그런 영어에 마음이 빼앗겨 진정한 황금을 발견하지 못하는 엄마들이 많습니다.

"생각하라, 그러면 부자가 되리라!" 세계적인 자기 계발서 저자인 '나폴레온 힐'이 말했습니다. 아니 생각만 한다고 어떻게 부자가 될까요? 물려받은 재물이 많든지, 큰 빌딩 하나를 가지고 있든지, 잘나가는 회사를 운영하든지, 부동산과 주식이 많든지, 이런 것들이 있어야 부자 되는 것 아닌가요? 그런데 생각만 하면 부자가 된다고 하니 선뜻 납득하기 어렵습니다.

하지만 요즘 세계적인 부자들을 살펴보면 다 생각의 힘으로 부자가 되었습니다. 이런 분들을 볼 때마다 생각이 부자를 만든다는 말은 사실이 되었습니다. 아마존 닷컴을 만든 제프 베이조스, 페이스북을 만든 마크 저커버그, 알리바바를 만든 마윈, 카카오를 만든 김범수 의장, 《해리 포터》를 쓴 작가 조앤 롤링, 천만 명 이상 관중을 동원한 〈아바타〉 영화감독 제임스 카메론, 지구촌 아이들의 혼을 빼놓은 신나는 디즈니 만화 영화 등, 모두 다 생각 속에 있는 아이디어와 이야기를 토대로 만들었습니다.

이들은 큰 자본가도 아니었고, 제조업 공장도 없습니다. 그들은 오직 생각의 힘, 아이디어 하나로 전 세계에 영향력을 끼치는 플랫폼 회사, 이야기 회사를 만들어 떼돈을 벌고 있습니다.

그렇다면 영어 동화책, 영어 원서 리딩이 왜 아이들에게 황금이 될 수 있을까요?

첫째, 어릴 때 영어 그림 동화책부터 시작해서 영어 동화책을 수백 권 이상 읽은 아이들은 두뇌 인지 능력이 쑥쑥 자라 언어 천재가 됩니다.

영어 동화 속 이야기에 파묻히기 시작하면 잠자던 아이 두뇌가 깨어납니다. 좌뇌 우뇌가 재미있는 이야기를 듣고 읽으면서 활성화되어 두뇌 인지 능력이 쑥쑥 자랍니다. 아이들 두뇌 개발에 이보다 더 좋은 영양제는 없습니다. 뇌 과학자들의 실험에 의해 이미 입증되었습니다. 두뇌 인지 능력은 영어 동화책, 영어 원서를 읽음으로 쑥쑥 성장합니다. 일반 영어 학습법, 한국식 영어 공부법에서는 도저히 길러지지 않습니다.

[영어 도서관에서 영어책 읽기에 몰입하고 있는 학생들]

둘째, 영어 동화책, 영어 원서를 많이 읽는 아이는 영미권 천재 작가들의 상상력, 추리력, 사고력을 내 것으로 만들 수 있습니다.

아이들은 재미있는 영어책을 읽으며 상상력, 추리력, 사고력이 폭발적으로 자랍니다. 처음에는 그림 영어 동화책을 읽으며 그림 속 이야기를 통해서 상상합니다. 영어 글자로 된 문장은 몇 개 안 되지만 그림과 이미지를 통해서 영어를 통째로 받아들이고 흡수합니다. 그런 과정을 통해서 외국어인 영어를 두려워하지 않고 모국어처럼 친숙하게 여깁니다.

그림 영어 동화책 단계를 끝낸 아이는 문장이 많은 영어 동화책 단

SR 5점대 돌파! 챕터북, 뉴베리 300권 읽더니 하버드를 꿈꾸기 시작했다!

계로 올라갑니다. 영어 동화책 읽으며 이야기의 전개 과정을 통해서 읽는 재미를 알아갑니다. 재미있는 이야기를 만나면 시간 가는 줄 모르고 읽습니다. 아이가 영어 동화책을 스스로 읽고 재미에 빠지는 독서 습관을 갖출 때까지 엄마의 정성과 노력이 필요합니다. 스스로 영어책 읽는 단계에 이르러야 비로소 영어 동화책 황금을 만날 수 있습니다.

하지만 영어 동화책 황금 보석을 만나러 가는 길목에는 수많은 훼방꾼들이 유혹하고 방해합니다. 이들 훼방꾼들은 책을 가까이하지 못하도록 온갖 화려한 영상과 디지털 게임기로 아이들을 유혹합니다. 대부분 아이들은 그런 훼방꾼들의 방해와 유혹을 이기지 못하고 황금을 만나는 길목에서 포기하고 다른 길로 빠집니다. 이때 엄마, 아빠가 영어 독서에 대한 확신을 갖고 훼방꾼들을 물리치도록 적극적으로 도와주어야 합니다.

그 과정을 극복하고 영어 동화책 읽는 습관이 잡힌 아이는 상상력, 추리력, 사고력이 폭발적으로 성장합니다. 그런 독서 습관으로 드디어 챕터북을 읽고 다양한 장르의 두꺼운 원서를 겁 없이 읽는 아이가 됩니다. 이런 아이가 되면 두뇌에 영어방이 만들어져 이중 언어 능력자가 됩니다. 이런 아이들은 비단 영어뿐만 아니라 모든 과목에도 뛰어난 능력을 발휘합니다. 영어 독서로 다져진 사고력, 추리력, 상상력이 타 과목에도 긍정적인 영향을 미치기 때문입니다.

셋째, 원서 리딩을 꾸준히 하다 보면 어느 날 두뇌의 티핑 포인트, 즉 언어의 임계점을 돌파하는 두뇌의 질적 변화, 변곡점을 경험할 수 있습니다.

영어 변곡점을 돌파한 아이라야 영어가 모국어 수준으로 탁! 터집니다. 다른 영어 프로그램, 다른 한국식 영어 교육법은 10년을 해도 티핑 포인트 경험하기가 대단히 어렵습니다. 그걸 경험하려면 불가피 몇 년 동안 영어권에 조기 유학 가는 수밖에 없습니다. 하지만 조기 유학 가지 않고도 국내에서 티핑 포인트를 경험할 수 있는 유일한 길이 바로 꾸준한 원서 리딩 입니다.

티핑 포인트를 경험한 아이는 영어가 탁! 터지면서 평생 영어 자유인으로 살 수 있습니다. 초등 시절 읽은 수백 권의 영어 원서들은 풍부한 어휘력과 영어 표현력으로 살아나 굳이 영어권에 유학 가지 않고도 유창한 영어 구사 능력자가 됩니다. 원서 리딩은 위 세 가지 말고도 영어책 속에 여러 가지 황금 보석들이 숨겨져 있습니다.

즉 영어책 읽으며 영어권 문화를 배울 수 있습니다. 원어민 아이처럼 자연스럽게 에세이 쓰는 능력을 터득할 수 있습니다. 문법을 공부하지 않았는데 어법을 터득합니다. 수많은 리딩을 통해 새로운 이야기를 창조하는 힘이 생깁니다. 요즘 같은 AI 챗GPT 시대에 가장 필요한 창의적인 리딩, 라이팅 능력이 길러집니다. 이러한 원서 리딩 황금을 초등 때 붙잡은 아이가 있고, 초등 때 놓친 아이가 있습니다.

어떤 아이가 붙잡았고, 어떤 아이가 놓친 걸까요? 시험 부담이 없는 초등 시절은 누구에게나 주어집니다. 영어 원서 읽기 가장 좋은 초등학교 시절을 한번 놓치면 다시 돌아오지 않습니다. 이 시기에 영어 교육 정보에 빠른 부모를 만나 원서 리딩에 올인한 아이는 황금을 붙잡았습니다. 원서 리딩에 대한 교육 정보를 몰랐거나 알았더라도 확신이 없는 부모를 만난 아이는 황금을 놓친 것입니다.

안타깝게도 초등 시절 원서 리딩 황금을 놓친 아이들은 어떻게 될까요? 평생 동안 영어 울렁증을 안고 살아야 합니다. 한국적 문법 독해 영어, 입시 영어에 매몰되어 영어 깨우치는 언어의 신비함을 맛보지 못하고 학창 시절을 다 보냅니다.

바로 내 아이 영어를 위해 부모가 어떤 선택을 했느냐에 따라 아이의 영어 미래가 확! 달라집니다. AI 시대가 쓰나미처럼 몰려와도 창의적인 인재로 살아남느냐, 떠내려 가느냐로 갈라집니다. 초등 시절 원서 리딩 황금을 붙잡으려면 이 책을 끝까지 읽어 보기 바랍니다.

"말하기 전에 생각하라! 생각을 하기 전에 읽어라! 오늘의 Reader가 내일의 Leader가 된다."

–Margaret Fuller–

02

영어책을 잘 읽지 못해서
고민인 아이들

[사진 출처: 네이트 그레이트 책 표지 & 일부 내용]

초1~3학년 아이가 이 정도 영어 동화책을 술술 읽고 이해할 수 있다면 영어 리딩의 틀이 어느 정도 잡힌 아이입니다. 물론 5~6세부터 영어책을 읽은 아이들은 이 정도 책은 너무나 쉽게 이해하며 읽습니다. 그런 아이들은 많은 영어 동화책을 읽었기 때문에 언어 감각이 남다르게 성장했기 때문입니다.

SR 5점대 돌파! 챕터북, 뉴베리 300권 읽더니 하버드를 꿈꾸기 시작했다!

하지만 영어 리딩을 늦게 시작한 아이들은 이런 스토리 북을 읽기 힘들어하며 이해하지 못합니다. 유아 때부터 영어책 읽는 환경을 만나지 못했거나 영상 매체인 TV, 스마트폰, 유튜브에 너무 빠져서입니다. 아니면 영어 독서에 대한 정보를 부모가 늦게 받았기 때문입니다. 어쨌든 이 정도 수준의 책을 읽고 이해하지 못한다면 지금부터 영어 동화책 읽기에 바짝 신경 써야 할 때입니다.

영어 읽기가 안되는 아이들이 어떻게 영어를 잘할 수 있을까요? 영어 동화책을 잘 읽지 못하는 아이들을 살펴보면 우선적으로 독서 습관이 잡혀 있지 않습니다. 독서 습관이 잡혀 있지 않기 때문에 TV, 스마트폰 게임, 유튜브를 더 좋아합니다.

하지만 영어책을 잘 읽고 이해하는 아이들은 심심하면 책을 읽습니다. 이러한 독서 습관은 어릴 때 부모님이 만들어 줍니다. 그런 환경을 만들기 힘들다면 가까운 영어 도서관을 이용하는 게 좋습니다.

영어책을 술술 읽고 이해한다는 것은 영어를 잘할 수 있는 가장 기본적인 능력입니다. 영어책을 술술 읽을 줄 알면 단어와 단어를 연결해서 문장 단위로 읽는 능력이 생깁니다. 수백 권의 영어 동화책을 읽은 아이들은 수많은 단어를 쉽게 익힐 수 있습니다. 한국말로 해석하지 않아도 바로 영어로 읽고 영어로 이해할 수 있습니다. 그래서 영어 독해 능력이 남다르게 성장합니다.

영어 동화책에는 대화체 문장이 많이 나옵니다. 대화체 문장이 체화되어 스토리를 영어로 촬촬 말할 수 있는 능력이 생깁니다. 좋은 문장을 많이 읽기 때문에 영어 일기를 술술 쓸 수 있습니다. 무엇보다 영어로 생각하는 사고력, 상상력, 이해력이 폭발적으로 자랍니다. 수백 권의 영어책을 읽은 아이들은 영어 옹알이를 하며 영어로 꿈을 꿉니다. 대한민국에서 영어 영재가 된 아이들은 모두가 수백 권 이상의 영어책을 읽은 아이들입니다.

그러면 영어책을 잘 읽지 못하는 우리 아이, 어떻게 하면 좋을까요?

우선 아이 수준에 맞는 쉬운 영어책을 선택해야 합니다. 발음이 서툴기 때문에 원어민 오디오 녹음된 책을 듣고 따라 읽습니다. 여러 번 반복해서 듣고 따라 읽습니다. 어려운 단어가 나오면 단어 노트에 적고 외웁니다. 그래도 이해가 안 되면 다시 단락 단위로 끊어서 짧게 읽고 스토리를 생각해 봅니다. 이런 과정을 통해서 전체 스토리를 연결해 봅니다.

초급 영어책들은 그림이 많이 나오기 때문에 그림 이미지를 보면서 내용을 이해합니다. 다 읽고 나서 전체 스토리를 엄마 아빠에게 이야기해 봅니다. 이렇게 해서 영어 동화책 읽기에 흥미와 관심을 가지면 책을 많이 읽을 수 있습니다.

수많은 영어 원서가 있는 환경에서 리딩 전문 교사의 맞춤식 영어 독서 지도를 받으면 레벨이 빨리 성장합니다. 우리 아이가 영어 동화책 읽기를 늦게 시작했더라도 상관없습니다. 초등 졸업 전까지는 기회가 있습니다. 중2, 중3이 되면 영어 원서 읽고 싶어도 시간이 없어서 못 읽습니다. 영어책 읽기의 골든 타임은 초1~중1까지입니다. 이 시기를 놓치지 않고 영어 원서를 폭넓게 읽은 아이들은 행운아입니다. 중, 고등 영어를 뛰어넘어 평생 쓸 수 있는 영어가 이 시기에 만들어집니다. 인위적으로 외워서 하거나 문법적으로 분석하는 영어가 아닙니다. 몸이 기억하는 영어가 만들어집니다. 이 시기에 집중적으로 영어책 읽은 아이들은 평생 영어 자유인으로 살 수 있습니다. 영어 독서 많이 한 아이들은 글로벌 언어 감각을 익혀 영어 영재가 됩니다.

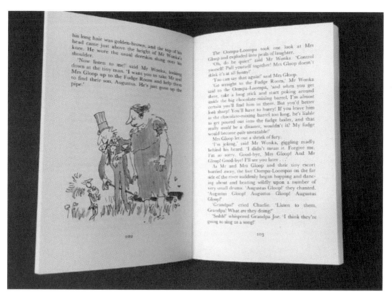

[사진 출처: 로알드 달 내용 중 일부]

수준 높은 이와 같은 영어책들을 잘 읽지 못하나요? 읽기는 읽지만 무슨 내용인지 잘 모르나요? 영어 일기를 자유롭게 쓰고 싶은가요? 전문 리딩 교사의 자세한 지도를 받고 싶은가요? 영어 독서 습관을 잡고 싶은가요?

리딩 잘하는 아이라고 해서 언어 감각이 뛰어나다거나 남보다 머리가 좋아서가 아닙니다. 단지 영어책을 남보다 더 많이, 더 오랫동안 꾸준히 '함빡' 읽었기 때문입니다.

영어 리딩이 약해서 고민이라면 영어 동화책, 원서 읽기, 지금부터 바로 시작하세요. 영어 영재 만드는 재료 중에 원서 리딩보다 뛰어난 것은 없습니다.

"사람의 얼굴은 하나의 풍경이다. 한 권의 책이다. 용모는 결코 거짓말을 하지 않는다."

-발자크-

SR 5점대 돌파! 챕터북, 뉴베리 300권 읽더니 하버드를 꿈꾸기 시작했다!

03

여우비 리딩에서 함빡 리딩으로
조기 유학 대체

'함빡'과 '흠뻑'이라는 단어는 뜻은 같은데 사용 용도가 다릅니다. '함빡'은 '흠뻑'보다 정겹고 예쁘고 시적인 표현에 자주 사용합니다. '함빡'과 '흠뻑'의 뜻은 모자람이 없도록 차고 넘쳐서 넉넉하다, 물이나 분량이 겉에까지 스며 나와 젖는다는 의미입니다. 오랫동안 보관한 수첩 속을 뒤적이다가 우연히 10년 전에 소개한 아름다운 시를 발견했습니다. 〈아직〉이라는 작품을 읽다가 '함빡'이라는 단어가 눈에 '확' 들어왔습니다. 너무나 아름다운 시였기에 버리지 않고 수첩 속에 보관해 두었습니다. '함빡 리딩'의 의미를 설명하기 위해서 〈아직〉이라는 시를 소개합니다.

〈아직〉　　　시인: 유자효(1947~)
너에게 내 사랑을 함빡 주지 못했으니

너는 아직 내 곁을 떠나서는 안 된다
세상에서 할 수 있는 유일한 일은
내 사랑을 너에게 함빡 주는 것이다
보라
새 한 마리, 꽃 한 송이도
그들의 사랑을 함빡 주고 가지 않느냐
이 세상의 모든 생명은
그들의 사랑이 소진됐을 때
재처럼 사그라져 사라지는 것이다
아직은 아니다
너는 내 사랑을 함빡 받지 못했으니

영어 동화책, 영어 원서 읽기에도 위의 시 속에 사용한 '함빡'이라는 뜻처럼 '함빡 리딩'이 있습니다. 그리고 한겨울에 많은 눈이 내릴 때도 함박눈이 펑펑 쏟아진다고 표현합니다. 이처럼 '함빡'이란 뜻은 한겨울에 눈이 펑펑 쏟아져야 눈이 쌓이는 것처럼 원서 리딩도 한꺼번에 몰아서 해야 효과 볼 수 있다는 의미를 담고 있습니다. 그러면 함빡 리딩한 아이들은 어떻게 변할까요?

아이의 언어 인지 능력이 급격히 발달하는 시기가 6세부터 초2 사이입니다. 이 나이 때에 그림 동화책부터 시작해서 아름다운 영어 동화책을 함빡 읽은 아이들은 영어 영재의 바탕이 길러집니다. 초등학교 입학하면서 높아진 언어 인지 능력으로 두꺼운 영어 챕터북을 영미권 아이들처럼 술술 읽을 수 있습니다.

이처럼 어릴 때 영어 동화책을 함빡 읽은 아이들은 영어를 모국어 수준으로 받아들입니다. 영어책 읽기의 중요성을 깨달은 교육 정보에 빠른 엄마 잘 만난 행운 때문입니다.

하지만 그런 기회나 행운을 일찍부터 받지 못한 아이들도 꽤 많습니다. 내 아이가 일찍 영어 동화책 읽을 수 있는 기회를 놓쳤다면 초등 저학년, 초등 고학년 때라도 영어 동화책, 영어 원서를 함빡 리딩할 수 있는 기회를 만들면 됩니다. 우리 아이 조기 유학 보내는 셈 치고 함빡 리딩할 수 있는 환경과 시스템을 만날 수 있다면 영어 영재가 됩니다.

한국에서 조기 유학 대체할 가장 효과적인 영어 프로그램으로 어떤 게 있을까요? 영어 방송 시청, 외국인 개인 지도, 원어민 있는 어학원 다니기 등등이 있습니다. 여러 영어 교육 방법 중 영어 동화책, 영어 원서 읽기가 언어 능력을 1:1 레벨별로 지속적이고 효과적으로 발전시킬 수 있는 가장 좋은 방법입니다. 왜냐하면 재미난 영어 동화책, 원서 읽기는 아이의 인지 발달을 도우면서 영어 노출 빈도를 극대화시켜 줍니다.

모든 언어학자들이 이구동성으로 비영어권 아이가 모국어 수준의 영어를 구사할 수 있는 가장 효과 있는 게 다독이라고 주장합니다. 그러면 다독으로 원서 리딩하면 다 효과 볼 수 있을까요? 다독도 그 방법에 따라 차이가 있습니다.

여우비처럼 리딩한 아이들은 효과를 보지 못합니다. 그럼 여우비란 무엇일까요? 맑은 여름날에 잠깐 뿌리는 비를 말합니다. 메마른 대지에 여우비를 잠깐 뿌려 본들 대지를 적실 수 없습니다. 뿌렸다는 흉내만 낼 뿐이지 대지는 금세 말라 버립니다.

종종 여우비 리딩을 하고서 "영어 독서해 봤더니 효과 없다."라고 말하는 엄마들을 만납니다. 이렇게 말하는 분들은 리딩의 효과를 제대로 경험하지 못했기 때문입니다. 영어 독서 효과가 없다고 하기 전에 먼저 우리 아이가 어쩌다, 가끔씩, 생각날 때, 여우비 뿌리듯이 읽은 게 아닌지 되돌아보기 바랍니다.

생명이 싹트고 초목이 자라려면 대지를 함빡 적실 만큼 충분한 비가 쏟아져야 합니다. 싹이 트고, 초목이 자랄 만큼 충분한 양을 함빡 읽어야 결과가 나옵니다. 몇 년간의 읽기 시간 투자와 풍부한 양의 영어책이 제공되어야 이룰 수 있습니다.

그래서 언어학자들도 "영어의 바다에 빠뜨릴 만큼 몇 년 동안 다독으로 영어 노출량을 확 늘려라!"라고 강조합니다. 보통 아이든, 언어 감각이 둔한 아이든, 3~4년 동안 재미있는 영어책으로 함빡 리딩을 꾸준히 하면 누구나 영어가 터집니다. 읽기, 듣기, 쓰기, 말하기가 자유로운 영어 영재가 됩니다.

영어 때문에 값비싼 비용 투자하면서 영어권 나라에 조기 유학 보낼 필요가 없습니다. 시스템이 있는 영어 도서관에서 체계적인 함빡 리딩만 시켜도 조기 유학 이상의 효과 볼 수 있습니다. 프리미엄 영어 도서관으로 소문난 곳에서는 함빡 리딩 특별반을 운영하여 조기 유학 대체할 강도 높은 리딩 훈련을 하고 있습니다.

"신이 인간을 만든 것은 이야기를 사랑하기 때문이다."

-엘리위젤-

04

아직도 영어책을
일일이 해석하면서 읽나요?

우리 아이 영어책 처음 읽기 시작할 때 어떤 방식으로 읽었나요? 해석하면서 읽었나요? 아니면 영어를 영어로 바로 이해하면서 읽었나요? 어떤 방식이냐에 따라서 향후 아이 영어 실력 향상에 지대한 영향을 미칩니다.

영어 읽기는 첫 단추를 잘 끼워야 합니다. 처음부터 해석하면서 읽도록 가르치면 계속해서 해석하면서 읽게 됩니다. 애초에 한글 해석을 배제하고 영어 소리를 들으며 그림과 이미지로 읽고 이해하는 훈련을 해야 합니다. 초급 과정 때는 그런 훈련을 통해 그림과 이미지로 바로 이해하며 읽을 수 있습니다. 그렇다면 문장이 길어지고 글밥이 많아지는 중급 이후부터는 어떻게 해야 할까요?

아래 문장을 영어로 바로 읽고 이해할 수 있는지 아이와 엄마가 함께 확인해 보세요~

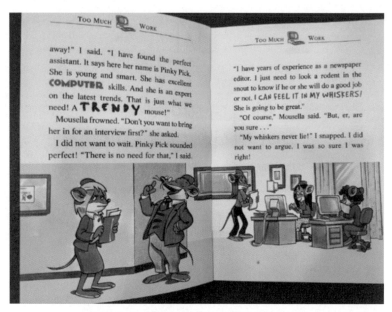

[사진 출처: 스콜라스틱:제로니모 스틸턴, p.6-7]

[사진 출처: 영어 도서관에 있는 신나는 영어 동화책, 영어 원서 표지들]

위의 영어책들을 보세요! 학부모 세대가 영어 공부할 때 위와 같은 좋은 영어책들이 있었을까요? 딱딱한 지문으로 구성된 독해책을 가지고 문법적으로 분석하고 해석하면서 힘들게 영어 공부했습니

SR 5점대 돌파! 챕터북, 뉴베리 300권 읽더니 하버드를 꿈꾸기 시작했다!

다. 그 당시는 해석을 완벽하게 할 줄 알아야 영어 공부 잘하는 학생으로 통했습니다. 그런 선입관을 가지고 자기 자녀에게 영어 공부시키는 분들이 아직도 많습니다. 하지만 요즘 아이들의 영어 뇌구조는 학부모들이 생각하는 뇌구조와는 확연히 다릅니다.

태어나면서 여기저기서 영어 방송, 영어 동요, 영어책, 영어 유튜브를 보고 듣고 자란 세대입니다. 가끔은 영어학원에서 원어민 교사를 만나 외국인에 대한 두려움도 없습니다. 이렇게 자란 요즘 아이들은 영어책 읽으며 굳이 해석하지 않습니다. 한국식으로 문법 분석하며 읽지 않아도 됩니다. 자연스러운 문장 흐름을 좇아 문장이 나오는 순서대로 술술 읽고 이해합니다.

예전 문법 세대들처럼 8품사부터 시작하는 문법 용어라든가 명사구, 동사구, 형용사구, 부사구 덩어리로 나누지 않습니다. 영어책을 많이 읽은 아이들은 애초부터 문장을 의미 덩어리로 읽는 게 몸에 체화되어 있습니다.

어느 영어 강사는 문장마다 칼질(- 끊어 읽기)해서 가르친다고 하는데 그럴 필요가 없습니다. 아래 영어책은 아이들이 좋아하는 유명한 《매직트리 하우스》와 《로알드 달》 책의 일부입니다.

누가 이런 종류의 영어 소설책을 읽을 때마다 끊어 읽고 일일이 해석하면서 읽을까요? 그런데 어릴 때부터 영어책을 읽지 않았거나 리딩을 늦게 배운 아이들이 문제입니다. 이런 아이들은 영어책을 바로 읽고 이해하는 것을 아에 못하거나 어려워합니다. 왜 그럴까요?

[사진 출처: 매직트리하우스#33 :Carnival at Candlelight]

[사진 출처: 로알드 달 시리즈 중 일부]

SR 5점대 돌파! 챕터북, 뉴베리 300권 읽더니 하버드를 꿈꾸기 시작했다!

일반 영어학원에서 문법적으로 분석하고 해석하며 읽는 훈련만 받았기 때문입니다. 이런 아이들이 영어 도서관에 와서 레벨 테스트 받으면 리딩 수준이 너무 낮게 나옵니다. 그래서 쉬운 영어책을 주고 바로 읽고 바로 이해하는 훈련부터 먼저 해야 합니다. 그런 다음 해석하지 않고 영어 문장을 이해하도록 교사가 지도하고 이끌어 줍니다. 영어 도서관 학원에서 수백 권 이상을 이와 같은 원서 리딩 훈련을 받으면 이런 아이들도 어느 순간 한글 해석 없이 바로 읽고 바로 이해하는 아이로 바뀝니다.

느리게 읽더라도 정확하게 이해하며 읽어야 할까요? 문장을 70~80%만 이해하더라도 빠르게 읽어야 할까요? 어느 게 더 효과적일까요? 언어 발달 측면에서 본다면 70~80% 이해하며 빠른 속도로 읽는 아이가 나중에 훨씬 앞서 나갑니다. 이것은 필자의 의견이 아니라 모든 언어학자들의 공통된 연구 결과에 의해 나온 결론입니다.

많은 양의 읽기가 축적되어 언어발달이 앞당겨지기 때문입니다. 그런 아이들은 자기도 모르게 영어 받아들이는 뇌구조가 만들어집니다. 한국인이 영어 못하는 이유 중의 하나가 너무 정확하게 말하고 이해하려는 부담 때문이라고 하지요. 이런 이유 때문에 원서 리딩하는 아이들은 정확도가 떨어진다는 말을 많이 듣곤 합니다.

문법 선생들은 이런 사실을 노리고 어떤 문장을 가져와서 정확하게 해석해 보라고 시킵니다. 해석을 정확하게 못하면 문법을 몰라서, 독해하는 방법을 몰라서, 그렇다며 학부모에게 불안감을 조성합니다. 그래서 한국식 문법을 처음부터 다시 공부해야 한다고 강조합니다.

그렇다면 한 가지 제안 드려 볼까요? 해석 정확하게 하는 문법 선생과 영어 원서 잘 읽는 아이가 두꺼운 영어 소설책을 누가 더 빠르게 읽고, 더 정확하게 이해하는지 확인 테스트해 보는 것은 어떨까요? 원서 읽는 아이는 충분히 이길 자신 있는데 문법 선생은 어떨까요?

A4 한 장 수준의 짧은 지문 가지고 독해 연습할 때는 그 방법이 필요할 수는 있습니다. 하지만 100쪽 넘는 영어 원서를 그렇게 읽어서 어느 세월에 다 읽을 수 있을까요? 그렇게 해서 영어 유창성과 영어 실력이 길러질까요? 그렇지 않다는 것은 학부모 세대가 산증인입니다.

하지만 당장 입시를 앞둔 중, 고생은 그런 시험을 보는데 어떻게 하냐고요? 그렇지요. 그게 항상 문제입니다. 우리나라 입시 제도의 모순이기도 하고요. 하지만 영어 공부하는 순서는 영어책 술술 읽어 나갈 수 있는 영어 두뇌 만드는 것부터 먼저 해야 합니다.

달리기도 못하는 아이에게 축구 스킬부터 먼저 가르치면 어떻게 될까요? 제대로 실력 발휘도 못할 뿐만 아니라 기본 리딩 능력이 딸려서 치고 올라 가지를 못합니다. 충분한 리딩으로 영어 두뇌가 만들어진 아이는 중, 고등 시험 스킬은 몇 달만 공부해도 바로 응용할 수 있습니다.

영어 원서를 많이 읽으면 양이 질을 압도하는 날이 옵니다. 양이 질을 압도하는 영어 두뇌를 만들려면 시험 부담이 없는 초등 시절을 놓치지 않아야 하겠지요. 그런 아이들 중에서 영어 영재가 탄생합니다.

"역경 앞에서 누군가는 무너지지만, 다른 누군가는 새로운 기록을 세운다."

-윌리암 아서 워드-

05

발음 좋다고
영어 잘할까?

얼마 전 윤여정 배우가 〈파친코〉 영화에 대해서 켈리 클락슨 쇼에 인터뷰하는 것을 유튜브에서 봤습니다. 발음이 원어민 같지 않더라도, 문법적으로 약간 어색하더라도, 켈리 클락슨은 다 알아듣고 박장 대소했습니다. 무릇 언어란 유창한 발음보다 콘텐츠가 있는 말을 주눅 들지 않고 할 수 있는 능력이 더 중요함을 보여 주었습니다.

그런데 요즘 이해할 수 없는 '영어 발음 훈련 교수법'이 지방 학원가에서 붐을 일으키고 있습니다. 과연 이게 영어 잘하는 것과 어떤 관계가 있는 걸까요? 어릴 때 발음을 원어민처럼 만들면 저절로 영어 구사 능력이 좋아지는 걸까요? 발음 좋으니 영어 이해력과 영어 리딩 능력, 영어 유창성이 더 잘되는 걸까요? 발음 좋다고 해서 말을 의미 있게, 내용에 맞는 말을 더 잘하게 되는 걸까요?

일단 영어 발음 좋으면 몇 가지 장점은 있습니다. 우선 원어민처럼 발음하면 영어 잘하는 사람처럼 인정받습니다. 발음 좋다고 칭찬받으면 영어에 자신감이 생깁니다. 정확한 발음을 구사하면 외국인들이 잘 알아들을 수 있으니 유리한 면이 있습니다.

이런 몇 가지 장점 때문에 발음 훈련 교수법이 영어학원가에 다소 어필되고 있습니다. 그런데 영어 잘하는 아이들을 수년간 지켜본 결과 이런 발음 훈련 교수법이 굳이 필요치 않다는 사실입니다.

그런 훈련을 별도로 하지 않아도 아이들은 누구나 언어 모방 능력을 천부적으로 타고납니다. 소위 말해서 아이들은 어른 뇌와 달라서 뇌가 변하는 뇌의 가소성이 활발합니다. 뇌의 가소성이란 플라스틱처럼 유연한 것을 말합니다. 변화에 능숙하고 외국어를 복사기처럼 모방하는 능력입니다.

외국어 듣기 환경이 되어 있거나, 발음 좋은 원어민 선생을 만나면 마치 복사하듯이 그대로 모방하는 능력이 있습니다. 15세까지는 신이 내린 두뇌를 갖고 있기 때문에 그런 환경만 만들어 주면 아이들은 외국어를 복사하듯이 따라 합니다.

필자의 아이가 초등 시절 어떤 영어 교사에게 1년 이상 개인 지도를 받은 적이 있었습니다. 1년 이상 지도받으면서 그 선생의 발음, 억양을 그대로 따라 했습니다. 심지어 발음뿐 아니라 허스키한 목소리까지 그대로 따라 하기에 깜짝 놀란 적이 있었습니다. 이처럼 아이들은 복사기와 같은 언어 모방 능력이 있습니다. 원어민 있는 학원에 아이를 보내는 것도 다 이런 이유 때문입니다.

영어 도서관을 운영하고 있는 학원이 보유하고 있는 수천 권 원서들은 모두 영미권 원어민들이 녹음한 오디오 파일을 갖고 있습니다.

95% 이상은 미국 원어민 발음이고, 나머지 5%가 영국 발음, 기타 발음으로 녹음된 오디오 음성 파일입니다.

미국 발음 들으며 영어책 읽은 아이들은 미국 발음, 영국 발음 듣고 읽은 아이들은 영국 발음을 자연스럽게 구사합니다. 원어민이 없는 학원들은 원어민 현지 성우가 녹음한 오디오 듣기 시스템을 잘 갖추고 훈련하면 충분히 커버할 수 있습니다. 아이들은 별도의 혀 굴리는 발음 훈련을 따로 하지 않아도 신기하게 그대로 모방합니다. 이것은 모든 아이들이 천부적으로 타고난 언어적 특징입니다.

실상은 발음 훈련 교수법이 필요한 연령은 따로 있습니다. 바로 콩글리시 발음으로 굳어져 버린 성인 영어 학습자들이나 어릴 때 좋은 발음을 전혀 듣지 못하고 입시 때문에 문법 독해만 공부한 중, 고등학생 이상 세대입니다.

다만 언어 모방 능력이 현저히 떨어진 아이들이나, 외국어 듣기 시스템이 전혀 없는 환경에서 자란 아이들은 발음 훈련 교수법이 필요할 수 있습니다. 하지만 그렇지 않은 대다수 아이들은 별도의 비용을 내고 굳이 발음 훈련 교수법을 시간 내어 따로 배울 필요가 없습니다.

차라리 그 시간에 재미있는 스토리 북을 많이 듣고, 읽어 콘텐츠 생성 능력을 키우는 게 훨씬 효과적입니다.

사실 초등학생 때 영어 발음이 좋아서 원어민처럼 발음한다고 해도 중, 고생이 되면 말짱 도루묵 되는 게 대한민국 현실입니다. 중, 고생들은 다른 학생이 혀 꼬부라진 원어민 발음하면 오히려 비꼬고 놀리는 분위기입니다. 그래서 외국에 몇 년씩 살다 온 학생들조차도

1~2년 이내 한국식 발음으로 자연스럽게 바뀝니다. 이게 한국 중, 고등 입시 영어 교육의 현실입니다.

이런 현실을 감안할 때 영어 배우는 아이들에게 '발음 훈련 교수법'에 초점을 맞추기보다는 의미 있는 스토리를 많이 듣고, 많이 읽어 영어로 생각하는 사고력 키우는 게 더 시급하고 중요합니다. 한국 사람 발음이 좋지 않다고 해서 원어민들이 우리가 말하는 영어를 알아듣지 못하는 게 아닙니다.

그보다는 콘텐츠가 있는 말을 얼마나 의미 있게 잘 전달할 수 있는지가 의사소통을 위해서 더 중요합니다. 〈파친코〉 영화와 관련된 윤여정 여사 영어 인터뷰를 보면 우리나라 영어 교육이 어떤 방향으로 나가는 게 더 효과적인지 시사하는 바가 매우 큽니다.

"시간의 걸음걸이에는 세 가지가 있다. 미래는 주저하면서 다가오고, 현재는 화살처럼 날아가고, 과거는 영원히 정지하고 있다."

-F. 실러-

06

난독증 있는 초2, 초3 아이,
영어 리딩 유창성 향상을 위한
5가지 읽기 노하우

초2, 초3이 자기 수준의 영어책을 읽어도 무슨 말인지 도통 이해를 못 한다면 참으로 난감한 일입니다. 이 책, 저 책, 비슷한 수준의 책을 읽어도 문자 자체는 읽지만 읽고 나서 내용을 전혀 이해하지 못하거나 기억하지 못하는 아이들을 통칭해서 난독증이 있다고 합니다. 문자보다 그림이 많은 초급레벨의 책을 이해하지 못한다면 나중에 텍스트만 있는 챕터북은 더욱 심각해집니다. 요즘 이런 아이들이 생각보다 많습니다. 만약 그런 자녀가 있다면 심각성을 깨닫고 읽기 유창성 향상을 위해서 특별히 신경을 써야 합니다.

초급 단계에서 난독증이 있는 것을 발견했는데 그대로 방치하면 어떻게 될까요? 고학년이 되면 더욱 심각해져서 레벨 UP을 못 할 뿐만 아니라 다른 모든 과목까지 학습 부진아가 될 수 있습니다. 왜 요즘에 이런 아이들이 부쩍 많아졌을까요? 가장 큰 원인은 디지털 기기 과다 사용 때문입니다. TV, 스마트폰, 유튜브, 게임기 등, 온갖 디지털 영상 매체를 무절제하게 사용한 아이들은 문자 이해력이 현저히 떨어집니다. 문자보다는 영상 매체에 너무 과다하게 노출되어 일어나는 뇌의 인지 기능 약화 현상입니다. 어릴 때부터 문자보다는 영상 매체만 보고, 듣고, 자란 아이들은 문자, 즉 텍스트를 읽고, 생각하고, 이해하는 뇌의 인지 기능이 거의 자라지 않습니다. 그렇다면 텍스트 이해 능력이 현저히 떨어진 아이들을 어떻게 하면 문장 이해력과 유창성을 높일 수 있을까요?

첫째, 지금부터 영상 매체 사용을 확 줄이도록 부모가 관리 감독해야 합니다. 그 대신 종이 매체인 텍스트를 읽고 이야기하는 시간을 2배 이상 늘려야 합니다. 타고나면서부터 문장 이해력이 떨어진 아이는 없습니다. 두뇌가 남보다 나빠 서가 아닙니다. 단지 영상 매체 과다 사용으로 인해서 텍스트를 읽고 이해하는 뇌 인지 기능이 발달되지 않아서 일어난 현상입니다. 이런 아이들은 글자로 된 책을 많이 읽게 하고, 짧은 스토리를 읽고 이해했는지 줄거리를 말해 보게 하고, 적극적으로 문장 읽기 훈련을 많이 하면 다시 뇌의 읽기 기능이 활성화됩니다.

둘째, 쉽고 짧은 스토리를 반복해서 읽습니다. 최소한 5번 이상 반복합니다. 반복을 5회 이상 하는 것은 반복을 통해서 내용을 기억하게 하고 영어 문장에 대한 친숙도를 높이기 위해서입니다. 초급 아이들은 스토리를 외울 때까지 반복 읽기 하는 게 좋습니다. 반복해서 읽다 보면 전체 문장 이해력이 향상됩니다. 처음에는 이해되지 않았던 문장도 반복해서 읽으면 글의 맥락을 이해하게 되고 내용까지 외울 수 있습니다. 이처럼 영어책 반복 읽기는 운동이나 악기 연습처럼 익숙해질 때까지 같은 동작을 여러 번 반복하는 것과 같은 이치입니다.

셋째, 영어책을 큰 소리로 따라 읽게 합니다. 가능하다면 오디오 소리에 맞추어 따라 읽는 Shadow Reading으로 읽습니다. 처음부터 새도우 리딩하기 힘든 아이들은 한 문장씩, 한 문장씩, 듣고 따라 읽기 연습을 합니다. 한 문장씩 따라 읽다가 익숙해지면 한꺼번에 따라 읽도록 훈련합니다. 새도우 리딩은 리듬과 감정을 넣어서 똑같이 따라 읽어야 감정 이입이 되고 읽기 효과가 빨리 나타납니다. 이해력이 부족한 아이들은 눈으로 읽는 묵독을 하면 더욱 이해를 못 합니다. 소리 내어 큰 소리로 따라 읽어야 입, 귀, 뇌가 동시에 훈련되어 글자 이해력과 읽기 근육이 함께 발달됩니다.

넷째, 그림과 문자를 이미지로 연결시켜 동시에 기억하도록 지도합니다. 책 페이지마다 번호를 부여합니다. 1페이지 그림과 연관된 내용, 2페이지 그림과 연관된 내용, 즉 각각의 페이지마다 어떤 그림과 어떤 내용이 있는지 기억하게 하고 그림과 연관된 텍스트를 기억하게 합니다. 페이지마다 번호를 부여하는 것은 일종의 페이지 파일을 만드는 작업입니다. 순서가 뒤섞여 있으면 어떤 페이지에 무슨 내용이 있는지 기억하기가 어렵습니다. 파일로 내용을 정리하면 찾기가 수월한 것과 같은 이치입니다.

페이지마다 번호를 부여하여 파일별로 정리하는 것은 장문의 어떤 내용이든지 암기하는 데도 대단한 효과가 있습니다. 필자가 실제 영어 성경 요한 복음 1장 전체를 그와 같이 넘버링하면서 외웠더니 순서 하나 틀리지 않고 영어로 다 외울 수 있었습니다. 그냥 외울 때는 순서가 뒤섞여 잘 외워지지 않지만 번호에 맞게 외우면 신기하게도 전체 내용을 연결하면서 잘 외워집니다. 텍스트 난독증이 있는 아이들도 각 페이지에 있는 그림과 텍스트가 무엇인지 번호 순서에 맞게 설명하게 합니다. 연습을 여러 번 반복한 후에 그림과 스토리가 연결되면 각 페이지 그림 순서에 맞게 연상하면서 전체 내용을 스토리 텔링하게 합니다.

책 제목만 보고 스토리 텔링이 잘 안되는 아이들은 그림을 순서대로 보여 주면서 영어로 설명하도록 유도합니다. 이러한 훈련을 통해서 그림 이미지에 연결된 텍스트 읽기 이해력을 높여 줍니다. 꾸준히 그런 연습을 한 아이들은 서서히 그림 이미지를 빼고 텍스트만 읽고 이해하도록 지도합니다. 텍스트만 읽을 때에는 짧은 지문부터 읽고 이해하는 훈련을 합니다. 단락마다 끊어서 한 단락씩 읽고 무슨 내용인지 확인합니다. 나중에는 단락과 단락을 연결해서 전체 내용을 이야기하도록 지도합니다. 그렇게 해서 글의 앞뒤 맥락을 파악하게 하고, 메인 아이디어를 찾게 하고, 글 전체 줄거리를 말해 보게 합니다. 난독증이 있는 아이들은 그룹 지도보다 개인별 지도가 좋습니다. 한 명, 한 명, 텍스트 이해하는 능력을 체크하고 훈련해야 약화된 뇌 인지 기능이 살아납니다. 꾸준히 텍스트를 보고 읽는 훈련을 반복적으로 하다 보면 정상적인 텍스트 이해 능력자로 성장할 수 있습니다.

다섯째, 어휘력을 키워야 합니다. 읽기가 약한 아이들은 대부분 어휘력이 부족합니다. 아는 영어 단어가 턱없이 부족하니 영어책을 읽어도 이해하지 못합니다. 아이 본인 레벨대의 쉬운 단어부터 확실하게 알도록 단어 노트를 작성한 후 반복해서 외우게 하고 확인합니다. 초급이면 초급, 중급이면 중급 수준의 플래시 카드를 사용하면 좋습니다. 플래시 카드는 그림과 이미지가 있기 때문에 단어를 잘 외우지 못하는 아이들에게 효과적인 도구입니다. 플래시 카드에 나오는 약 1,000개 정도의 단어를 반복해서 읽고 외우고 확인해서 어휘력을 향상시켜야 합니다.

스토리 북에 자주 등장하는 단어도 단어 노트에 정리하고 외우는 과정은 필수입니다. 반복적으로 만나는 단어를 적고 외우다 보면 단어가 저절로 외워지고 아는 단어가 많아져 어휘력이 급상승합니다. 초급레벨은 약 1,000개 이상, 중급 레벨은 약 2,000개 이상 단어를 완벽하게 알고 외우면 문장 이해력이 폭발적으로 성장합니다. 단어 뜻을 모르니 문장을 읽어도 이해하지 못합니다. 어휘력이 늘어나면 문자 난독증이 사라지고 이해력이 살아납니다. 단어 뜻을 많이 알수록 읽기에 자신감이 생기고 텍스트 이해력이 좋아지는 것은 기본 상식입니다.

위의 5가지 노하우를 잘 활용하여 꾸준히 연습하면 약화되었던 뇌의 읽기 인지 기능이 활성화됩니다. 읽기 난독증을 극복할 수 있습니다. 정상적인 리딩 능력자로 성장할 수 있습니다.

"장엄한 성취에는 언제나 고통스런 준비과정이 선행하기 마련이다."

-로저스타우바흐-

07

우리 아이,
파닉스 반드시 배워야 할까요?

"우리 아이는 파닉스를 배우지 않아서 쉬운 영어책도 잘 읽지 못하는데요." 영도를 운영하다 보면 이런 엄마들의 고민을 자주 접합니다. 초1, 2학년이 초급 영어책조차 술술 읽지 못한다면 고민이 될 수밖에 없습니다.

우리 나라에서 파닉스! 하면 영어 처음 배우는 아이들 필수 코스로 인식되어 있습니다. 아마도 모 영어 교육 회사의 막대한 홍보 영향 때문입니다. 그런데 과연 영어책 못 읽는 것이 파닉스를 배우지 않았기 때문일까요? 아니면 다른 원인이 있을까요?

예전에 영어 공부했던 학부모 세대들은 어떻게 영어책을 읽었나요? 그 당시는 파닉스 규칙이 무엇인지도 모르고 영어책을 읽었습니다. 물론 영어 읽기 방법이 지금 아이들과 비교할 수 없겠지만 나름대로 영어 읽기를 스스로 깨우친 경험들이 있습니다.

SR 5점대 돌파! 챕터북, 뉴베리 300권 읽더니 하버드를 꿈꾸기 시작했다!

그런데 요즘은 파닉스를 당연히 알아야 영어책을 읽을 수 있는 것으로 알고 있는 분들이 꽤 많습니다. 다들 알고 있듯이 파닉스는 알파벳 소리가 어떻게 나는지를 배우는 음가 법칙입니다. 시중 서점에 가면 수많은 종류의 파닉스 교재들이 있습니다. 모 영어 교육 회사가 광고하는 것처럼 파닉스 과정을 나선형으로 나누어 2년까지 배우도록 만든 프로그램도 있습니다.

파닉스 교재를 살펴보면 단모음, 단자음부터 시작해서 장모음, 이중모음 등 다양한 단어에 대한 파닉스 규칙이 있습니다. 단계별로 제대로 마스터하려면 꽤 긴 시간이 소요됩니다. 파닉스 배우는 기간 동안 아이들이 스트레스를 많이 받습니다. 문제는 파닉스 규칙을 배워도 파닉스 규칙대로 읽을 수 없는 단어가 너무 많다는 게 문제입니다.

언어학자들에 의하면 영어 단어의 60%는 프랑스어나 라틴어에서 유입되었기 때문에 파닉스 규칙대로 읽을 수 없는 단어가 많다고 합니다. 그래서 파닉스 규칙을 다 배웠다고 해서 영어 문장을 좔좔 읽을 수 있는 게 아닙니다. 또 발음 좋다고 해서 영어 구사 능력이 뛰어나다거나 영어 잘하는 게 아닙니다.

파닉스 배우는 데 너무 많은 시간을 빼앗기지 않는 게 좋습니다. 그보다는 알파벳 26자의 기본적인 음가 규칙만 익히고 배우면 됩니다. 그다음부터는 재미있는 영어 그림책과 리더스 책을 함빡 듣고, 함빡 읽으면 저절로 깨우칠 수 있습니다. 읽다 보면 알파벳과 소리를 매칭하면서 읽기 감각을 터득할 수 있습니다. 리더스 책 중에는 파닉스를 깨우칠 목적으로 만든 책들이 아주 많습니다.

　위와 같은 초급 영어 동화책으로 읽기 연습을 하다 보면 오히려 읽기 유창성이 더 빨리 향상됩니다. 오랫동안 영어 도서관을 운영하면서 보고 느낀 것은 간단한 파닉스 과정만 배우고도 영어 읽기를 잘할 수 있습니다. 재미있는 영어책을 많이 듣고, 많이 읽은 아이들은 파닉스 규칙대로 읽을 수 없는 단어까지도 잘 읽습니다. 문맥을 좇아가면서 연음으로 읽는 훈련이 숙달되었기 때문입니다.

　그다음부터는 아는 어휘량을 점차적으로 늘리면 됩니다. 신나는 영어 동화책을 읽다 보면 일정한 패턴을 가진 단어들을 반복적으로 자주 만납니다. 그런 단어들을 반복적으로 만나다 보면 저절로 읽고 외워지며 점점 아는 단어의 개수가 많아집니다. 지금 우리 아이가 영어책을 줄줄 읽지 못해서 고민인가요?

　그렇다면 우선 영어 오디오를 들으면서 손으로 한 단어씩 짚어 가며 따라 읽게 하세요. 완전히 외우다시피 할 정도로 여러 번 반복 읽기 할 필요가 있습니다.

아래 신나는 영어 동화책 속에는 각종 영어 발음이 다 들어 있습니다. 글자와 영어 소리 매칭하는 훈련을 꾸준히 하다 보면 이내 다른 영어책도 술술 읽을 수 있습니다.

[사진 출처: Fly Guy Series 1점대: 스콜래스틱 출판사]

그런 다음 읽었던 책에 나온 단어 플래시 카드를 만들어서 아이 방이나, 거실, 냉장고 등, 눈에 띄는 곳에 붙여 놓고 반복하게 합니다. 2~3일에 한 번씩 확인하여 완벽하게 외울 때까지 읽게 합니다. 시중에 판매하는 플래시 카드를 활용해도 좋습니다.

그렇게 해서 [명사 400단어, 동사 200단어, 형용사+부사 200단어,

합계 800단어] 이상을 완벽하게 알 수 있을 때까지 반복 연습합니다. 그러면 초급 읽기 과정을 훌쩍 뛰어넘을 수 있습니다. 읽기가 안 되면 영어 자신감이 확! 떨어집니다. 영어책을 읽지 못하면 어떤 영어를 가르쳐도 영어 실력이 올라가지 않습니다. 읽기가 되어야 말하기든, 쓰기든, 독해든, 문법이든, 수월하게 응용할 수 있습니다.

영어 읽기를 못한다면 우선적으로 영어책을 술술 읽을 수 있도록 바짝 신경 써야 합니다. 여기서 영어 읽기라고 하는 것은 읽고 이해할 수 있다는 것을 의미합니다. 읽기 못하는 초급 아이들을 보면 대개 영어책 읽은 권수가 미미합니다. 우리 아이가 초급인 것은 언어 감각이 남보다 둔하다거나 재능이 없어서가 절대 아니니 실망할 필요가 없습니다.

잘 읽는 아이들과 비교할 때 양적으로 턱없이 부족하게 읽었기 때문에 읽기를 못할 뿐입니다. 딱딱한 파닉스 배우느라고 1~2년 동안 진땀 빼며 시간 낭비할 필요가 없습니다. 차라리 그 시간 동안 아이들이 좋아하는 스토리 북을 많이 듣고, 많이 읽는 게 더 효과적입니다. 그게 파닉스도, 읽기도, 훨씬 빨리 깨우치고 잘할 수 있는 비결입니다.

"성공하는 사람과 실패하는 사람의 차이는 능력이나 지식의 부족이 아니라 의지력의 부족에 있다."

-빈스 롬바르디-

08

영어 동화책 읽기 좋은 감각적 나이
vs 의지적 나이

영어를 감각적으로 받아들이는 나이가 있고, 의지적으로 받아들이는 나이가 있습니다. 감각적이냐, 의지적이냐에 따라 영어 받아들이는 고통 지수에 현격한 차이가 있습니다. 감각적이라는 말은 자신의 특별한 노력, 결심, 의지가 없어도 자연스럽게 영어를 받아들이고 터득하는 것을 말합니다. 어린 나이에 영어 동요, 영어 동화책, 영어 원서, 영어 방송 등을 많이 듣고, 읽고, 따라 해 본 아이들은 원어민 아이처럼 영어를 감각적으로 받아들이고 터득합니다.

이 시기에 좋은 영어 동화책을 많이 듣고, 읽거나, 오리지널 미국 드라마, 영화를 자주 시청한 아이들은 그렇지 않은 아이보다 영어를 3배 이상 쉽게 터득합니다. 그 이유는 제2외국어를 받아들이는 언어 감각, 인지 능력이 왕성하게 열려 있기 때문입니다. 하지만 학습량이 많은 고학년이 되면 감각적으로 받아들이는 데 어려움을 겪습니다. 자신의 의지와 노력이 합쳐져야만 원하는 결과를 만들 수 있습니다. 나이가 들면 들수록 모국어 간섭 현상이 더욱 심해지기 때문입니다. 외국어를 받아들이는 감각적 기능은 자꾸 약화됩니다. 좋은 결과를 만들기 위해서는 의지적 노력과 시스템을 만나야 합니다.

유치원이나 저학년 시절 감각적 타이밍을 놓쳐서 의지적 나이가 되었다면 영어 터득하는 데 2~3배 정도의 노력이 필요합니다. 그만큼 영어 터득 고통 지수가 높다는 의미입니다. 그래서 영어를 쉽고, 감각적으로 터득하기 위해서는 영어 터득 타이밍을 놓치지 않는 게 대단히 중요합니다.

그렇다면 영어를 감각적으로 터득하기에 가장 좋은 나이는 언제부터일까요?

언어학자들의 연구나 주변에서 영어 영재 된 아이들 수백 명을 분석하면 만 5세부터 10세(초3)까지입니다. 이 나이 때는 영어를 감각적으로 받아들이고 터득합니다. 일종의 제2외국어 터득하기 좋은 Big 골든 타임입니다.

이왕에 내 자녀에게 영어를 시키는 경우라면 만 5세부터 초3까지 Big 골든 타임을 놓치지 않는 게 중요합니다. 이 시기에 좋은 영어 동화책부터 시작해서, 영어 독서하기 좋은 환경, 미국 드라마, 오리지널 영어 DVD, 영어 방송 등을 자주 시청하는 노력과 환경 조성이 필요합니다. 이런 환경과 양질의 좋은 영어 재료를 지속적으로 제공받은 아이들은 어느덧 영어 영재 반열에 들어갑니다.

그렇다면 의지적 나이는 몇 살부터일까요?

대개 초4학년이 되는 11세부터입니다. 초4가 되면 감각적 터득보다는 의지적 노력이 더 많이 필요한 나이입니다. 좋은 영어 재료인 영어 동화책, 영어 원서, 미국 영화 등을 익히고 터득하기 위해서 2~3배의 노력이 필요합니다. 이 중에 가장 좋은 영어 터득 재료는 영어 동화책, 영어 원서 읽기입니다.

비록 감각적 터득 타이밍을 놓쳤더라도 초4부터 자신의 의지와 노력으로 양질의 영어 원서를 열심히 읽으면 영어 영재의 바탕이 만들어집니다. 하지만 다른 학습 때문에 꾸준히, 체계적으로, 하기가 힘든 게 사실입니다. 그래서 성공하는 영어 독서 습관을 기르고 지속적인 지도와 관리를 통해 영어 영재가 되려면 체계적인 영어 도서관을 이용하는 게 좋습니다.

그래도 15세 이전까지는 영어를 언어적, 감각적으로 받아들일 언어 터득 기능이 남아 있습니다. 초4부터 중1까지는 Small 골든 타임입니다. 언어 터득하는 감각적 나이와 의지적 나이가 있다는 현실을 인정한다면 영어 환경 제공은 빠르면 빠를수록 내 아이에게 더 유리합니다.

"지식에 투자하는 것은 항상 최고의 이자를 지불한다."

-벤자민 프랭클린-

09

영어 독서
SR 레벨이 오르지 않아서 고민

영어 원서에 관심 있는 엄마라면 SR, AR에 대한 정보를 알고 있을 것입니다. 하지만 SR, AR이 무엇인지 처음 듣는 분들도 있을 것입니다. 그런 분들을 위해서 SR, AR에 대한 정보를 언급하도록 하겠습니다. SR은 Star Reading의 약자로서 현재 아이의 영어 독서 위치, 영어 독서 수준이 어느 정도인지 영어 독서 레벨 테스트를 SR이라고 말합니다. SR은 0.1에서 12.9까지 레벨로 나누어져 있습니다. 예를 들어 SR GE 지수가 3.7이 나왔다면 미국 초등학교 3학년 7개월 차 읽기 수준을 의미합니다.

그렇다면 AR은 Accelerated Reader의 약자로서 각 원서들의 Book Quiz를 AR이라고 합니다. 아이들이 영어책을 제대로 읽고 이해했는지 확인하는 Book Quiz Test입니다. SR, AR은 미국 르네상스 러닝 사에서 만든 영어 독서 전문 테스트 프로그램입니다. 전 세계 2억 명

SR 5점대 돌파! 챕터북, 뉴베리 300권 읽더니 하버드를 꿈꾸기 시작했다!

이상 사용하고 있는 권위와 공신력을 갖춘 국제적인 영어 독서 레벨 테스트 중 하나입니다. AR Book Quiz는 30년 전부터 개발된 것으로 고전 소설부터 시작해서 최근 영미권 작가들의 모든 책까지 원어민 교사들이 일일이 읽어 보고 이해력 테스트를 위해서 만든 Book Quiz가 무려 21만 권 이상이라고 합니다.

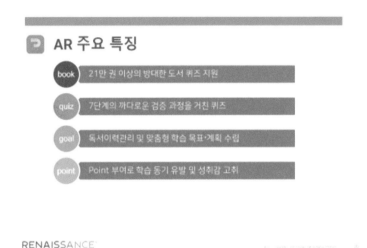

RENAISSANCE

[사진 출처: 르네상스 러닝 한국 법인 타임교육 제공]

필자가 목동에서 17년 동안 영어 도서관을 운영하다 보니 SR 레벨이 오르지 않아서 고민하는 엄마들을 수없이 만납니다. 더군다나 비슷한 시기에 같은 영유를 다녔고 현재 초3, 4, 5, 6까지 친구라면 엄마들끼리 자연스럽게 SR을 비교하게 됩니다.

친구 아이는 SR이 높은데 우리 아이만 SR이 낮거나 정체기를 겪는다면 몹시 자존심 상하고 안타까운 일입니다. 그래서 어떻게 하면

SR을 높일 수 있는지 비법 아닌 비법을 찾는 엄마들이 꽤 있습니다. SR 때문에 고민은 되겠지만 급할수록 돌아가라는 말처럼 정공법을 선택하는 게 좋습니다.

먼저 무엇 때문인지 원인부터 찾아야 합니다. 우리 아이 영어 리딩 방법이 근본적으로 잘못되었는지, 영어 이해력과 영어 독서량이 부족한지, 아니면 어휘 실력이 부족한지를 먼저 체크해 봐야 합니다. 그렇다면 영어 독서 SR은 무엇을 평가하고 어떻게 출제되는 걸까요? 무엇 때문에 SR이 아이들 영어 실력을 평가하는 척도로 활용될까요? 유명 어학원은 입학 조건에 왜 SR 점수를 반영할까요?

그 이유를 아래 SR, AR을 취급하는 미국 르네상스 한국 법인 (주)타임교육에서 제공하는 자료로 설명 드리겠습니다. SR은 크게 아래 5가지 영역을 평가합니다. 세부적으로 5 Domains, 36 Skills, 470 Sub-skills가 있습니다.

R SR 평가 영역
5 Domains, 36 Skills, 470 Sub-skills

5가지 평가 영역(Assessment Domain)

1. Word Knowledge and Skills(어휘 인지력)
2. Comprehension Strategies and Constructing Meaning(지문 독해력)
3. Analyzing Argument and Evaluating Text(논리 분석력)
4. Understanding Author's Craft(수사 이해력)
5. Analyzing Literary Text(문학 해석력)

RENAISSANCE

[사진 출처: 르네상스 러닝 한국 법인 타임교육 제공]

먼저 5가지 영역은 다음과 같은 것을 평가합니다.

1) Word Knowledge and Skills(어휘 인지력)

2) Comprehension Strategies and Constructing Meaning(지문 독해력)

3) Analyzing Argument and Evaluating Text(논리 분석력)

4) Understanding Author's Craft(수사 이해력)

5) Analyzing Literary Text(문학 해석력)

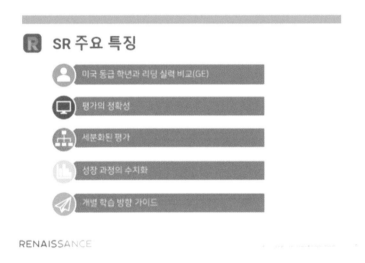

[사진 출처: 르네상스 러닝 한국 법인 타임교육 제공]

SR 주요 특징은 위의 표처럼 ① 미국 동급 학년과 리딩 실력 비교 (GE) ② 평가의 정확성 ③ 세분화된 평가 ④ 성장 과정의 수치화 ⑤ 개별 학습 방향 가이드를 안내해 줍니다. SR은 총 34문항이 무작위로 학년에 맞게 문제 은행식으로 출제됩니다. SR 평가는 한번 높은 레벨 받았다고 해서 계속 높아지는 평가 방식이 아닙니다. 평가를 자주 하다 보면 오르락, 내리락 반복할 때가 많습니다. 어떨 때는 높게 나왔다가, 어떨 때는 떨어지기도 합니다. 그렇다고 SR 평가가 잘못된 것일까요? 그렇지는 않습니다. SR 테스트 지체가 원래 그런 메커니즘을 갖고 있습니다. 물론 SR에서 우리 아이가 낮은 평가보다는 높은 평가받으면 기분은 좋겠지요. 하지만 그게 다시 아래, 위로 변하지 않는 절대 수치가 아니란 사실입니다.

　오르락, 내리락 과정을 반복하지만 아래 표를 보듯이 6개월 뒤, 1년 뒤, 2년 뒤에 보면 현저히 우상향 성장하고 있음을 확인할 수 있습니다.

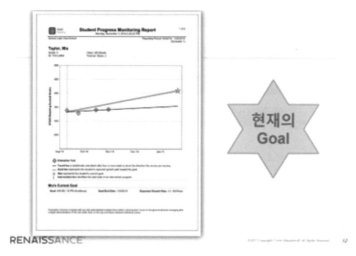

[사진 출처: 르네상스 러닝 한국 법인 타임교육 제공]

　그래서 SR 평가할 때마다 확인하는 GE 지수에 너무 일희 일비할 필요가 없습니다. 그것보다 더 중요한 것은 영어 리딩을 얼마나 알차게 했는가? 어휘 실력은 얼마나 차곡차곡 늘렸는가? 영어 원서를 양적으로 얼마나 많이 읽었는가에 따라서 SR 수치가 그걸 반영해서 오르락, 내리락 합니다.

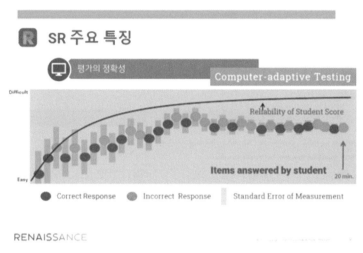

[사진 출처: 르네상스 러닝 한국 법인 타임교육 제공]

SR을 어떻게 평가하고 있는지 위의 그래프를 보면 알 수 있습니다. SR은 34문항을 학생의 학년 수준에 맞게 온라인을 통해서 문제 은행식으로 출제됩니다. 미국 현지 SR사이트에 연결하여 실시간 TEST하여 평가합니다. 전체 34문항을 푸는 데 평균 20분 내외 시간이 소요됩니다.

문항당 난이도는 우리나라 학년이 아니라 현재 미국 학년 수준에 맞추어 출제됩니다. 학생이 문항을 읽고 해당 문제를 맞히면 다음 난이도가 올라가고 틀리면 다음 문제가 쉬워지는 Computer adaptive Testing입니다. 따라서 테스트의 신뢰도, 정확도가 높으며 학생의 정확한 현재 리딩 수준을 파악할 수 있습니다. 위의 표처럼 학생의 정답과 오답 표시에 따라 그걸 반영해서 학생의 최종 SR독서 지수를 찾아 줍니다.

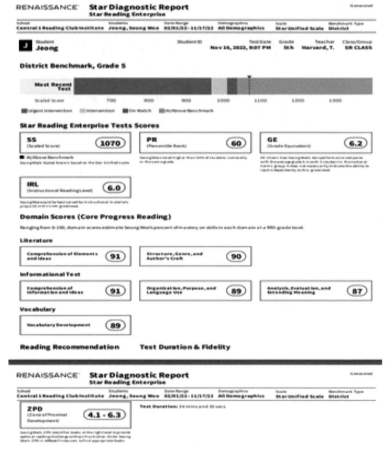

[사진 출처: SR TEST Report: 르네상스러닝 한국 법인 타임교육 제공]

SR 5점대 돌파! 챕터북, 뉴베리 300권 읽더니 하버드를 꿈꾸기 시작했다!

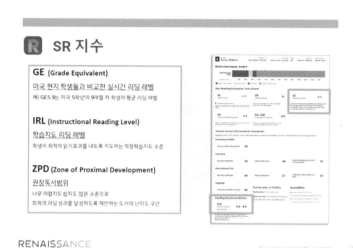

[사진 출처: 르네상스 러닝 한국 법인 타임교육 제공]

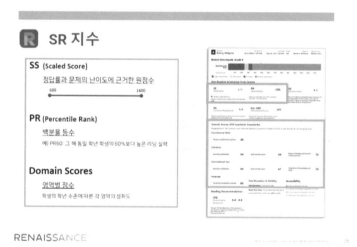

[사진 출처: 르네상스 러닝 한국 법인 타임교육 제공]

SR TEST는 아이의 현재 영어 독서 레벨과 자신의 영어 위치를 확인해 주는 세계적으로 공인된 영어 독서 테스트 중 하나입니다. 따라서 SR 레벨이 다운되지 않고 꾸준히 오르는 영어 영재가 되기 위해서는 SR만 올리는 비법이나 편법을 찾기보다는 정공법을 선택해야 합니다. 일시적 상승은 아이한테 아무 의미가 없습니다.

그러기 위해서는 아이의 어휘력, 문장 독해력, 영어식 사고력, 문장 응용력이 뛰어난 아이가 되도록 체계적인 영어 독서 지도를 해야합니다. 우리 아이의 SR이 기대치보다 낮거나 정체기를 겪고 있어서 고민인가요? 오랫동안 영어학원을 다녔는데 글밥 있는 영어책을 술술 읽지 못하나요? 어떤 주제에 대해서 영어로 자신의 생각을 술술 쓰지 못하나요?

이와 같은 SR 메커니즘을 정확하게 이해하고 그에 맞는 리딩 수업과 SR을 높이는 원서 VOCA 콘텐츠로 지도하는 영어 도서관이 있습니다. 그런 영어 도서관에 가면 정교한 영어 독서 시스템으로 SR 레벨 향상과 함께 영어 영재가 되도록 교육합니다.

"성공의 비결은 목적을 향해 시종일관하는 것이다."

−벤저민 디즈레일리−

10

리딩이 먼저냐?
문법 독해가 먼저냐?

숲을 먼저 봐야 할까요? 나무를 먼저 봐야 할까요? 코끼리가 어떻게 생겼는지 한 번도 본 적이 없는 아이에게 코끼리 다리나 꼬리만 보여 주고 코끼리를 그리라면 제대로 그릴 수 있을까요?

영어책 읽기, 원서 리딩을 배운다는 것은 바로 영어 숲을 보는 교육입니다. 숲의 아름다움을 보고 감탄한 아이라야 나무가 어떻게 생겼는지 보고 싶은 호기심이 생깁니다.

[호기심을 살리는 신나는 영어 동화책, 영어 원서들]

아름다운 영어책들은 아이들의 호기심을 자극하는 최고의 교재입니다. 오리지널 영어 원서에는 그런 보물들이 무궁 무진합니다. 아이들은 영어책 읽을 때마다 새로운 보물을 발견하는 기쁨에 저절로 몰입하게 됩니다. 재미있는 책을 읽으면서도 영어 실력이 '쑥쑥' 향상되는 좋은 영어 공부법이 바로 영어 독서입니다. 그런데 이걸 놓치거나 모르는 아이들을 볼 때 정말 안타깝습니다.

문법, 독해 같은 딱딱한 영어 교재는 출발부터 아이의 지적 호기심을 빼앗아 갑니다. 우리나라 공교육, 사교육이 아직도 이런 영어 교재로 수업을 하니 참으로 안타깝고 답답한 노릇입니다. 그래서 아인슈타인은 이런 말을 했다고 합니다.

"It is a miracle that curiosity survives formal education(정규 교육에서 호기심이 살아나는 건 기적이다)."

영어 교육도 이와 마찬가지입니다. 특히 일반 영어학원의 수업 방법은 호기심을 키워 주기보다는 되레 호기심과 창의성을 죽이는 주입식 교육을 하고 있습니다. 호기심이 사라진 교육은 스스로 학문 탐구에 대한 열정과 동기 부여를 일으키지 못합니다. 마지못해 의무적으로 공부하는 것과 내가 좋아서 스스로 공부하는 것과는 비교할 수 없는 큰 차이가 생깁니다.

그렇다면 영어 사고력을 키우는 교육, 영어 호기심을 자극하는 교육, 그게 뭘까요? 바로 영어 독서 교육입니다. 다른 어떤 영어 교육으로도 영어 사고력, 영어 호기심을 체계적으로, 반복적으로, 길러 주지 못합니다.

아래 영어책을 예로 들어 볼까요?

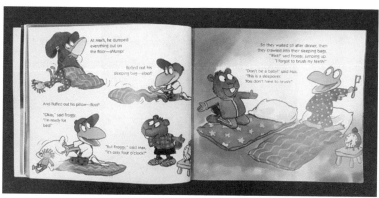

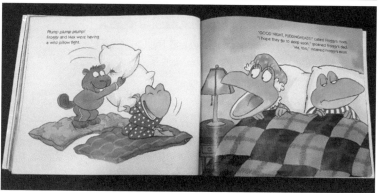

[사진 출처: Froggy's Sleepover: 저자: Jonathan London]

* **Sleepover**: (→ 아이들이나 청소년들이 한집에 모여 함께 자면서 놀기)에 관련된 영어책들입니다.

아이들은 영어책을 읽으면서 이런 외국 문화를 자연스럽게 습득하고 친구 간에 모여 추억의 파자마 파티를 하며 즐깁니다.

[사진 출처: Nancy Drew and The Clue Crew]

《Nancy Drew and the Clue Crew》도 파자마 파티와 관련된 10대 소녀들 이야기입니다. 이와 같은 신나는 책들을 읽고 나면 친구들과 그런 놀이를 하고 싶은 생각이 드는 것 당연하지 않을까요? 책 속의 장면이 머릿속에 생생하게 떠오르니 스토리가 저절로 입력됩니다.

억지로 외우지 않아도 표현이 떠오르고 단어와 문장이 생각나니 이보다 더 효과적인 영어 교육이 있을까요? 책을 읽고서 실제 친구들과 함께 파자마 파티를 열며 재미난 추억을 만드는 집들도 꽤 있습니다. 남자아이들, 여자아이들이 친구 집을 돌아가며 파자마 파티를 즐긴다고 합니다. 최초로 가족 품을 떠나 친구 집에 자면서 독립심과 아름다운 추억을 만듭니다. 밤늦게 파티하면서 인형놀이, 베개 던지

SR 5점대 돌파! 챕터북, 뉴베리 300권 읽더니 하버드를 꿈꾸기 시작했다!

기 놀이하면서 스스로 이야기 속의 주인공이 되는 경험을 합니다.

영어책을 통해서 실제 주인공이 되는 추억을 만들면 평생 동안 그 이야기는 잊어버리지 않습니다. 이걸 영어로 대화하고 글로 써 본다면 저절로 표현이 떠오르니 영어 실력은 쑥쑥 향상됩니다. 이러한 영어 독서, 원서 리딩을 충분히 한 아이들은 자신도 모르게 영어 두뇌가 만들어집니다. 영어 두뇌가 만들어져야 비로소 영어 사고력, 영어 응용력이 생겨서 영어 영재가 됩니다.

영어, 멀리까지 보세요! 조급하다고 해서 바늘허리에 실을 꿰어 바느질할 수 없습니다. 당장 눈앞의 문법 독해, 문제 풀이 영어 공부가 중요한 게 아닙니다. 그보다 영어 기초 체력을 잘 갖추어 스스로 읽고 이해할 수 있는 능력을 갖추는 영어책 읽기, 리딩 능력이 더 중요합니다. 초등 시절 원서 리딩을 많이 한 아이들은 결국 영어 자유인이 됩니다.

"황홀한 영어 원서와의 만남은 신나는 영어 여행을 떠나는 일이다."

-센클 이두원-

11

원서 리딩,
단어부터 먼저 외우는 게 맞을까요?

영어 원서 읽을 때 단어 먼저 외우고 읽어야 하나? 책부터 읽어야 하나? 요즘 전국 방방곡곡 학원가 여기저기에 영어 도서관 학원들이 오픈 되어 수업하고 있습니다. 영도마다 수업 방법이 제각각 다르다 보니 어느 게 더 효과적일지 궁금해하는 분들이 많습니다.

엄마들이 영도 상담을 여기저기서 받다 보면 정말 헷갈릴 수 있습니다. 이게 좋은 방법 같기도 하고, 저게 좋은 방법 같기도 하고 마구 혼란이 옵니다. 해 보지 않았으니 우리 아이에게 어느 영도 시스템이 더 효과적일지 엄마들도 확신이 없습니다. 하지만 자기 자녀를 영어 독서로 성공시킨 엄마들은 어느 게 더 효과적인지 방법을 알고 있습니다. 영도 17년 이상 운영자이자 유경험자로서 제가 어머니들에게 질문 하나 던져 볼게요. 한국어책 읽을 때 단어 미리 공부하고 읽었나요? 아니면 책 다 읽고 나서 나중에 어려웠던 단어를 찾아보나요? 이건 모국어라서 다 읽고 나서 나중에 찾아보는 게 맞다고요?

영어책은 모국어랑 달라서 그렇게 읽을 수 없다고요? 이렇게 생각하는 엄마들의 십중팔구는 학창 시절 잘못된 입시 위주 영어 공부 선입관 때문입니다. 하지만 원서 읽기를 통해서 영어 영재가 된 아이들은 먼저 책을 읽고 나서 어려운 단어가 있으면 나중에 정리합니다. (- 물론 단어를 전혀 모르는 아이는 예외: 현재 독서 레벨까지 단어를 80% 이상 안다는 전제하에 출발) 아이 레벨에 맞는 적절한 책을 찾아서 읽게 하면 미리부터 단어 외우고 읽을 필요가 없습니다. 혹 모르는 단어가 중간에 섞여 있긴 있지만 문맥을 통해서 유추하는 능력도 읽기 훈련의 중요한 방법입니다.

읽기 전에 그 책에 나오는 단어를 일일이 외우고 난 후에 책을 읽게 되면 읽기도 전에 읽기 흥미를 빼앗는 일입니다. 흥미진진한 책을 몰입하며 읽어야 진정한 영어 독서 효과를 볼 수 있습니다. 그런 호기심이 사라지도록 만든다면 영도가 내신 영어학원의 독해 수업과 무슨 차이가 있을까요?

만약 책을 읽다가 모르는 단어가 너무 많아서 무슨 내용인지 모르는 경우는 어떻게 할까요? 그건 아이 레벨에 맞지 않는 잘못된 책을 읽고 있는 것입니다. 주먹구구가 아닌 정교한 영어 독서 시스템을 갖춘 영도라면 그런 책은 배제합니다. 이해하며 읽을 수 있는 책도 수백 권 있는데 굳이 어렵고 이해도 안 되는 책을 읽게 하는 것은 올바른 리딩 방법이 아닙니다. 아이 레벨을 잘 찾아 주어 영어 단어 찾지 않고도 술술 이해하며 읽게 하는 게 우선입니다. 영어 리딩은 아이가 바로 읽고 이해할 수 있는 책부터 출발합니다.

초급 아이들이 읽고 있는 영어 동화책을 예로 들어 보겠습니다.

[사진 출처: Henry & Mudge Series 일부]

위의 책을 보면 Henry라는 소년이 Mudge라는 애완견과 생활하며 겪는 일상적인 스토리를 감동적으로 연결한 초급 영어 동화책 시리즈입니다. 문장 속에 한두 개 정도 어려운 단어가 섞여 있어도 그림과 문맥을 통해서 금세 유추하며 읽을 수 있습니다. 이와 같이 아이 수준에 맞는 여러 권의 책으로 다독하다 보면 굳이 단어를 찾지 않고도 이해하며 읽을 수 있습니다.

혹 글밥이 많거나 어려운 단어 때문에 이해가 안 되는 경우를 만나기도 합니다. 그럴 때에는 별도의 단어 노트에 정리합니다. 정리한 단어들은 책을 다 읽고 나서 단어 뜻을 확인한 후 외우고, 다시 읽어보면 이해할 수 있습니다. 그런 훈련을 꾸준히 하다 보면 리딩이 체화되고, 언어가 체화되고, 단어가 체화되어 원어민처럼 읽는 아이가 됩니다.

글밥 있는 두꺼운 원서를 '술술' 읽을 수 있는 읽기 능력자들은 그런 식으로 읽습니다. 영도에서 원서 읽을 때, 읽기 전에 단어부터 먼저 외우느냐? 읽고 나서 나중에 외우느냐? 당연히 읽고 나서 외우는 게 효과적입니다. 영어 능력자 만드는 리딩 방법의 작은 차이가 큰 차이를 만듭니다.

> "겨울이 없다면 봄은 그리 즐겁지 않을 것이다. 고난을 맛보지 않으면 성공이 반갑지 않을 것이다."
>
> -앤 브레드 스트리트-

12

뇌 속 흩어진 점을 연결하는
신비한 원서 리딩

　뇌의 신비한 능력은 영어 사고력을 자극하여 언어 체계를 완성합
니다. 어릴 때 읽었던 《큰 바위 얼굴》, 《신데렐라》, 《인어공주》 등
여러 권의 재미난 이야기는 수십 년의 세월이 지나도 잊어버리지 않
습니다. 왜 그럴까요?

　기억하려고 애썼거나 노력한 적이 한 번도 없었습니다. 그런데도
그 시절 읽었던 동화 이야기가 지금도 생생하게 기억나니 참으로 신
기할 따름입니다. 이게 바로 재미있는 책을 읽었을 때 나타나는 현
상입니다. 인간의 뇌는 스토리를 좋아한다는 말이 뇌 과학적으로 입
증된 셈입니다.

　필자가 알고 있는 비철금속 회사 대표이사의 실제 이야기입니다.
그분은 책 읽기가 얼마나 중요한지 뇌 전문가로부터 들었다고 합니
다. 그래서 자기 손주들이 태어나자마자 아름다운 그림책을 한 보따

리씩 선물했습니다. 한글을 깨우친 이후부터는 동화책을 위시한 아이들에게 좋다는 책은 일 년에 수백 권 이상 사 주며 책 읽는 환경을 만들었습니다. 아들과 며느리도 할아버지의 손주 사랑에 화답하며 적극적으로 책을 같이 읽고, 책에 대해서 이야기하는 시간을 자주 가졌습니다. 그렇게 하다 보니 아이들은 책 속에 둘러싸여서 책이 장난감이 되었고, 책이 생활의 일부가 될 정도로 다독하는 아이들로 바뀌었습니다.

할아버지는 손주들이 관심 있어 하는 책은 돈을 아끼지 않고 투자했습니다. 그 결과 집안은 도서관처럼 되었고 초등 졸업 전에 이미 수천 권 이상의 책을 읽었습니다. 그래서인지 그 손주들은 만물 백과사전처럼 지식 수준과 지혜가 또래 아이들과 비교할 수 없을 정도로 탁월했습니다. 책 읽은 효과가 중, 고등 때부터 본격적으로 나타나기 시작했다고 합니다. 학교 성적은 항상 TOP을 유지했으며 각종 전국 수학, 과학 경진대회 등에서 우수상을 휩쓸었습니다.

그 아이들이 원래 좋은 머리를 타고난 게 아니었다고 합니다. 그냥 책을 많이 읽으면 뇌가 눈부시게 발전한다는 뇌 과학자의 말을 믿고 그대로 실천한 결과입니다. 중학교 때 이미 천재 소리를 들었다고 하니 후천적 책 읽는 환경이 아이들의 뇌 발달에 얼마나 큰 영향을 미치는지 증명해 보였습니다. 이 아이들처럼 실제 사례도 있지만 이외에도 책을 통해 천재로 자란 수많은 인재들을 주변에서 만날 수 있습니다. 그래서 '책이 사람을 만든다'는 말이 나온 것입니다. 그럼 영어책은 어떨까요?

언어를 관장하는 뇌는 한글, 영어를 구분하지 않는다고 합니다.

알파벳을 알면 그림 영어 동화책부터 시작하면 됩니다. 한글 동화책도 읽고, 영어 동화책도 읽다 보면 자연스럽게 이중 언어 체계가 자리 잡습니다. 특히 영어책 읽기의 효과는 영어라는 언어를 터득하는 최고의 뇌 환경을 만들어 줍니다. 처음에는 그림책 위주로 엄마가 읽어 주는 영어를 듣습니다. 그러다 서서히 영어 알파벳을 깨우치면 스스로 읽을 수 있습니다. 물론 처음에는 원어민이 녹음한 오디오를 듣고 따라 읽는 게 좋습니다. 스스로 읽기 재미에 빠질 수 있는 영어 동화책부터 시작하면 됩니다.

때로는 영어 동요도 따라 부르고 재미있는 디즈니 만화 영화도 함께 본다면 금상첨화이겠지요. 꼭 외국에 조기유학 가야만 영어를 잘하는 게 아닙니다. 한국에서도 그런 환경을 꾸준히 제공하면서 양질의 영어 원서를 수백 권 이상 읽으면 얼마든지 원어민처럼 잘할 수 있습니다. 필자는 1994년부터 영어 교육 사업에 뛰어들었습니다. 29년간 수많은 영어 교육 프로그램을 접했습니다. 그중에서 가장 효과가 뛰어났던 게 원서 리딩이었습니다.

필자가 사교육 1번지 목동에서 영어 교육 사업을 시작한 것은 2001년부터였습니다. 2005년도에 목동 '최초' 수입한 영어 원서를 도입하여 학생들에게 읽게 하였습니다. 그 당시 아무런 시스템이 없었던 때라 나름대로 효과적인 방법을 찾고자 무진 애를 쓰며 '원서 리딩의 길'을 스스로 개척했습니다. 2년간 눈물겨운 노력과 연구로 원서 리딩의 길을 닦아 2007년부터 목동에서 돌풍을 일으키며 성장했습니다.

원서 리딩을 하면서 참으로 신기했던 것을 발견했습니다. 그것은 아이가 그동안 어떤 영어로 공부했던지 지금까지 머릿속에 흩어져 있던 수많은 영어 조각들이 영어책을 읽으면서 연결되는 것을 확인할 수 있었습니다. 다른 영어 학습법에서 도저히 일어날 수 없는 현상입니다. 바로 원서 리딩은 뇌 속에 흩어져 있는 영어라는 점을 연결하여 아름다운 언어로 창조하는 신비한 능력이 있습니다. 이런 현상 때문에 수백 권의 원서 리딩을 한 아이들이 영어 영재가 되는 이유입니다.

"상상력은 신이 인간에게 준 최고의 보물이다."라는 말이 있습니다. 인간이 위대한 것은 그 속에 신이 주신 무한한 상상력이 내재한다는 사실입니다. 조앤 롤링의 상상력으로 《해리포터》가 나왔고, 딕 쿤츠의 상상력으로 《어둠의 눈》이 탄생했고, 월트 디즈니의 상상력으로 《겨울왕국》이 나왔습니다. 그 밖에 에디슨, 아인슈타인 같은 위대한 과학자, 예술가 등등

누구나 아는 상식이지만 모든 상상력의 원천이요, 샘물은 바로 독서에 있습니다. 뇌 과학자에 의하면 우리 뇌는 1,000억 개 이상 되는 엄청난 뉴런 뇌세포에 10,000개 이상 되는 시냅스가 연결되어 있다고 합니다. 아무리 사용해도 끝이 없는 인간 뇌세포의 무한한 능력이 누구에게나 잠재되었다는 것은 신의 축복입니다.

영어 배우고자 하는 초등생이 재미있는 영어책을 수백 권 이상 읽기 시작하면 이러한 잠재 능력이 작동하기 시작합니다. 아이 뇌 속에 여기저기 흩어진 무수한 영어 점들이 언어 체계를 갖추면서 신비한 영어 능력을 발휘하는 놀라운 현상을 경험할 수 있습니다. 일반 영어 학습법에서는 도저히 얻을 수 없는 현상입니다. 흩어진 점을

연결하는 신비한 영어 능력은 오직 이야기가 있는 영어 동화책, 영어 원서에만 있습니다.

"뜻이 확실하면 반드시 생각하는 대로 이루어신다."

-프랑크 갠솔러스-

13

원서 읽기에 가장 좋은
골든 타임

"엄마~! 학교 다녀왔습니다!" 아이는 엄마와 눈을 제대로 맞추기도 전에 가방을 팽개쳐 놓고 다시 학원 가방을 메고 달아납니다. 학교 끝나고 나서 각종 학원을 순례하다 보면 아빠보다 더 늦게 퇴근하는 아이들도 있습니다.

또 집에 오면 밤늦게까지 학교 숙제하랴, 학원 숙제하랴, 일찍 잠자리에 들지 못하는 경우가 많습니다. 요즈음 공부 좀 한다는 아이들 대부분 형편이 이와 같습니다. 초등 때부터 이렇게 바쁘게 사니 언제 제대로 된 독서를 할 수 있을까요? 눈앞의 점수 따기 경쟁과 주입식 선행 학습 때문에 부모는 아이들에게 더 중요한 것을 놓치며 살도록 내몰고 있습니다. 아이 인생을 장기적인 안목으로 바라봐야 하는데요. 현재 나이에서 필요한 지식의 넓이와 깊이를 쌓아 주기 위해 무엇이 더 중요하고, 무엇부터 먼저 해야 하는지 엄마, 아빠가 올바른 안내를 해야만 합니다.

인생 경쟁에서 일찍 출발한다고 해서 더 일찍 도착할 수 있는 게 아닙니다. 속도보다 중요한 것은 올바른 방향입니다. 올바른 방향을 잡아 주기 위해서는 아이가 무엇을 좋아하고, 어디에 관심이 많은지를 꾸준한 독서를 통해서 관찰하며 스스로 찾아가도록 하는 게 중요합니다.

이처럼 영어든, 한글이든, 독서가 중요한데 영어도 한글 깨우치듯이 쉽고 재미있게 영어를 터득할 수 있는 유일한 길이 바로 신나는 원서 리딩입니다. 영미권 아이들의 재미있는 책을 만나도록 인도하는 것은 영어 리딩의 중요성을 제대로 아는 부모의 의지와 노력 여하에 달렸습니다. 영어책을 많이 읽은 아이가 영어 잘한다는 것은 누구나 알고 있는 상식입니다.

그러나 그 상식을 실천에 옮겨 꾸준히 하기에는 현실 자체가 녹록하지 않습니다. 주변에 있는 스파르타 영어학원에 다니는 아이들의 방대한 학습량과 숙제를 듣고 나면 우리 아이가 원서 리딩만 하기에는 뭔가 양이 부족해 보이고 뒤처질까 하는 불안감을 느낍니다.

영어 교사의 직접적인 학습 지도와 개입하에 문법적인 설명을 듣고, 해석을 하고, 단어 시험을 보고, 문제 풀이 독해를 해야만 아이가 제대로 영어 공부하고 있는 것으로 착각하는 부모들이 의외로 많습니다. 하지만 영어라는 언어는 무조건 단어 외우고, 문제를 많이 풀고, 문법책을 여러 권 뗀다고 해서 터득할 수 있는 과목이 결코 아닙니다. 그런 시험 위주의 영어 공부는 내신 성적을 중요시 여기는 중2 때부터 해도 전혀 늦지 않습니다.

아이가 쉬운 영어책을 어느 정도 읽을 수준이 되었다면 그때부터 약 5년 정도는 영어 독서에 올인 해야 할 타이밍입니다. 아이들마다 수준과 영어 시작 나이가 각각 다르겠지만 평균적으로 초1부터 중1 까지가 원서 읽기에 가장 좋은 골든 타임입니다. 왜 이때가 골든 타임일까요?

첫째, 아이의 지적 이해 수준과 새로운 언어를 받아들이기에 최상의 뇌 구조가 준비되어 있는 시기입니다. 이 시기에 약 5년 정도 집중해서 영어 원서를 읽으면 뇌가 폭발적으로 성장하여 뇌 속에 영어방이 새롭게 만들어집니다. 새롭게 만들어진 영어방을 통해서 한글과 영어를 자유자재로 구사할 수 있는 이중 언어 능력자가 됩니다.

둘째, 영어 시험에 대한 부담을 전혀 느끼지 않아도 되는 나이입니다. 세계적인 언어학자인 스티븐 크라센 박사가 쓴《읽기 혁명》이라는 책을 보면 "긴장하면 언어 학습을 담당하는 뇌가 작동하지 않는다."라고 합니다. 시험이나 평가에 대한 부담과 긴장이 없어야 자유로운 영어 독서를 통해서 읽기 재미에 빠질 수 있습니다. 읽기 재미에 빠져야 영어가 자연스럽게 입력되고 영이 사고력이 생겨서 자유롭게 읽고, 쓰고, 말할 수 있는 영어 실력이 길러집니다.

셋째, 영어 독서 습관을 길러 주기에 가장 좋은 나이입니다. 어릴 때부터 영어책이나 한글책을 많이 읽은 아이들은 나중에 중, 고등학생이 되어서도 책을 가까이하는 습관 때문에 모든 학문에 두각을 나타냅니다. 양질의 영어 원서로 영양분을 충분히 공급받았기 때문에 어떤 시험을 만나더라도 응용하는 능력이 탁월합니다.

목동에서 영어 도서관을 17년째 하면서 지켜본 결과 어릴 때 영어책을 많이 읽었던 아이들은 영어가 모국어 수준으로 성장하여 영어를 통달한 경험을 갖게 됩니다. 이 시기를 놓치고 나면 아무리 열심히 해도 영어 통달하기가 하늘에 별 따기처럼 어렵습니다.

독서 습관을 어릴 때 길러 주지 않는 아이들은 나중에 중, 고등학생이 되어도 책 읽는 습관 갖기가 무척 어렵습니다. 당장 시험 문제 한두 개를 맞추기에도 시간이 부족한데 어느 시간에 영어책을 읽고 있을까요? 이처럼 원서 리딩은 타이밍이 대단히 중요합니다. 영어책 읽을 수 있는 골든 타임 때 좋은 시스템을 만나서 아이가 원서 리딩에 몰입한다면 평생 쓸 수 있는 영어를 완성할 수 있습니다.

"끈기의 습성이야말로 승리의 습성이다."

-허버트 코프먼-

SR 5점대 돌파! 챕터북, 뉴베리 300권 읽더니 하버드를 꿈꾸기 시작했다!

14

초6이 SR 2 초급레벨일 때 취해야 할
가장 올바른 영어 교육 방향

초6이 영어 독서 레벨 테스트했는데 SR 2레벨이 나왔다면 대부분 엄마들 조언은 어떨까요? "초6이 이제 초급이면 영도 다니기는 너무 늦었어요." "중등부 영어학원에서 그냥 문법, 독해 배우며 내신 시험 대비하는 게 나아요." "영어 문장 읽고, 문법적으로 분석하고, 한국 말로 해석하는 영어를 배워야 내신을 잘 볼 수 있어요." 등등

현실적인 조언이요 맞는 말처럼 들리긴 합니다. 하지만 어쩐지 영어가 20년 전으로 후퇴하는 씁쓸함을 지울 수 없습니다. 위와 같은 영어 공부법은 20년 전 학부모 세대가 당연히 갔던 길 아닌가요? 그렇게 해서 시험 영어는 도움되었을 지 모르지만 진짜 영어 능력 향상은 어떠셨나요? 영어 공부하는 목적이 단순히 시험 영어가 전부라면 위의 조언들이 맞습니다. 하지만 우리 아이가 글로벌 세상을 향해서 자신의 꿈을 펼치기 위한 도구로서 영어를 배운다면 위 조언들

은 너무나 근시안적입니다.

시험 영어로 방향을 바꾸는 순간 실용 영어 능력 향상과는 거리가 멀어집니다. 신나는 스토리에 빠져서 영어를 영어로 바로 읽고 이해하는 영어 사고력 향상과는 담을 쌓게 됩니다. 아이가 리딩을 통해서 얻게 될 인생의 중요한 영어 보물을 놓치는 안타까운 일이 발생합니다. 해석하지 않고도 바로 수백 권의 아름다운 영미 소설을 몰입하며 읽고 이해하는 진정한 리딩의 재미를 체험할 수 없으니까요.

21세기인 오늘날도 20년 전 방식대로 일일이 영어 문장을 한국말로 해석하며 읽어야 영어를 잘하는 걸까요? 단어 외우고, 문법 분석 후 점수 따는 영어 공부법이 올바른 방법일까요? 아이들이 살아갈 10년, 20년 후는 AI와 인간 지능을 가진 로봇이 상용화된 전혀 다른 차원의 세상을 살게 됩니다. 지금의 주입식 시험 영어 공부가 과연 쓸모 있을까요? 상상력과 창의력이 뛰어난 인재가 무엇보다 필요한 시대입니다.

엄마 세대가 전혀 경험하지 못했던 원서 리딩에 도전할 수 있는 기회와 혜택을 골든 타임이 지나기 전에 한 번 정도는 맛보게 해야 합니다. 내 아이만 원서 리딩을 제대로 해 본 적이 없었다면 인생의 큰 손실입니다.

초6 아이는 그동안 집에서 영어 원서 리딩한 적이 거의 없었습니다. 영어 도서관은 한 번도 다녀 본 적이 없었고요. 일반 영어학원만 몇 년간 다녔습니다. 영어 문장 읽고, 해석하고, 단어 외우고, 문법 분석 후 문제 풀이하며 공부한 평범한 학생입니다. 예전 엄마 세대가 영어 공부했던 것과 똑같은 방식으로 말이지요.

이런 학생이 뒤늦게 영어 원서 리딩의 중요성을 접하고서 영도에서 레벨 테스트를 받았습니다. 영어 원서를 읽은 적이 없었으니 SR이 낮게 나온 것은 어쩌면 당연한 결과입니다. 하지만 레벨 설명 듣는 엄마나 아이는 몹시 실망합니다. 한국식 영어 공부이지만 나름대로 열심히 했다고 하는데 말이죠.

문제는 지금부터가 중요합니다. 6학년이 초급 리딩부터 시작하지니 어느 세월에 독서 레벨을 높일 수 있을까? 이제 원서 리딩하다가 중학교 내신 영어까지 정말로 못하면 어떻게 될까? 여러 가지 불안한 마음이 앞설 수 있습니다. 앞으로 1년이 지나면 중1 학생이 되는데요. 다행히 중1까지는 자유 학년제 시행으로 내신 시험 걱정은 안 해도 됩니다. 만약 지금부터 원서 리딩을 선택한다면 중2 될 때까지 약 2년간 수많은 영어 원서 리딩할 수 있는 마지막 기회가 남아 있습니다.

문제는 엄마의 판단과 결정만 남았습니다. '늦었지만 지금부터라도 원서 리딩을 해야 하나? 말아야 하나?' 심각한 갈등에 빠질 수밖에 없습니다. 초6이 원서 리딩하는 영도를 다니자니 중학교 내신 영어가 걱정되고요. 안 읽고 패스하자니 초등 시절에 꼭 읽어야 하는 원서 리딩을 놓치는 것 같고요. 엄마의 처음 소신은 늦었더라도 지금부터 열심히 영도 다니자는 거였습니다. 이러한 소신이 이웃 엄마들 때문에 흔들리기 시작합니다. 들으면 들을수록 옛날 영어 학습법으로 되돌아가라는 말을 많이 듣습니다.

소수의 영어 영재 된 5% 엄마들만 "늦었지만 지금이라도 해 봐라~!" "아이가 하려고 한다면 1년만 집중해서 읽어도 새로운 영어 세상을 경험하게 될 것이다."라고 말합니다. 냉철히 생각해 보자고요. 이

윗집 엄마가 우리 아이 영어 인생까지 책임지지 않습니다.

잘못된 방향으로 빨리 가면 나중에 다시 되돌아와야 하는 경우가 생깁니다. 천천히 가더라도 정공법을 선택한 사람이 나중에 앞서 나가는 경우가 수없이 많습니다. 영어 공부 방법도 이와 다르지 않습니다. 해 보지 않고 포기하는 사람보다 실패하더라도 도전해 본 사람이 더욱 탄탄한 인생 내공을 쌓을 수 있습니다. 다행히 아이는 열심히 하려고 하는 동기 부여가 되어 있습니다. 이런 아이라면 굳게 약속하고 이 기간 동안 원서 수백 권 이상 읽게 된다면 과연 영어 실력이 후퇴할까요? 나아질까요?

당연히 듣기, 어휘, 독해, 문장 감각력은 영어 원서 리딩을 한 만큼 영어 실력 향상으로 쌓입니다. 내신 준비를 늦게 한다고 해서 영어 성적이 처질 거라는 불안은 사실 기우에 불과합니다. 왜냐하면 중2부터 내신 영어 준비할 시간은 충분히 주어집니다. 단지 다른 아이보다 영어 독서 정보를 늦게 접해서 출발이 늦었을 뿐입니다. 하지만 엄마 세대가 전혀 접해 보지 않았던 영어 영재가 될 수 있는 원서 리딩을 이번 기회에 하지 않는다면 다시 기회가 오지 않습니다.

지금 6학년이면 스스로 생각이 있고, 동기 부여 받을 수 있는 나이입니다. 마음먹고 2년 동안 바짝 올인하면 영어 실력 향상에 눈부신 변화를 맛볼 수 있습니다. 오히려 저학년 때 원서 리딩한 아이들보다 2~3배 빠르게 리딩 레벨이 올라갑니다. 육체 나이를 생각지 말고 쉬운 책부터 다시 읽기 시작하면 새로운 영어 공부법에 희열을 맛볼 수 있습니다. 영어를 영어로 바로 이해하며 읽을 수 있는 원어민식 영어 사고력이 자랍니다.

SR 5점대 돌파! 챕터북, 뉴베리 300권 읽더니 하버드를 꿈꾸기 시작했다!

원서 리딩에 눈을 뜨고 동기 부여만 제대로 받는다면 내신 영어 향상은 단기간에 해결할 수 있습니다. 앞으로 중2부터 고3까지 수없이 내신과 입시 영어를 배웁니다. 영어 실력 향상은 아이 마음먹기에 달렸습니다.

아이가 원서 리딩을 하겠다고 하면 아이의 잠재력과 가능성을 믿고 엄마가 전폭적으로 성원하고 격려할 필요가 있습니다. 성경에 이런 말씀이 있습니다. "먼저 된 자가 나중 되고, 나중 된 자가 먼저 되리라." 아이가 동기 부여를 언제, 어떻게 받느냐에 따라 아이 인생이 달라집니다.

중등 내신 영어 공부를 먼저 시작했다고 해서 영어 성적이 더 좋아지는 것은 아닙니다. 늦게 뛰어들더라도 영어 공부에 대한 동기 부여가 확실하다면 추월하는 것은 시간 문제입니다. 도전하는 자가 항상 아름다운 인생을 만들 수 있으니까요. 이제 초6이라서 늦었다고요! 이제 중1이라서 늦었다고요! 아닙니다! 지금 시작하면 얼마든지 역전 가능합니다!

지금부터 중1까지 2년간이면 아이의 삶이 바뀔 수 있는 터닝 포인트의 시간입니다. 전혀 다른 영어 능력자로 성장할 수 있는 충분한 시간입니다. 원서 리딩은 새로운 영어 세상을 향한 동기 부여와 꿈을 제공해 주는 최고의 재료이자 보물입니다.

"시도해 보지 않고는 누구도 자신이 얼마만큼 해낼 수 있는지 알지 못한다."

-푸블릴리우스 시루스-

15

우리 아이,
고급레벨로 못 간 결정적인 이유

우리 아이가 영어학원을 수년간 다녔는데 고급레벨로 오르지 못하는 결정적인 이유가 무엇일까요? 영어학원 수년간 다니며 단어도 많이 외웁니다. 문법 독해 문제도 많이 풉니다. 듣기 공부도 열심히 합니다. 영어 시험도 그럭 저럭 보는 편입니다.

이 방법, 저 방법으로 하든, 옛날식 문법, 독해 위주의 영어를 하든, 중급레벨까지 영어는 누구나 갑니다. 문제는 영어가 능통하지 못하고 아직도 초, 중급을 수년째 벗어나지 못하고 있습니다. 아이 자신도 힘들어 하지만 지켜보는 부모의 마음은 더욱 답답하고 안타깝습니다. "도대체 우리 아이는 뭐가 문제일까요?" "어떤 부분이 부족한 걸까요?" 초, 중급을 뛰어넘어 영어가 자유로운 경지로 올라가야 하는데 몇 년 동안 고급레벨 문턱을 넘지 못한다면 기분이 어떨까요?

SR 5점대 돌파! 챕터북, 뉴베리 300권 읽더니 하버드를 꿈꾸기 시작했다!

이대로 중, 고등부 올라가면 영어가 발목 잡는 과목이 될 텐데 부모의 고민은 깊어만 갑니다. 우리 아이도 영어를 잘했으면 좋겠는데 부모 마음 같지 않게 초, 중급에 몇 년 동안 머물러 있는 아이를 볼 때 참으로 답답합니다. 그렇다면 고급으로 올라간 아이와 그렇지 못한 아이들의 결정적인 차이는 무엇일까요?

Critical Period: 결정적 시기란 용어 많이 들어 보셨지요? 교육 심리학 용어입니다. 외국어를 배울 때 결정적 시기에 배워야 모국어처럼 언어를 습득할 수 있다고 하는 이론입니다. 뇌의 성장이 마무리 되기 전, 즉 사춘기가 시작되는 15세 이전이 외국어 터득의 최적화 된 Critical Period라고 합니다. 15세가 되기 전에 외국어를 터득하지 않으면 유창한 언어 습득이 힘들다고 하는 언어학 이론입니다.

그래서 대부분의 언어학자들도 조기 영어 교육을 강조하고 Critical Period를 인정합니다. 필자가 29년 이상 영어 교육을 하면서 수천 명의 학생들을 지켜본 결론이 있습니다. 그게 바로 원서 리딩의 시기였습니다. 어떤 시점에 영어 독서를 집중적으로 했느냐, 안 했느냐가 영어 유창성과 영어 실력을 좌우하더군요.

결정적 시기에 영어 원서를 집중적으로 읽었던 아이들은 고급레벨로 올라갔습니다. 반면에 그런 기회를 갖지 못한 아이들은 열심히 영어 공부한다고 하지만 고급레벨로 치고 올라가지 못합니다. 물론 중급 실력이라도 중, 고등 영어 시험은 어느 정도 볼 수 있습니다. 다만 중, 고등 영어 내신을 뛰어넘어 영어 영재로 성장하지 못하는 안타까움이 있습니다. 왜 그럴까요?

언어가 폭발적으로 성장하는 결정적 시기 때 영어 독서를 집중적으로 하지 않은 아이들은 영어 사고력이 자라지 않습니다. 수많은 영어 스토리를 읽은 아이들은 영어 사고력이 쑥쑥 자라나 영어로 말과 글을 창조할 수 있는 힘이 생깁니다. 단어를 많이 외운다고, 문법책을 많이 뗀다고, 독해 문제를 많이 풀었다고 해서 영어 사고력이 생기지 않습니다. 이 말이 사실인지 아닌지 주변에서 영어 영재가 된 아이들을 살펴보세요~! 그들은 결정적 시기 때 수백 권, 수천 권 이상 영어 원서 읽은 아이들입니다.

한국 사람들이 만든 영어 동화책, 영어 독해 책, e-Book 등을 말하는 게 아닙니다. 미안한 이야기이지만 한국 영어 전공자들이 만든 영어 독해, 문법책, 영어 동화책들은 영어 사고력, 영어 문화를 습득하기 어렵습니다. 단순히 문장 독해 연습시키고, 단어 외우고, 문법 법칙 공부하는 수업용 교재, 그 이상도 그 이하도 아닙니다. 그런 책으로 수년간 한국식 영어 공부한 아이들은 해석은 조금 할 줄 알지만 원어민 아이처럼 술술 읽고 이해하는 영어 사고력이 자라지 않습니다.

영어 사고력은 오직 오리지널 종이책으로 된 영어 원서를 수백 권 이상 읽어야 자랍니다. 외운 영어, 주입식 영어로는 영어 실력 올리는 데는 한계가 있습니다. e-Book은 편리함은 있지만 영어 사고력을 길러 주지 못합니다. 아이가 영어를 영어로 생각할 줄 모르면 고급레벨로 Jump-up할 수 없습니다.

결정적 시기(초1~중1 사이) 때 원서 읽기로 티핑 포인트를 경험하는 것, 영어 두뇌가 물리적인 변곡점을 돌파한 경험, 그런 아이들은 어떤 영어를 만나더라도 능수능란하게 응용합니다. 초, 중등 시절

SR 5점대 돌파! 챕터북, 뉴베리 300권 읽더니 하버드를 꿈꾸기 시작했다!

영어 원서 읽었던 충분한 자양분들이 아이를 영어로 춤추게 합니다. 그런 아이들이 고급레벨로 올라가 영어 자유를 만끽할 수 있습니다. 이제 영어 공부 시작한 당신의 자녀도 결정적 시기 때 원서 리딩에 집중하여 영어 영재가 되는 행운을 누리기 바랍니다.

> "일단 목표를 적기 시작하면 두뇌는 그 목표와 관련된 것들에 대해 민감하게 반응하기 시작한다."
>
> -헨리에트 앤 클라우저-

16

원서 리딩,
이렇게 했더니 SR 레벨이 껑충

원서 리딩, 어떻게 하면 SR 리딩 레벨이 껑충! 뛰면서 잘할 수 있을까요? 상담하러 온 모든 엄마들이 이구동성으로 묻는 말입니다. 그만큼 자기 아이에 대한 영어 답답함과 고민이 많다는 거지요.

이 방법, 저 방법, 이 학원, 저 학원 다녔지만 별 소용이 없었다고 합니다. 그렇다면 리딩 레벨이 확~! 뛰면서 영어 영재 되는 비결이 무엇일까요?

얼마 전에 영어 실력이 특출난 아이 엄마와 인터뷰한 적이 있었습니다. 영도에 입학하던 5학년 때 SR 레벨 6점대 실력이었습니다. 입학할 때부터 이미 영어 원서를 수백 권 읽은 아이였고, 리딩 레벨이 다른 아이보다 높았던 아이였습니다.

그동안 집에서만 읽혔기 때문에 중구난방 체계도 없이 읽었던 터라 엄마가 불안했다고 했습니다. 이제 전문 영어 도서관의 도움을 받아 체계적으로 읽혀서 구멍 난 부분을 메꿔가겠다고 입학했습니다. 그런데 그 아이가 우리 영도에 다닌 지 1년 만에 SR 레벨이 11.4로 껑충 뛰었습니다. 이런 현상은 쉽지 않은 케이스라서 교육비 결제하는 날 엄마와 인터뷰했습니다.

이 아이는 어릴 때부터 책을 좋아하도록 특별히 엄마가 신경을 썼다고 합니다. 집에서 TV는 거의 보지 않았고요. 6학년인데 스마트폰도 사 주지 않았다고 하니까요. 자연스럽게 책이 친구가 된 것이지요. 영어책, 한글책 가리지 않고 심심하면 책을 읽습니다. 한 번 책을 들고 읽기 시작하면 보통 3~4시간씩 집중해서 읽습니다. 이게 습관의 힘이요, 엉덩이의 힘이요, 환경의 힘입니다.

집중해서 읽다 보면 아이의 인지 능력이 몰라보게 발달하고 그에 따라 사고력, 이해력, 상상력은 폭발적으로 성장하는 게 정상입니다. 디지털 기기로서는 도저히 길러 줄 수 없는 아날로그 종이책의 위력입니다. 영어 원서 수백 권 이상 듣고 읽다 보면 어휘가 저절로 외워집니다. 문해력이 발달해 글을 읽고 이해하는 속도가 그렇지 않은 아이보다 10배나 빨라집니다.

아이가 몰입해서 읽을 종이책을 만나고, 그런 환경을 만들어 주면 아이는 1년 만에 리딩 레벨이 껑충 올라가는 기적을 체험할 수 있습니다. 위의 아이도 입학 당시 SR 6점대였는데 1년 만에 SR 11.4로 몇 계단 껑충 뛴 것은 바로 집중해서 영어 원서 읽을 수 있는 환경을 제공했기 때문입니다. 리딩 교사가 아이 수준을 고려해서 책을 잘 골라 주고, 집중해서 읽도록 지도 관리했기 때문입니다.

지금 리딩 레벨이 올라가지 않고 정체기를 겪는 아이들은 왜 그럴까요? 언어 감각이 둔해서일까요? 이해력과 두뇌가 부족해서일까요? 절대 그렇지 않습니다. 근본 원인은 몰입할 재미난 책과 영어책 읽는 환경을 만나지 않았기 때문입니다. 디지털 기기에 빠져서 종이 책을 진득하게 읽은 경험이 없습니다. 그러다 보니 아래와 같은 문제점이 발생합니다.

감정 조절을 못하고, 주의력이 산만합니다. 특히 책에 집중하지 못하고, 참을성이 없습니다. 집중해서 읽은 책이 없으니 어휘력, 문해력은 당연히 약합니다. 이런 아이들이 예전보다 10배나 많아졌습니다. 사회적으로 심각한 문제입니다. 왜 이런 아이들이 많아졌을까요? 가장 큰 이유가 아기 때부터 스마트폰, 게임기에 너무 밀착되었기 때문입니다. 디지털 기기의 급속한 발전 때문에 아이 자신도 모르게 디지털 기기에 중독되었습니다. 누가 그렇게 만들었을까요? 엄마도 모르게 엄마가 만들었습니다.

아기 때 칭얼대고 성가시게 하면 책보다는 스마트폰, 게임기 만지라고 먼저 틀어 줍니다. 친구들하고 수다 떨며 이야기할 때, 방해하지 말라고, 또 스마트폰 던져 줍니다. 그러면 아기는 신기하게도 뚝, 스마트폰 영상에 빠져서 시간 가는 줄 모릅니다. 이러다 보니 아이 달래는 요술 방망이가 이것보다 더 쉽고, 더 좋은 게 없습니다. 그래서 자꾸 사용하게 됩니다.

이런 상태가 아기 때부터 습관이 되면 초등생이 되어도 느리고, 딱딱한 종이책을 좋아할 리가 없습니다. 그림이나, 글자를 보면서 생각하거나, 상상할 필요가 없어집니다. 손가락으로 스크롤 하기만 하면 신기한 장면이 팍! 팍! 튀어나오는데 머리 쓸 필요가 없습니다.

SR 5점대 돌파! 챕터북, 뉴베리 300권 읽더니 하버드를 꿈꾸기 시작했다!

아이는 점점 참을성이 없어집니다. 생각하는 기능이 점점 퇴화되어 머리는 팝콘 두뇌로 바뀝니다. 어쩌다 스마트폰 게임을 하지 말라고 뺏기나 하면 분노 조절을 못합니다.

이걸 바꾸지 않으면 아이 두뇌는 점점 퇴화하고 사고력, 이해력, 창의력은 제자리걸음만 합니다. 이와 같이 디지털 기기에 중독된 아이들이 생각보다 주변에 훨씬 많다는 게 문제입니다. 이처럼 중독 상태를 보이면 그때부터라도 온 가족이 함께 협력해서 디지털 중독에서 벗어나도록 도와주어야 합니다. 아이 스스로 절제하고 고친다는 것은 거의 불가능합니다. 아이 미래를 걱정한다면 지금부터라도 고쳐야 합니다. 집안 환경을 바꾸거나, 느리더라도 아날로그 종이로 된 한글책, 영어책을 읽을 수 있는 환경을 만나야 합니다.

현장에서 학생들을 가르치는 교사들이 먼저 심각성을 이야기합니다. 요즘 아이들 자기 생각이 너무 없다고 말합니다. 글과 말을 자기 스스로 한 구절도 제대로 표현하지 못하는 아이들을 가르치려고 하니 얼마나 답답하고 힘들까요? 영어 독서의 힘, 원서 읽기의 힘을 체험한 엄마들은 이구동성으로 말합니다. 아이가 몰입해서 읽을 수 있는 환경과 시스템을 만나면 1년 만에 확~! 달라지고 영어 실력이 올라간다고 말합니다. 그런데 영어 잘하기 위해서 왜 종이로 된 원서를 꼭 읽어야 할까요?

거기에 영어 잘하는 비결, 해답이 있습니다. 온라인 시대에 온라인 프로그램을 전혀 안 할 수야 없습니다. 하지만 온라인은 최소 활용에 그쳐야 합니다. 이미 과학적 실험으로 입증되었습니다. 종이 원서 영어책 읽는 아이들의 사고력, 상상력, 이해력은 온라인

e-book과는 비교할 수 없을 만큼 월등히 앞섭니다.

우리 아이 SR 리딩 레벨이 껑충 올라가기를 원하세요? 지금부터라도 오리지널 영어 원서 읽는 환경과 시스템을 만나게 하세요! 그게 우리 아이 영어 영재 만드는 비결입니다.

"기회가 없음을 두려워하지 말고, 준비되어 있지 않음을 두려워하라."

-랄프 왈도 에머슨-

SR 5점대 돌파! 챕터북, 뉴베리 300권 읽더니 하버드를 꿈꾸기 시작했다!

17

논픽션 리딩하기에
가장 좋은 시기는?

영어 동화책을 뛰어넘어 챕터북을 자유롭게 읽고 있는 우리 아이, 논픽션 리딩은 언제부터 하는 게 좋을까요? 재밌는 픽션 동화나 영어 소설을 쭈~욱 읽어 오던 아이라면 언제부터 논픽션 읽기를 지도하는 게 좋을지 궁금해합니다.

이제 고학년이 되거나 중학교 입학하는 학생이라면 더욱 궁금하고 관심이 높습니다. 우리 아이가 계속해서 재미있는 창작 동화나 판타지, 미스터리, 모험 소설 같은 픽션 종류만 읽어도 영어 실력 향상에 괜찮은 걸까요? 어떤 분들은 이제 겨우 SR 2점대, 3점대 실력인데 논픽션 읽기 지도를 요구하는 분들도 있습니다.

픽션이냐? 논픽션이냐? 해답은 17년간 영어 도서관을 운영하면서 지도해 온 수백 명의 영어 영재 된 학생들 빅데이터에서 찾을 수 있습니다. 일단 논픽션은 일정 리딩 레벨 될 때까지 잊어버리는 게 좋습니다. 그렇다면 일정 리딩 레벨이란 SR 몇 점대를 말할까요? 네, 최소한 SR 4점대 까지를 말합니다.

왜 SR 4점대까지일까요? 원서 리딩에도 순서가 있습니다. 리딩 레벨이 초급이거나 아직 SR 4점대 미만 아이들은 무조건 픽션 책을 많이 읽어야 합니다. 픽션을 많이 읽어야 하는 이유는 아이 두뇌에 영어 기초 돌을 깔아 주는 과정이기 때문입니다.

영어 기초 돌이 바닥에 많이 깔려야 그 위에 영어 기둥을 세우고 견고한 영어 건물을 올릴 수 있습니다. 영어로 Ground Cognition이라고 합니다. 일종의 영어 땅 다지기 하는 작업입니다. 영어 배우기 전에는 누구나 모국어인 한글에 익숙해 있습니다. 이런 아이들에게 영어라는 언어를 인지시키고 받아들이는 기초 돌, 주춧돌 놓는 과정이 반드시 필요합니다. 기초 돌, 주춧돌을 놓는 최고의 재료와 영어 영양제는 영어 도서관에 있는 신나는 리더스 영어 동화책과 3~4점대 초급 픽션 챕터북들입니다.

재미있는 그림 영어 동화책부터 시작하여 수백 권의 Readers Book 과 Chapter Book 읽기에 빠진 아이들은 자신도 모르게 영어 두뇌가 만들어집니다. 영어 두뇌가 만들어지면 발음도 좋아지고, 영어 원서 를 바로 읽고 이해하며, Speaking, Writing을 할 수 있습니다.

SR 4점대까지 영어책들 중에는 신나는 픽션 책들이 많습니다. 아 직 4점대 리딩 실력을 갖추지 않는 아이들에게 논픽션 책을 읽게 하 면 흥미가 떨어지거나 거부감을 일으킬 수 있습니다. 물론 아이 성 향에 따라서 픽션보다는 과학, 사회, 설명문, 역사, 기행문, 전기문, 수필 같은 논픽션을 더 좋아하는 아이들도 있습니다.

그런 아이들을 제외하고는 수백 권의 픽션 책을 읽게 해서 우선 영 어 두뇌방을 만드는 게 중요합니다. 픽션 책을 많이 읽게 되면 보이 지 않는 뇌세포가 활성화되어 영어를 쉽게 받아들이는 뇌 구조가 만 들어집니다. 즉 뇌 속에 원서 리딩을 받아들이는 스키마(schema: 도 식, 구조화)가 생깁니다.

영어 영재가 된 아이들은 어릴 때부터 수백 권의 픽션 책들을 읽어 서 영어 두뇌가 만들어진 아이들입니다. 우선 픽션 책으로 영어 두 뇌를 만들면 영어 받아들이는 속도가 빠르고 영어 사용이 편해집니 다. 영어 기초 돌을 제대로 쌓지 않는 아이들에게 논픽션 리딩을 강 요하면 영어 유창성을 키우기 힘듭니다.

대부분의 논픽션 책들은 어휘가 어렵고, 문장이 딱딱하기 때문에 몰입해서 읽기가 힘듭니다. 사실에 기반한 설명문들이 많기 때문에 이야기를 상상하거나, 추측하거나, 맥락을 좇아가며 흥미진진하게 읽는 과정이 없습니다. 그래서 논픽션 책들은 여간해서는 영어 두뇌가 만들어지지 않습니다. 내 아이가 유창한 영어 영재가 되기를 원하세요? 그렇다면 SR 4점대 될 때까지 픽션 책들을 많이 읽게 하세요!

재미있는 픽션 책들은 영어 사고력, 상상력을 길러 주어 자신도 모르게 영어 두뇌방이 만들어집니다. 영어 두뇌방이 만들어져야 이중 언어 구사 능력자가 됩니다. 내 아이를 위한 영어 영재 만들기 로드맵! 우선 수백 권의 재미있는 픽션 책 읽기부터 시작하세요!

아이가 좋아하는 시리즈만 읽는 편독을 한다 할지라도 그것은 영어 두뇌 만드는 하나의 과정이기 때문에 무시해도 좋습니다. 영어 두뇌방이 만들어지는 SR 4점대 실력부터 본격적으로 논픽션 책을 읽게 하면 됩니다. 그래야 영어를 잘 받아들이고 수준 높은 영어 에세이까지 쓸 수 있습니다.

픽션 책으로 우선 SR 4점대 리딩 실력까지 향상시키는 게 중요합니다. 그 이후에 중학교 내신이든, 입시 영어든, 준비하는 게 영어 영재 되는 올바른 로드맵입니다. 영어 두뇌방이 만들어지지 않은 아이에게 논픽션 리딩은 고통입니다. 자칫 영어를 질리게 할 수 있습니다.

영어 오솔길을 헤매는 아이에게 재미있는 픽션 영어책 수백 권 이상 읽기야말로 영어 고속도로 뚫는 최상의 방법입니다.

> "단숨에 여러 가지 일을 하려고 하는 사람은 단 한 가지
> 의 일도 못한다."
>
> -새뮤얼존슨-

18

영어 초급 탈출하는
리딩 5단계 특급 노하우!
영어 동화책, 영어 원서, 제대로 읽는 법!!

영어 동화책, 영어 원서 많이 읽으면 영어 잘 한다는 것은 누구나 아는 상식입니다. 그렇다면 수많은 영어책들을 어떻게 읽혀야 우리 아이 영어 초급 탈출하고 정말로 영어 잘할 수 있을까요? 아래 리딩 5단계 특급 노하우를 따라 하면 영어 초급 탈출하고 원어민 아이처럼 유창한 영어 구사 능력자를 만들 수 있습니다.

첫째, 리딩 1단계 → 한글 깨우치기 시작하는 4~5세부터 영어 소리 노출에 최대한 신경 써야 합니다.

영어 글자를 깨우치기 전에 먼저 영어 소리에 익숙해지도록 하는 소리 노출 훈련이 반드시 필요합니다. 한글 동요와 함께 신나는 영어 동요 20~30곡 정도를 선정해서 반복해서 들려줍니다. 10곡 이상은 완전히 따라 부를 때까지 반복해서 들려줍니다. 어린이 TV 영어 방송 프로그램은 아침저녁 규칙적인 시간을 정해 놓고 하루 1시간 이상 보여 줍니다. 특히 아이들이 좋아하는 디즈니 오리지널 만화 영화(- 한글 자막, 영어 자막 없는 것)는 아이가 좋아하면 반복해서 시청하게 합니다. 아이가 지겨워 하지 않는다면 영어 대사를 무의식적으로 따라 할 때까지 반복 시청하는 게 좋습니다. 이러한 영어 소리 노출 시간을 한글 깨우치는 시점에 집중해서 듣고, 보고, 계속 따라 한 아이는 영어를 한글만큼 빨리 깨우칩니다.

영어 소리에 익숙해진 아이들은 영어 알파벳과 음가 규칙인 파닉스를 쉽게 터득합니다. 어릴 때 이처럼 영어 TV 방송, 영어 동요, 디즈니 오리지널 만화 영화, 어린이 영어 드라마 등을 통해서 영어 소리 노출을 많이 한 아이일수록 영어 깨우치는 속도가 빠릅니다. 이 때부터 알파벳과 쉬운 그림 영어 동화책 읽기를 가르칩니다. 어느 정도 그림 영어 동화책 읽기에 익숙해지면 간단한 영어 동화책을 읽도록 도와줍니다.

1~2년 정도 영어 소리 노출에 집중한 아이는 영어 알파벳과 영어 파닉스, 영어 문장을 쉽게 연결하며 읽을 수 있습니다. 영어 소리 노출 훈련을 엄마가 의식적으로 신경을 쓴 아이와 그렇지 않은 아이와는 영어 터득 속도가 하늘과 땅 차이로 벌어집니다. 그 이유는 영어 소리 노출을 통해서 아이 두뇌에 영어 받아들일 환경이 만들어져 있기 때문입니다. 한글을 빨리 깨우치는 이유가 모국어 주변 환경을 통해서 한국말 소리를 하루 종일 들었기 때문입니다.

이와 마찬가지로 영어 소리 노출도 최소한 모국어 듣기 수준의 3분의 1만큼이라도 들려주는 게 중요합니다. 영어 소리 노출이 전혀 안 되어 있는 아이들에게 갑자기 알파벳을 가르치고, 파닉스를 가르치고, 영어 읽기를 가르치려고 하니 아이의 고통만 커집니다. 필자에게 세 자녀가 있습니다. 어릴 때 영어 노출에 엄청 신경 썼습니다. 세 아이가 좋아하는 〈오성식 씽씽 영어 동요〉, 〈라이언 킹〉, 〈알라딘〉, 〈피노키오〉, 〈인어 공주〉 등 그 당시에 인기 있었던 영어 오디오, 디즈니 비디오 만화 영화를 무수히 듣고, 보고, 따라 했습니다. 그랬더니 파닉스도 쉽게 깨우치고, 금세 영어책을 술술 읽어 내며 언어 감각이 남다르게 성장하는 것을 보았습니다.

둘째, 리딩 2단계 → 영어 동화책 읽기 시작할 때 정확한 아이의 독서 레벨을 확인한 후 그보다 한 단계 낮은 쉬운 영어책부터 읽어야 합니다.

영어책을 읽기 전에 먼저 아이의 영어 독서 레벨이 어느 정도인지 SR이나, 혹은 렉사일 테스트를 통하여 정확한 영어 독서 레벨을 확인합니다. 보통 언어학자들이나 유명한 언어학의 대가인 스티븐 크라센 박사 같은 분들은 아이 레벨보다 한 단계 높은 책을 주라고 합니다. 실제 영어 도서관 현장에서 아이들을 지도하다 보면 한 단계 높은 책을 주면 아이가 읽어도 무슨 뜻인지 이해하지 못합니다.

이해를 못 하니 영어 독서에 대한 흥미도가 확! 떨어집니다. 일단 본인이 읽고 이해할 수 있는 쉬운 영어 동화책, 쉬운 영어 원서를 만나는 게 중요합니다. 그래야 읽기에 몰입할 수 있습니다. 읽기에 몰입해야 영어를 스펀지처럼 받아들이고 더 많은 영어책을 읽을 수 있는 독서 습관이 잡힙니다. 영어 독서 습관이 딱! 잡히고 난 후 리딩 레벨이 어느 정도 성장했을 때부터 한 단계 높은 수준의 책으로 도전하는 것이 좋습니다.

그렇다면 SR이나 렉사일 테스트를 받지 않았을 때는 우리 아이 영어 독서 레벨을 어떻게 알 수 있을까요? 일단 영어 시점에 데려가서 영어책을 펼쳤을 때 한 페이지당 모르는 단어가 5개 미만의 책, 보통 Five Fingers라고 하지요. 그런 책 중에서 한글 해석 없이 바로 읽고 이해할 수 있는 책이 아이에게 맞는 책입니다. 그런 수준의 책들을 골라서 집중적으로 읽게 합니다. 영어책 읽는 권수가 쌓이면 레벨이 올라가고 성취감을 느끼면서 점점 영어책을 많이 읽게 되는 선순환 영어 독서 구조가 만들어집니다.

셋째, 리딩 3단계 → 초, 중급 영어 원서들 중에서 SR 5점대까지는 영어 오디오 듣기를 하면서 묵독, 또는 낭독하며 읽습니다.

초, 중급 아이들이 영어책 읽을 때 원어민 오디오 듣기는 대단히 중요합니다. 원어민이 직접 읽어 주는 영어 발음 소리를 들으면서 읽으면 언어 감각이 훨씬 빨리 성장합니다. 왜냐하면 영어 듣기가 발달되어 읽기, 말하기, 쓰기 등 언어의 전이 현상이 빨라집니다. 오디오 소리를 듣고 읽으면 정확한 원어민의 발음과 연음을 깨우칠 수 있습니다. 원어민 오디오 성우는 작가의 의도에 맞추어 최대한 감정을 넣어서 읽어 줍니다. 오디오 듣기에 집중하며 읽은 아이들은 원어민처럼 그대로 복사하듯이 모방하며 읽어 냅니다. 원어민의 리듬, 발음, 감각으로 읽는 훈련이 저절로 됩니다.

특히 1점대에서 4점대 사이 영어책에는 구어체 표현이 70% 이상 포함되어 있습니다. 수천 권의 영어 동화책, 영어 원서는 수천 명의 원어민 성우들이 녹음했습니다. 다양한 원어민의 발음, 리듬, 억양을 저절로 배웁니다.

책 속에 나오는 대화 형식의 구어체 표현을 그대로 듣고, 따라 읽은 아이들은 원어민과 같은 발음으로 Speaking을 합니다. 별도의 원어빈이 없더라도 오디오 듣기를 하면서 꾸준히 영어책을 읽으면 원어민 수준만큼 발음이 좋아지고 영어 유창성이 길러집니다. 원어민 오디오 성우와 함께 50페이지나 100페이지 미만의 책들은 오디오 들으면서 2~3번 반복해서 듣고 읽습니다.

소리 속도에 맞추어 눈이 문장을 따라가며 머리로 이해하면서 읽는 것을 말합니다. 처음 두세 번 정도는 묵독으로 읽다가 이해가 되면 그 다음은 낭독을 합니다. 즉, 섀도우 리딩(Shadow Reading)을 합니다. 섀도우 리딩은 그림자처럼 소리 내어 따라 읽는 것을 말합니다. 반 박자 뒤에 따라가며 원어민 성우처럼 똑같이 따라 읽는 훈련입니다. 마치 연극배우가 성대모사 하듯이 최대한 감정을 넣어서 그 느낌, 그 감정, 그 속도, 그대로 살려서 섀도우 리딩을 해야 합니다. 이러한 섀도우 리딩 훈련을 하루 1시간 이상 꾸준히 하면 1년 만에 영어 말문이 터집니다.

넷째, 리딩 4단계 → 별도의 단어 노트를 준비해서 모르는 단어를 노트에 적고 외웁니다.

단어 공부는 영어 실력 향상을 위해서 빼놓을 수 없습니다. 책마다 모르는 단어가 나오는 것은 어쩔 수 없습니다. 그림 영어 동화책이라면 그림과 이미지로 상상하면서 읽도록 엄마가 읽기 지도를 해야 합니다. 영어 단어가 백지상태인 아이들은 문장이 있는 초급 영어책을 읽을 수 없습니다.

영어 동화책을 읽기 위해서는 시중에 판매하는 플래시 카드를 사용해서 필수 단어 800개 이상(- 명사 400개, 동사 200개, 형용사+부사 200개 정도) 반드시 외우는 게 좋습니다. 플래시 카드를 냉장고에 붙여 놓든, 거실에 붙여 놓든, 화장실에 붙여 놓든, 어떤 방법을 사용하더라도 아이가 필수 단어 800개 이상 외울 때까지 엄마의 노력과 정성이 필요합니다.

물론 비슷한 레벨의 영어책을 많이 읽으면 저절로 외워지는 단어가 많아집니다. 수백 번 반복해서 아는 단어를 만나니까 저절로 외워지기 때문입니다. 이러한 반복을 통해서 저절로 익힌 단어에다 모르는 단어는 리딩 노트에 그때, 그때, 정리합니다. 단어 노트를 정리할 때는 읽은 날짜/책 제목/저자 이름을 적은 후에 모르는 단어를 적고 뜻을 찾아 스펠링, 발음, 뜻을 외웁니다. 단어 노트에 책 제목과 함께 적어 두면 나중에 다시 복습할 때 기억을 되살리는 데 도움됩니다. 동일 저자가 쓴 다른 책을 읽을 때 이 책, 저 책에서 같은 단어를 반복적으로 많이 사용하기 때문에 잘 외워집니다. 아는 단어가 많아지고 단어 실력이 올라갈 때 비로소 수준 높은 두꺼운 책을 겁없이 읽게 됩니다.

다섯째, 리딩 5단계 → 한 권의 영어책을 읽었으면 리딩 노트에 책 제목, 책의 느낌, 간단한 줄거리를 적어 봅니다. 쓰기가 약한 초급

SR 5점대 돌파! 챕터북, 뉴베리 300권 읽더니 하버드를 꿈꾸기 시작했다!

아이라면 좋은 문장을 필사합니다.

책을 읽고 나서 독후 활동이 중요합니다. '그냥 재미있게 읽었다' '신나는 영어책이다' '어떤 이야기의 영어책이다'라고 말만 하고 끝 내서는 안 됩니다. 물론 아주 초급일 때는 말만 하고 끝내도 됩니다. 초급 아이에게는 영어책 읽는 즐거움을 안겨 주고, 엄마 아빠와 주 변의 칭찬 들으면서 영어책 읽는 동기 부여가 필요하니까요. 하지만 읽기를 통해서 영어 실력을 올려야 할 단계부터는 약간의 독후 활동 이 필요합니다. 아이가 부담 느끼지 않는 범위 안에서 읽었던 책을 다시 새김질하도록 도와줍니다.

초급 아이라면 Writing을 못하니까 읽었던 책에 나오는 좋은 문장, 좋은 구절, 즉 Good Passage를 그대로 보고 필사, 베껴 쓰기를 합니 다. 필사는 기억력을 되살리고 영어 문장에 대한 감각, 어법 체계를 익히는 좋은 방법입니다. 굳이 문법적인 분석을 하지 않아도 필사만 열심히 해도 어법 체계를 익힐 수 있습니다. 눈으로 읽고 그냥 지나 치면 문장의 구성이나 단어 스펠링 정확하게 쓰는 것을 익힐 수 없 습니다.

손으로 직접 리딩 노트에 적어 보는 필사 활동은 뇌를 발달시키며, 문장 쓰임새의 정확도를 기억하는 효과가 있으며, 라이팅 실력을 향 상시켜 줍니다. SR 3점대 이상 챕터북을 자유롭게 읽는 아이라면 리 딩 노트에 Summary를 합니다. Summary 하면서 전체적인 줄거리, 책 읽은 느낌, 작가의 Main Idea 파악, 주인공의 생각, 감동받은 클 라이맥스 부분을 정리합니다. 이러한 Summary 활동을 통해서 영어 로 생각하는 영어 사고력이 성장합니다. 수준 높은 Essay까지 쓸 수 있는 Writing 실력이 자랍니다.

결국 영어 실력의 꽃은 Writing으로 피어나며, Writing 실력으로 판가름 납니다. 얼마나 격조 있고, 문장 구조에 맞는 설득력 있는 글을 잘 쓰느냐가 곧 그 사람의 영어 실력이요, 영어 능력자인지를 평가합니다.

After Reading 시간에 읽은 책에 대한 AR Book Quiz를 풀어서 읽기 정확도를 객관적으로 평가합니다. 필사하기, 또는 Summary 과정을 통해서 라이팅 실력을 올려 논리적인 글쓰기까지 가능하도록 지도하는 게 필요합니다. 짜임새 있는 Essay 쓰기 실력은 하루아침에 길러지지 않습니다. 평소에 읽은 책에 대해서 좋은 문장을 필사하고, 줄거리 요약 정리하는 훈련을 습관처럼 꾸준히 할 때 Writing 실력이 쑥쑥 자랍니다.

이상 리딩 5단계 특급 노하우를 꾸준히 실천하면 초급 영어에서 탈출하고 영어 능통자가 됩니다.

"처마 밑의 낙숫물이 바위를 뚫듯이 무수한 반복과 꾸준한 훈련은 위대함을 만드는 열쇠다."

-센클 이두원-

SR 5점대 돌파! 챕터북, 뉴베리 300권 읽더니 하버드를 꿈꾸기 시작했다!

2장

영어 고속도로 뚫는 챕터북, 뉴베리 읽기 노하우

01

영어 독서는
영어 사고력을 키우는 최고의 방법

러시아 교육심리학자인 비고츠키는 "언어는 사고(思考)에, 사고 (思考)는 언어에 영향을 주며 서로의 발달을 촉진시킨다."라고 했습니다. 새로운 외국어를 배우거나 인간의 지적 성장에서 비고츠키의 교육 이론은 오늘날 언어 교육의 중요한 자리를 차지하며 시사하는 바가 매우 큽니다.

즉 인간은 사회적 상호작용을 통해서 언어발달과 사고력이 자랍니다. 부모나 교사의 역할, 뛰어난 사람들이 쓴 글을 읽고 이해하는 것을 발판 삼아 언어 발달을 촉진시킨다는 교육 이론입니다.

외국어인 영어를 배울 때 보통 듣고 말하는 소리 학습과, 읽고 쓰는 문자 학습, 이 두 가지만 대부분 강조합니다. 그래서 외국인을 만나서 대화하거나, 오디오 발음을 듣고 따라 하면서 듣기, 말하기를 배웁니다. 알파벳과 파닉스를 익힌 후 읽기와 쓰기를 공부하며 문자

SR 5점대 돌파! 챕터북, 뉴베리 300권 읽더니 하버드를 꿈꾸기 시작했다!

학습을 배웁니다.

이와 같이 영어를 터득하려고 어릴 때부터 소리 학습과 문자 학습에 무수히 많은 시간과 비용을 투자합니다. 그럼에도 불구하고 한국 학생들 중에서 영어 잘하는 학생을 찾기가 힘든 것은 무엇 때문일까요?

이론적으로 볼 때 듣고 말하는 소리 학습과, 읽고 쓰는 문자 학습, 두 가지만 열심히 하면 영어가 될 것 같은데 실제는 그렇지 못한 학생들이 너무나 많습니다. 목동에서 17년 동안 영어 도서관을 운영하며 수많은 학생들을 만났습니다. 그중 원서 읽기를 본격적으로 하기 전에 일반 스파르타 영어학원에 몇 년 정도 다녔던 학생들이 있습니다.

레벨 테스트를 하면 우리나라 테스트에서 중요시하는 단어, 듣기, 문법 테스트는 높은 점수가 나옵니다. 그런데 세계적인 영어 독서 평가 프로그램인 Star Reading(SR)을 통해서 독서 레벨을 평가하면 의외로 낮은 레벨이 나옵니다. 그러면 대다수의 학부모는 "우리 아이가 영어학원을 몇 년간 다녔는데 독서 레벨이 왜 이 정도밖에 안나오느냐?"라며 학부모도, 학생 본인도 실망감을 감추지 못합니다.

일반 스파르타 영어학원에서 배우는 리딩 독해 수업은 학생 자신이 스스로 읽은 게 아닙니다. 학생 수준보다 높은 지문을 과제로 받아서 단어 외우기를 미리 시키고 한 문장씩 해석을 하면서 지도합니다. 해석을 스스로 못하니까 교사가 문법적으로 문장을 쪼개고, 분석하면서 일일이 정확하게 해석하는 법을 가르쳐 줍니다.

이렇게 일일이 떠먹여 주는 독해 학습에 익숙하다 보면 학생 자신이 영어 지문을 스스로 읽고 이해하는 능력을 갖추기가 대단히 어렵습니다. 짧은 영어 지문들이야 그럭저럭 해석하면서 버틸 수 있겠지만 독해 지문이 길어지거나 글밥이 제법 있는 해리포터 수준의 원서를 어떻게 스스로 읽고 이해할 수 있을까요?

이처럼 시험 대비용 짧은 지문으로 독해하는 요령만 배운 학생들은 글밥이 있는 원서를 처음 읽었을 때 도무지 이해하지 못합니다. 특히 읽었던 내용을 영어로 생각하면서 줄거리를 써 보라고 하면 아예 글쓰기 자체를 두려워합니다.

SR Test는 학생의 현재 영어 사고력인 리딩 능력과 잠재된 영어 이해 능력이 어느 정도인지를 과학적인 수치로 나타내 주는 국제적인 공신력을 가진 영어 독서 레벨 테스트입니다. 이 결과를 토대로 학생이 현재 어떤 레벨의 원서 책을 읽을지 판단하는 귀중한 자료가 됩니다. 이 결과를 무시하고 본인 수준보다 높은 책을 읽으면 원서를 제대로 읽고 이해하지 못합니다. 또 반대로 너무 쉬운 책을 주면 시시해 보여서 흥미가 떨어집니다.

본인 수준에 맞는 적당한 레벨의 원서를 잘 찾아서 읽어야 영어 스토리를 스스로 읽고 이해하면서 스펀지처럼 빨아 당길 수 있습니다. 어떤 책을 읽는다는 행위는 누가 대신해 줄 수가 없습니다. 서두에 언급했듯이 소리 학습과 문자 학습만 열심히 하면 영어가 될 줄 알았는데 안 되는 가장 큰 이유가 바로 영어로 생각할 줄 아는 사고 학습을 하지 않았기 때문입니다. 말과 글은 사고(思考)의 결과입니다. 영어로 생각할 줄 알아야 영어로 말과 글을 표현할 수 있습니다.

영어로 생각하는 사고(思考) 학습을 하지 않은 학생들은 부분적인

SR 5점대 돌파! 챕터북, 뉴베리 300권 읽더니 하버드를 꿈꾸기 시작했다!

영어는 가능할지 모르지만 말과 글을 유창하게 창조하지는 못합니다. 교육 심리학자 비고츠키가 말한 대로 영어 독서는 영어 사고력을 향상시켜 유창한 영어를 구사하는 데 지대한 영향을 미친다고 할 수 있습니다.

어릴 때부터 재미있는 스토리 책부터 시작해서 수백 권의 영어 원서를 읽었던 학생들은 자신도 모르게 영어방이 두뇌 속에 만들어져 있습니다. 그래서 영어로 생각할 줄 알며, 영어로 유창하게 말할 수 있으며, 영어로 창조적인 글쓰기를 할 수 있습니다. 이것이 바로 원서 리딩으로 영어 사고력을 키운 학생들의 특징이요, 한국에서 대다수 영어 영재 된 학생들이 걸어온 길입니다.

"무언가 자꾸 반복하다 보면 우리 자신이 그것이 됩니다."

-아리스토텔레스-

02

원서 리딩 단어 공부와
적재적소 활용 능력

어떠한 언어라도 어휘력은 언어를 익히는 데 있어 생명이라고 할 수 있습니다. 그래서 영어 공부하는 사람은 누구나 단어 외우는 데 공을 들입니다. 그렇다면 단어 공부는 어떻게 해야 효과적일까요?

단어를 많이 외워서 알고 있더라도 막상 사용하려고 하면 전혀 생각나지 않고 맥락에 맞지 않는 엉뚱한 단어를 사용할 때가 많습니다. 소리 인식이나 그림 이미지, 문장의 앞뒤 맥락과 상관없이 오직 시험 잘 보기 위해서 하루에 몇십 개씩 외운 단어는 금방 까먹습니다. 그 이유는 단어가 내 언어의 일부처럼 체화되지 않는 상태에서 외우기만 했기 때문입니다.

목동, 강남 같은 교육열 높은 동네에 사는 아이들의 하루 일정을 보면 여러 군데 학원을 다니느라 눈코 뜰 새 없이 바쁩니다. 특히 학원가가 몰려 있는 대형 빌딩에는 수십 개의 각종 사교육 학원들이

SR 5점대 돌파! 챕터북, 뉴베리 300권 읽더니 하버드를 꿈꾸기 시작했다!

성업 중입니다. 학생들이 학원에 올 시간이면 엘리베이터 안에 가득 찬 초, 중, 고 학생들은 너 나 없이 과제로 나누어 준 단어장 외우기에 여념이 없습니다.

엘리베이터 타고 내리는 불과 2~3분 미만 시간 동안 학원 단어 시험 통과하려고 안간힘을 씁니다. A4 종이로 프린트된 단어장을 슬쩍 보면 오늘 독해 지문에 공부할 단어의 뜻과 스펠링들로 가득합니다. 단어 쪽지 시험을 통과하지 못하면 남기거나 혼나기 때문에 그 위기를 넘기려고 벼락치기 단어 공부를 합니다.

머리 좋은 학생들은 미리 단어 공부를 안 해 왔어도 엘리베이터 안이나 교실 앞 복도에서 5분 만에 오늘의 단어 과제 40~50개를 후다닥 외웁니다. 이런 식으로 그날의 단어 과제만 임기 응변으로 허겁지겁 외우다 보면 영어 공부는 많이 하는 것처럼 보이지만 정작 영어 실력은 별로 나아지지 않습니다.

요즘 초, 중, 고 학생들 영어 공부하는 교재를 자세히 살펴보세요! 학부모 세대가 영어 공부했던 교재의 디자인과 내용을 시대에 맞게 바꾸었습니다. 온라인 듣기인 mp3 파일과 mp4 동영상 강의를 추가한 경우도 있습니다. 가장 큰 문제점은 교재 내용과 디자인은 시대에 맞게 바뀌었지만 영어 가르치고 공부하는 방식이 예전 학부모 세대의 영어 공부 방식과 똑같다는 사실입니다. 4차 산업혁명이 펼쳐지고 AI 시대가 왔음에도 불구하고 문제 풀이 영어, 주입식 입시 영어를 위한 대한민국 영어 교육 방식은 변화가 없으니 안타깝고 답답한 노릇입니다.

이런 시대임에도 불구하고 어떻게 하면 영어 단어를 잘 습득하고 유창한 영어 구사 능력을 키울 수 있을까요? 그렇게 하려면 토막토막 잘린 짧은 지문으로 독해 스킬만 익히는 단어 외우기 방식을 버려야 합니다. 일반적으로 문법 독해 강사들은 어떤 지문을 정확하게 해석하지 못하거나 시험 점수가 낮으면 영어 단어와 문법을 모르기 때문이라고 단정합니다. 문법책을 몇 권씩 떼어야 좋아진다고 강조합니다. 원서 리딩이 얼마나 효과적인지 경험하지 못했던 문법 강사의 편향된 시각으로 학부모를 호도하고 불안감을 조성합니다.

단어 습득을 잘하려면 의미 있는 스토리가 펼쳐지는 원서 리딩으로 시작해야 합니다. 처음에는 자기 수준에 맞는 쉬운 책부터 읽습니다. 하나의 이야기 속에 기승전결이 있고, 발단, 전개, 절정, 결말이 있는 스토리를 읽어야 단어 습득이 쉬워집니다. 호흡이 있고 깊이가 있는 영어 동화책이나 챕터북 이상의 원서를 읽다 보면 읽는 재미에 빠지고 지적 호기심을 자극하게 됩니다.

이야기의 맥락을 자세히 알고 싶어 스스로 문맥 속에 있는 단어의 뜻을 찾습니다. 단어마다 여러 개의 뜻이 있습니다. 문맥 속에 맞는 단어의 뜻을 찾아야 이야기가 연결되니까 자연스럽게 어휘가 기억됩니다. 이와 같은 방식으로 같은 레벨의 책을 수백 권 이상 읽다 보면 빈도수 높은 단어를 반복적으로 만납니다. 결국 영단어나 언어는 반복적인 사용을 통해서 체화됩니다.

이처럼 반복적으로 만나는 단어를 보통 사이트 워드(Sight Words), 또는 매직 워드(Magic Words)라고 합니다. 원서 리딩을 많이 한 아이들은 자연스럽게 외워진 단어가 수백, 수천 개 이상 됩니다. 이를 다른 언어학자들은 우연적 학습으로 익혀진 단어라고 합니다. 이런 사이트 워드가 초등생은 약 1,200개 이상, 중학생은 3,000개 이상, 고등학생은 5,500개 이상 필요합니다.

이 정도 어휘 실력을 갖추면 어지간한 국내 영어 시험에서 어휘 때문에 어려움 겪는 일은 없습니다. 원서 리딩을 통해서 우연적 학습으로 익힌 단어도 필요하지만 자신의 의지와 노력으로 외우는 것도 게을리해서는 안 됩니다. 두 가지 어휘 학습을 병행해야 어휘 레벨이 높아지면서 수준 높은 원서 리딩을 할 수 있습니다.

자기 수준의 또래 영어책을 수백 권 이상 읽은 아이들을 보면 문장 속에 등장하는 비슷한 단어의 쓰임새와 뜻을 문장에 맞게 이해하고 습득하는 힘이 길러집니다. 원서 리딩을 많이 한 아이들은 문법적으로 분석하며 한국말로 정확하게 해석하며 읽는 아이들보다 문장의 전체 뜻을 더 빠르게, 더 정확히 이해합니다. 양적인 원서 리딩을 많이 하다 보면 어느 날 질적인 변화가 이루어집니다. 질적 변화를 맛보는 그때부터 모국어처럼 영어 어법 체계가 잡혀서 영어를 자연스럽게 사용하는 날이 옵니다.

물론 질적 변화를 맛보는 시기와 능력은 하루아침에 길러지지 않습니다. 어릴 때부터 원서 리딩을 많이 한 아이들은 문장을 빠르게 읽는 속독 능력과 이해 능력이 동시에 자랍니다. 이런 아이들은 영어 문장을 쉽게 받아들이는 영어 두뇌가 만들어진 경우입니다. 일종의 영어 스키마(Schema: 구조, 도식화)가 형성된 것입니다.

문법 번역식 영어 공부, 문제 풀이 영어 공부는 아무리 많이 해도 영어 스키마, 영어 두뇌가 만들어지지 않습니다. 그래서 원서 리딩 스키마가 만들어진 아이와 문법 번역식, 문제 풀이 영어 공부한 아이들하고는 영어 실력 격차가 점점 벌어질 수밖에 없습니다.

독해 지문을 해석하기 위해서 벼락치기로 외우는 단어가 아니라 원서 리딩을 통해서 자연스럽게 만나고 익힌 단어가 중요합니다. 문맥 속에 나오는 스토리를 징확하게 이해하려고 스스로 찾아서 익힌 단어는 모국어처럼 적재적소에 사용하는 능력이 길러집니다.

원서 리딩을 통해 또래 수준의 책을 반복적으로 읽으면 모국어 단어처럼 저절로 체화되어 적재적소에 자유롭게 사용할 수 있는 내 단어가 많아집니다. 이게 원서 리딩을 통한 단어 학습의 효과입니다. 벼락치기로 외웠다가 까먹는 단어가 아니라 몸이 기억하는 단어가 만들어집니다.

몸이 기억하는 단어가 많아질수록 필요할 때 우리말처럼 즉시 사용할 수 있습니다. 이는 영어 구사 능력을 향상시키고, 글밥 있는 두꺼운 원서를 읽고 이해하며, 맥락에 맞는 영어 Essay를 자유롭게 쓸 수 있는 고급 영어 실력자가 됩니다.

"There are many little ways to enlarge your child's world. Love of books is the best of all."

-Jacqueline Kennedy Onassis-

SR 5점대 돌파! 챕터북, 뉴베리 300권 읽더니 하버드를 꿈꾸기 시작했다!

03

사막 교육
vs 오아시스 교육

영어 교육에도 사막 교육이 있고 오아시스 교육이 있습니다. 오랫동안 영어 도서관을 운영하다 보니 그동안 수천 명의 엄마들을 만날 수 있었습니다. 엄마들과 상담하다 보면 사막에서 키우는 아이들도 만나고, 오아시스에서 키우는 아이들도 만납니다.

똑같은 도시에 살면서도 영어 교육에 관한한 어떤 엄마는 정보 부족과 무관심으로 사막에서, 어떤 엄마는 발 빠른 교육 정보로 오아시스에서 아이를 키웁니다. 어느 쪽을 선택했느냐에 따라 아이 영어 실력이 하늘과 땅 차이로 벌어집니다. 그렇다면 영어 교육의 사막과 오아시스는 어떤 의미일까요?

한마디로 말해서 사막 교육은 영어 교육 정보를 늦게 받아 초3, 4, 5학년 될 때까지 별다른 영어 교육을 시키지 않은 경우를 말합니다. 혹 일찍 영어 교육을 했다 하더라도 옛날식 영어 교육법을 통해서 딱딱하고, 재미없고, 지겹도록 외워야 하는 사막 같은 영어를 시킨 경우입니다. 모래만 있는 사막 교육을 받은 아이들은 꿈, 상상력, 추리력, 재미, 감동, 모험, 사랑, 감성, 지성, 오감의 자극을 통한 깨달음과 성숙은 조금도 이루어지지 않습니다. 이처럼 엄마의 정보 부족으로 사막 교육을 받은 아이들은 영어 교육 측면에서 불행한 것입니다.

신나고 재미있는 영어책을 맛보지 않았던 아이들은 영어가 마냥 어렵고 힘든 과목인 줄 알고 싫어합니다. 사막 교육을 받은 아이들은 무엇 때문에 본인이 영어를 못하는지조차도 알지 못합니다. 남보다 언어 감각이 둔해서일까요? 아니면 머리가 나빠서일까요? 게으름 피우고 열심히 안 했기 때문일까요?

단순히 이렇게 생각하는 경우가 많습니다. 수천 명의 엄마들과 만나서 상담한 빅데이터를 분석해 보면 절대 그렇지 않습니다. 단지 엄마가 무관심했거나 영어 교육 정보에 어두워서 올바른 영어 교육법을 자녀에게 제공하지 못했기 때문입니다. 이런 엄마와 아이를 만나면 참으로 안타깝습니다.

진작에 알았더라면 사막 교육을 하지 않았을 것입니다. 중학교 입학할 때가 다가오는데 이제 다시 기초 리딩부터 해야 하니 참으로 답답한 노릇입니다. 하지만 사막 어딘가에 오아시스가 숨겨져 있는 것처럼 지금이라도 오아시스 영어 교육으로 바꾸면 전혀 딴 세상이 펼쳐집니다.

아래 아름다운 영어책들의 표지를 보세요~

　표지 그림만 봐도 벌써 어떤 내용인지 궁금해서 읽고 싶은 마음이 들지 않나요? 상상력이 뛰어난 아동 작가, 그림 작가와의 협업을 통해서 나온 책들은 상상력, 창의력, 추리력을 극대화 시켜줍니다. 신기한 그림 영어 동화책들, 리더스 책들, 챕터북들은 아이들을 새로운 언어 세상으로 인도하는 보석들입니다.

보석 같은 영어책을 읽은 아이들은 저절로 인지 능력이 자라나 상상력, 사고력, 이해력이 폭발적으로 성장합니다. 영어 동화책은 모래만 있는 삭막한 사막이 아니라 아름다운 꽃과 지저귀는 새, 신기한 동식물과 각종 맛있는 과일이 풍성한 에덴동산 같은 영어 독서 환경을 제공해 줍니다. 그 속에서 듣고, 읽고, 느끼고, 상상하면서 저절로 영어 공부에 몰입할 수 있는 동기 부여를 일으켜 줍니다.

이런 오아시스 교육을 받고 자란 아이는 어떨까요? 교육 정보가 뛰어난 엄마를 만난 행운아들입니다. 어릴 때부터 상상력을 자극하는 수많은 그림 영어 동화책부터 시작해서 재미있는 챕터북까지 수백 권 이상 읽었습니다. 영어를 어려워하지 않습니다. 영어를 모국어처럼 받아들이며 영어가 유창한 아이로 바뀝니다. 아이의 의지, 언어 감각, 타고난 두뇌와는 상관없습니다. 단지 영어 교육 정보가 뛰어난 엄마를 잘 만나서 영어 잘하는 행운을 거머쥔 것입니다.

이 아이들은 매사에 자신감이 넘칩니다. 어릴 때부터 충분한 영어 영양분을 공급받았기 때문에 학년이 높아질수록 응용력이 뛰어나 고급레벨로 Jump-up 합니다. 엄마가 어떤 영어 교육을 선택했느냐에 따라 내 아이 영어 미래가 달라집니다. 영어 둔재가 되기도, 영어 영재가 되기도 합니다.

내 아이가 영어 때문에 자신감을 잃지 않고, 영어 때문에 꿈을 포기하지 않도록 하고 싶지 않으세요? 그렇다면 지금이라도 꿈과 상상력이 자발적으로 샘솟는 오아시스 원서 리딩 교육으로 바꿔 보세요! 늦어도 초등 고학년 되기 전에 말이죠. 그래야 사막 교육에서 벗어나 영어가 꽃피는 신나는 오아시스 영어 교육을 우리 아이가 맛볼 수 있습니다.

"성공이라는 못을 박으려면 끈기라는 망치가 필요하다."

−존 메이슨−

04

묵독이냐? 오디오 듣고 읽기냐?

영어 리딩! 묵독이 좋을까요? 오디오 듣고 읽는 게 좋을까요? 이 문제에 대한 논제는 영어 원서를 보유하고 있는 어학원, 영어 도서관, 학부모, 영어 교사, 학생들 입장마다 의견이 분분합니다. "그냥 묵독하며 눈으로 읽는 게 낫다." "아니다! 반드시 들으면서 읽어야 효과적이다." "그냥 두 가지를 병행하는 게 좋다." 등등

그렇다면 이 글을 읽는 여러분의 의견은 어느 쪽일까요? 눈으로 묵독하는 게 좋을까요? 아니면 오디오 북으로 듣고 읽는 게 좋을까요? 그것도 각자마다 취향이 다르고 어른과 아이마다 각각 답이 다를 것입니다. 어느 한쪽의 이야기만 듣고 "이게 더 효과적이니 이렇게 해야 한다!"라고 일방적으로 강요할 수 없는 부분이 있습니다.

객관적인 여러 입장과 언어학적인 관점을 충분히 검토한 후에 냉철하게 판단해야 합니다. 우선 영어는 모국어가 아닌 외국어라는 전

SR 5점대 돌파! 챕터북, 뉴베리 300권 읽더니 하버드를 꿈꾸기 시작했다!

제하에서 출발해야 합니다. 우리 아이가 영어를 모국어처럼 편하게 알아듣고 말할 수 있는 아이라면 그냥 묵독하는 게 낫습니다. 예를 든다면 영어권에 2~3년 이상 살다 온 아이라거나, 한국말보다 영어를 더 편하게 듣고 말할 수 있는 아이라면 묵독이 좋습니다.

이미 읽은 책들, 내용을 다 알고 있는 스토리 북이나 소설 같은 경우는 묵독을 통해 빠르게 읽을 수 있습니다. 그러나 묵독을 하면 책 읽기에 온전히 집중하지 못하고 딴 생각을 하거나 자기 생각대로 읽는 경우가 많습니다. 다 읽었다고는 하지만 제대로 이해하면서 읽었는지 확인하기 어렵습니다.

묵독으로 읽는 아이들은 정확한 발음과 연음을 캐치하지 못하는 경우가 많습니다. 그래서 처음 보는 단어나 어려운 단어를 만나면 자기 임의대로 읽고 그냥 지나쳐 버립니다.

물론 묵독에 익숙해진 아이들 중에는 눈으로 읽는 것을 더 좋아하는 경우도 있습니다. 하지만 처음 읽는 영어책이라면 오디오 들으면서 읽거나, 소리 내어 따라 읽는 게 효과적입니다. 처음에는 귀로 들으면서 끝까지 읽어 봅니다. 두 번째 읽을 때는 소리 내어 따라 읽기 (- Shadow Reading)를 하면 구강 훈련이 되어 언어 감각, 스피킹 향상에 아주 좋습니다.

사실 모든 언어의 70%는 듣기에서 시작합니다. 듣기가 되어야 말하기, 읽기, 쓰기로 전이 현상이 빨리 나타납니다. 듣기를 못 하면 청각 장애인처럼 말을 못 합니다. 듣기를 통해서 말을 할 줄 알고, 읽기도, 쓰기도, 자연스럽게 연결됩니다.

원서 오디오 북들은 100% 영어권 현지 성우들이 녹음했습니다.

작가의 스토리 의도에 맞게 억양과 감정을 살려서 리드미컬하게 읽어 줍니다. 특히 영어 실력이 초, 중급인 아이들은 집중력을 위해서도 듣고 읽는 게 필수입니다. 원어민이 읽어 주는 오디오를 들으면서 읽으면 감정 이입이 일어나 오랫동안 기억할 수 있습니다. 원어민의 억양과 발음을 복사하듯이 모방하기 때문에 Listening, Speaking 실력이 향상됩니다.

현재 대한민국 사설 영어 도서관 학원의 90% 이상이 Listening 랩 시설을 갖추고 있습니다. 그렇게 하는 데는 다 이유가 있습니다. 초, 중급 아이들이 많이 다니기도 하지만 영어권 아이들처럼 드라마나 영화, 뉴스까지 완벽하게 청취할 만큼 귀가 뚫린 아이들이 없기 때문입니다. 오디오를 들어 보면 초, 중급 책들은 아이들이 이해하며 따라오도록 천천히 녹음되어 있습니다. 레벨이 높아지면서 점점 빠른 속도로 읽어 줍니다.

그 속도에 맞추어 눈으로 따라가며 읽는 훈련을 하면 빠른 시간 안에 집중하여 책을 읽어 나갈 수 있습니다. 영어 도서관을 오랫동안 운영해 보니까 SR 5점대까지는 듣고 읽는 게 효과적입니다. 5점대 이상 되고 제법 두꺼운 책을 자유롭게 읽고 이해할 수준의 아이라면 굳이 오디오 듣기를 하지 않아도 됩니다.

그때부터는 영어 사고력이 자랐기 때문에 묵독으로 읽는 게 더 빠르고 효과적입니다. 모국어책을 읽듯이 머리로 이해하면서 원서 리딩을 할 수 있는 수준이 된 것입니다. 이런 아이들은 영어 독서 습관이 잡혀 있어서 수많은 영어책을 읽으면서 영어 실력이 폭발적으로 성장합니다. 영어책을 처음 읽는 아이나 초, 중급 레벨은 반드시 오

SR 5점대 돌파! 챕터북, 뉴베리 300권 읽더니 하버드를 꿈꾸기 시작했다!

디오 듣기를 하면서 읽어야 효과적입니다. 고급레벨이라면 묵독과 오디오 듣기를 병행하는 게 좋습니다. 고급레벨 아이들은 성향에 따라 듣고 읽어도 되지만 묵독만 해도 됩니다.

하지만 일부 어학원이나 영어 도서관에서 오디오 듣기를 아예 배제하는 건 바람직하지 않습니다. 시스템상 그런 시설과 프로그램을 갖추기 힘들기 때문에 자기 합리화를 위한 변명이라고 생각합니다. 한국의 모든 중, 고등 영어 듣기 시험을 위해서도 오디오 들으면서 읽는 것은 듣기 레벨을 향상시키는 좋은 훈련 방법입니다.

'묵독이냐? 낭독이냐? 오디오 들으며 읽기냐?'는 아이 레벨을 고려하여 적용하는 게 가장 좋습니다. 듣고 읽는데 익숙한 아이들은 레벨이 올라가면서 자연스럽게 묵독 과정으로 넘어갑니다. 왜냐하면 나중에는 오디오 들으며 읽는 것보다 눈으로 읽는 게 더 빠르고 편하기 때문입니다. 모든 일에는 절차와 과정이 있듯이 영어 리딩도 단계별 과정을 잘 다진 아이가 영어 실력이 쑥쑥 올라갑니다.

"끈기 있는 자는 다른 사람들이 실패한 지점에서 성공의 열매를 거두기 시작한다."

-에드워드 에글스턴-

05

SR 레벨 높이는
가장 효과적인 영어 노출 방법

아이가 태어나면 엄마들은 영어 잘하는 인재 만들어 보려고 눈물 겨운 노력을 합니다. 학창 시절 10년 이상 배우고도 영어가 자유롭지 못한 엄마의 한을 물려주지 않기 위해서입니다. 한글도 깨우치기 전에 영어 알파벳부터 가르치고, 영어 동요를 들려주고, 그림 영어 동화책을 읽게 하고, 영어 방송 등을 보여 줍니다.

정성을 다한 엄마의 노력 덕분에 빠른 아이는 5~6세 때부터 영어 옹알이를 시작합니다. 그림 영어 동화책부터 시작해서 수준 높은 영어 동화책을 술술 읽는 아이들도 있습니다. 각각의 노출 정도에 따라 영어 받아들이는 언어 감각이 다르게 나타납니다. 언어는 임계량이 어느 정도인지에 따라 발화하는 시기가 각각 다릅니다. 모국어나 영어나 마찬가지입니다.

언어의 질적 변화가 일어나려면 양적인 임계량이 가득 차야 한다

SR 5점대 돌파! 챕터북, 뉴베리 300권 읽더니 하버드를 꿈꾸기 시작했다!

는 게 모든 언어학자들의 공통된 의견입니다. 모국어를 자유롭게 읽고 말하는 시간은 평균 9,000시간 정도의 노출이 필요하다고 Smith라는 언어학자가 말했습니다. 그렇다면 외국어인 영어는 어떨까요?

모국어 수준은 아니더라도 외국인의 말을 이해하고 최소한 자기 의사 표시를 영어로 할 수 있기까지 약 2,000시간 노출이 필요하다는 게 정설입니다. 초3부터 시작해서 고3까지 공교육 영어 시간은 다 합쳐서 불과 950시간입니다. 공교육 영어 시간을 이 정도 투자해서는 원어민 수준의 영어를 기대하기란 하늘에 별 따기입니다. 그래서 일찍부터 영어 사교육 시키고, 엄마들이 눈물겨운 영어 노출을 통해서 영어 자유인을 만들어 주려고 애를 씁니다.

그렇다면 비영어권인 한국에서 가장 효과적이며, 의미 있는 영어 노출 방법은 무엇일까요? 원어민 교사와 영어 회화? 영어 동요, 영어 팝송 부르기? 영어 만화 시청? 영어 마을 견학? 영어 방송 시청? 등등.

물론 위의 여러 가지 방법도 영어 소리 노출과 영어 유창성을 위해서 많이 할수록 좋습니다. 하지만 부산교육 대학교 우길주 영어 교육과 교수는 단연코 말합니다. 영어책을 통해서 영어의 바다에서 헤엄치는 법을 가르치는 것이 가장 효과적인 영어 교육법이라고 말합니다. 왜 이렇게 주장하는 걸까요? 아래 우길주 교수가 모 영어 교육 회사 칼럼에 쓴 글을 소개합니다.

"일반적으로 어린이 영어 교육에서 중요하게 고려하는 두 시기는 6~7세와 12~13세의 시기이다. 전자는 신경생리학적으로 언어발달이 급속하게 이루어지는 시기이고, 후자는 사춘기와 더불어 자연스러운 습득이 방해를 받기 시작하는 시기이다. 우리의 영어 교육 환경을 고려하면 두 시기의 시작 단계에서는 '조금씩 자주'에서 후반기로 갈수록 '깊고 풍부하게'로 노출의 양을 늘려가는 것이 필요하다.

하지만 가능한 대로 초등 1학년 전후부터 12~13세에 이르는 6~7년 사이에 교과서 외에도 실제적인 영어 자료에 대한 집중적인 노출이 필요한 것은 분명하다. 이를 통해 목표어에 대한 충분하고 지속적인 노출이 이루어지면 영어 교육도 모국어를 배우는 것처럼 자연스럽게 가속도가 붙을 것이다.

노출은 자극과 경험의 효과를 강조한다. 하지만 이것만으로 임계량에서 말하는 연쇄반응은 일어나지 않는다. '자극'과 '경험'이라는 동기 부여 후에 반드시 체계적인 '교육'이 함께 이어져야 한다. 아이들의 관심과 흥미를 실제적인 학습 효과로 이끌어가기 위해서는 지속적인 노출이 필요하다. 우리나라에서의 영어 교육은 '흥미와 관심'으로는 부족하다. 부족한 노출 시간을 보완할 수 있는 '올바른 학습'이 균형 있게 병행될 때 효과를 기대할 수 있다.

디지털 시대에도 책 읽기는 가장 올바른 노출 방법이고 가장 강력한 영어 교육 방법이다. 아이들이 영어 소리를 인식하고, 듣고 말하는 환경은 어디에서 찾을 수 있을까? 단언컨대, 책을 통해 영어의 바다에서 헤엄치는 법을 가르치는 것이 어린이 영어 교육의 핵심이다. 즉 'Learn to Read(읽기 위해서 배우기)'에서 'Read to Learn(배우기 위해 읽기)' 과정으로 정리할 수 있다. 여기서 '읽는다'의 의미는 읽기 기능만을 얘기하는 것이 아니다. 책을 통해 소리 내어 읽고, 듣고,

SR 5점대 돌파! 챕터북, 뉴베리 300권 읽더니 하버드를 꿈꾸기 시작했다!

말하고, 표현하고, 분석하는 총체적인 학습 과정을 수반하는 것을 말한다. 막대한 비용을 들여 영어 마을을 지었지만 사실은 아이들이 스스로 헤엄칠 수 있는 더 넓은 바다는 책 속에 있다. 이것을 '내재적 몰입'이라고 한다.

책 읽기를 통한 영어 교육은 영어의 바다를 책 속에서 발견하고 그 속에서 헤엄치는 방법을 가르치는 것이다. 노출 환경이 부족한 우리나라 어린이 영어 교육에 희망적인 사례들을 보고하고 있다. 아이들 성장에 맞는 단계별 그림책과 스토리 북, 그리고 챕터북을 만나게 하자. 디지털 시대에도 책 읽기는 가장 올바른 노출 방법이고 가장 강력한 영어 교육 방법이다." [출처: 우길주 부산교육 대학교 영어과 교수]

세계적인 언어학자 로드 엘리스(Rod Ellis) 오클랜드 대학교수도 비영어권 아이들의 영어 유창성을 위해서 동일한 주장을 했습니다.

"초등생들이 영어를 배울 경우 엄청난 양에 노출시켰을 때 효과가 나타났습니다. 따라서 한국의 영어 교사들은 초등생들에게 어떻게 영어 노출량을 극대화할지 고민해야 합니다. 초등생들에게 효과적인 영어 학습은 정교하게 짜인 다독(Extensive Reading)을 통해서 가능합니다. 어린 학생들에게 필요한 노출량을 채워 주는 유일한 방법은 많은 책을 읽히는 것입니다."

얼마 전인 2023년 5월 24일 필자는 세계적인 언어학 박사인 스티븐 크라센 미국 남가주 대학 교수의 온라인 줌 강의에 참여했습니다. 이분은 베스트셀러인 《읽기 혁명》의 저자이기도 합니다. 거기에서 크라센 박사가 말하길 "언어를 습득하는 가장 강력한 인풋이 무엇이냐?" 한 단어로 말하라면 "story~!" 두 단어로 말하라면 "stories and more stories."이다. 재미있는 스토리를 읽고 읽으면 자연스럽게 외국어를 터득할 수 있다. 그렇다면 스피킹, 라이팅 실력은 어떻게 연습하고 향상시키느냐? 무조건 재미있는 영어책을 많이 많이 차고 넘칠 때까지 듣고 읽어라! 그러면 어떤 상황에 놓였을 때 스피킹 라이팅은 자연스럽게 터진다. 단지 세련된 라이팅은 조금 더 연습이 필요하다. 종이와 펜을 갖고 다니다가 순간적으로 떠오르는 생각을 영어로 적는 습관을 들이면 머리가 스마트해진다." 이게 수십 년간 언어학을 연구하고 실제 어린 학생들의 경험을 통해서 입증된 연구 논문에 나온 스티븐 크라센 박사의 영어 터득 노하우이자 강의 핵심이었습니다.

우길주 교수와 로드 엘리스, 스티븐 크라센 박사 등 수많은 언어학자들이 정교한 다독을 강조하는 데는 다 이유가 있습니다.

재미있는 책을 통한 언어에 대한 흥미와 호기심 유발, 레벨별 수많은 영어책을 읽음으로써 또래 언어의 자연스러운 체화 과정, 레벨을 건너뛰지 않고 책을 통해서 차곡차곡 단계를 밟아 감으로써 몸이 기억하는 영어가 완성되어 갑니다.

스토리 속에 나온 수많은 문장이 저절로 입력되어 독해력, 어휘력, 사고력의 향상으로 이어집니다. 영어책 읽기는 언어적 재능을 지닌 특별한 사람만 잘하는 게 아닙니다. 보통 아이 누구나 좋은 책을 꾸준히 읽고, 관리받으면 잘할 수 있습니다. 시스템이 있는 영어 도서관은 아이 레벨에 맞는 좋은 책을 골라 줍니다. 그곳에서 함빡 듣고, 읽고, 이해하면서, 꾸준히 어휘력을 쌓아 높은 수준에 올라가도록 체계적으로 지도합니다. 특히 SR 리딩 레벨을 높이려면 영어 사고력, 문장 이해력, 어휘력이 함께 자라야 합니다.

먼저는 양적으로 본인 레벨별 풍부한 영어 독서가 필요합니다. 그런 다음 읽고 있는 책 속에서 이해가 안 되는 어려운 단어를 만나면 그때그때 노트에 정리한 후 영한/영영으로 외우고 확인받는 과정이 필요합니다. 읽고 이해한 책을 스피킹, 라이팅 교사와 영어로 말해 보고, 글로 표현하는 Out-put 훈련을 합니다. 이런 과정을 시스템을 통해 반복적으로 훈련받으면 완벽한 영어 실력자가 만들어집니다. 영어 실력자가 되려면 아래 3가지가 지속적으로 이루어지는 시스템을 만나야 합니다.

첫째, 지치지 않고 읽을 수 있는 동기 부여 시스템

둘째, 철저한 1:1 맞춤 영어 독서, 어휘력 관리, 스피킹, 라이팅 훈련

셋째, 분위기 때문에 열심히 책 읽을 수밖에 없는 영어 도서관 환경

위와 같은 삼박자를 잘 갖춘 영어 도서관을 찾아서 꾸준히 읽어 나가면 SR 레벨이 올라가면서 영어 영재로 자랍니다.

"성공이란, 끝임없이 노력하고 간절히 원하면 반드시 이뤄 낼 수 있다. 그것을 불굴의 의지라고 말한다."

－리 아이아코카－

06

뉴베리, 해리포터 같은 두꺼운 원서를
남보다 빠르게 읽는 노하우

《뉴베리》《해리포터》 같은 두꺼운 영어 원서를 빠르게 읽고 이해하는 아이들을 보면 참으로 신기합니다. 토종 한국 아이가 한글로 된 것도 아닌 두꺼운 영어 원서를 한국 소설책 읽는 것처럼 빠르게 읽고 이해한다면 놀라운 일입니다. 어떻게 해서 이런 능력을 갖게 되었을까요? 이와 같은 아이들은 리딩에 대한 남다른 스키마가 발전

SR 5점대 돌파! 챕터북, 뉴베리 300권 읽더니 하버드를 꿈꾸기 시작했다!

되어 있기 때문입니다.

그렇다면 두꺼운 원서를 빠르게 읽고 이해할 수 있는 스키마(schema)는 무엇일까요? 스키마는 간단하게 말하면 어떤 이론의 개요, 윤곽, 도식, 구조화라는 뜻입니다. 교육적 의미와 사전적 의미를 자세히 정의하면 외부의 환경에 적응하도록 환경을 조작하는 감각적, 행동적, 인지저 지식과 기술을 통틀어 이르는 말입니다. 정보, 통신 쪽에서 스키마 의미는 데이터 모델에 의거하여 데이터베이스의 성질을 형식적으로 기술한 것을 말합니다.

이처럼 스키마는 영역별로 다소 복잡하게 사용하는 뜻이지만 영어 독해, 리딩 능력에서 스키마는 중요한 위치를 차지합니다. 독해 지문이나 원서에 나오는 글밥을 바로 영어로 받아들이고 이해하는 기본 능력, 기본 구조, 기본 틀이 자리 잡힌 것을 스키마가 형성되었다고 합니다. 즉, 영어 동화책부터 시작해서 수백 권 이상 원서 리딩한 아이들은 영어 두뇌가 만들어집니다. 이와 같은 영어 두뇌가 바로 영어 스키마입니다.

영어 두뇌가 만들어져야 원어민 아이들처럼 바로 읽고, 바로 이해하고, 바로 말할 수 있습니다. 영어 동화책 읽기, 영어 공부를 처음 하는 아이들의 뇌는 한국어방만 있습니다. 그러다가 영어 그림책부터 시작해서 영어 동화책을 수백 권 이상 읽기 시작하면 아이 두뇌에 영어방, 영어 스키마가 형성되기 시작합니다. 스키마가 만들어져야 영어 독해, 원서 리딩을 빠르게 읽고 이해할 수 있습니다.

스키마가 없는 아이들은 영어 독해, 원서 리딩을 어려워하거나 아예 못합니다. 이유는 두뇌에 그걸 받아들이고 이해할 영어 구조, 영어 파일, 영어 길이 만들어지지 않았기 때문입니다. 영어 독해, 리딩 능력을 향상시키기 위해서는 먼저 스키마를 만들어야 합니다.

그렇다면 영어 스키마는 어떻게 만들어질까요? 단어, 문장을 많이 외우면 만들어질까요? 문법 공부를 많이 하면 만들어질까요? 짧은 독해 지문을 많이 연습하고 공부하면 만들어질까요? No way~!

스토리가 있는 영어 그림 동화책부터 시작해서 리더스 북, 챕터 북, 영어 소설을 함빡 읽어야 만들어집니다. 짧든, 길든 스토리 속에는 이야기 구조, 이야기 스키마가 있습니다. 발단, 전개, 절정, 결말이라는 기본적인 스토리 구조에 익숙해져야 영어 스키마, 영어 두뇌가 자랍니다. 두뇌에 영어 길이 생기고, 영어 스키마가 자라야 비로소 글을 빠르게 읽고 이해할 수 있습니다. 스키마는 바로 재밌는 스토리를 읽을 때 자연스럽게 만들어집니다.

인간은 태곳적부터 스토리를 좋아합니다. 글자가 없던 시절에는 구전으로 전해진 이야기를 통해서 인류의 역사가 전해졌습니다. 인간의 유전자 속에는 이야기를 받아들이는 두뇌 DNA가 존재합니다.

경주 불국사에 가 본 사람은 에밀레종은 기억하지만 성덕 대왕종은 기억하지 못합니다. 왜 그럴까요? 에밀레종을 만들기 위해서 얽힌 구슬픈 이야기를 한 번 들은 사람은 에밀레종을 절대 잊어버리지 않습니다. 하지만 같은 종인데도 불구하고 성덕 대왕종이라고 하면 기억을 못 합니다. 이런 게 바로 이야기의 힘입니다.

영어 동화책, 영어 원서가 다 이야기로 구성되었기 때문에 자연스럽게 기억하고 이야기가 이야기를 만들어 냅니다. 이처럼 영어 동화책의 스토리에 익숙한 아이들은 글을 빠르게 읽고, 이해하고, 추론하는 능력이 발달합니다. 이런 아이들은 영어 문장을 일일이 한국어로 해석하며 읽을 필요가 없습니다. 원어민 아이처럼 문장이 나오는 순서대로 직독직해를 합니다. 그래서 빠르게 읽고, 빠르게 이해합니다. 이러한 스키마, 언어 구조, 언어 도식은 어릴 때부터 영어 동화책을 많이 읽으면 저절로 만들어집니다.

그렇다면 영어 독해, 원서 리딩을 못하는 아이들은 무엇 때문일까요? 바로 영어 스키마가 자라지 않았기 때문입니다. 이런 학생들은 독해를 어려워합니다. 일일이 해석해야 겨우 문장을 이해할 수 있습니다. 짧은 지문만 읽고 독해하는 수준이라 해리 포터처럼 두꺼운 영어 원서는 엄두를 내지 못합니다. 두꺼운 영어 원서를 만나면 두려워서 아예 포기해 버립니다. 그래서 이런 학생들은 영어 유창성이 떨어질 수밖에 없습니다. 텍스트로 이루어진 영어 정보, 영어 지식을 내 것으로 만들지 못하고 습득하지 못합니다. 짧은 영어 지문 가지고 겨우 시험 보는 스킬 외에는 영어다운 영어 실력이 자라지 않습니다. 같은 시간, 노력, 비용을 투자해서 이렇게 된다면 참으로 안타깝고 애석한 일입니다.

하지만 어릴 때부터 영어 동화책을 많이 읽은 아이들은 읽고 이해하는 두뇌가 남다르게 성장합니다. 스토리 북, 영어 소설에는 이야기의 구조와 틀이 있기 때문입니다. 이야기 구조가 있는 스토리를 읽고 이해하면서 상상력이 길러지고, 영어 길이 만들어지고, 이를 통해서 새로운 언어를 창조합니다.

그런데 영어책을 수십 권 다독했음에도 불구하고 스키마가 자라지 않은 아이들도 있습니다. 그런 아이들은 또 왜 그럴까요? 자기 수준에 맞지 않은 책, 이해도 되지 않는 책을 대충 읽고 끝냈기 때문입니다. 특히 고학년 때 원서 리딩하는 아이들 중에 그런 아이들이 종종 있습니다. 충분한 시간 동안 쉬운 영어책부터 차곡차곡 다지기하며 읽지 않았기 때문입니다.

지금부터 육체 나이를 무시하고 아이 리딩 레벨에 딱 맞는 쉬운 책부터 차곡차곡 다지며 읽을 수 있도록 지도하면 스키마가 자랍니다. 《뉴베리》《해리포터》같은 두꺼운 영어 원서를 빠르게 읽고 이해하는 리딩 능력은 두뇌 속에 스키마가 있느냐, 없느냐가 좌우합니다.

"들은 것은 잊어버리고, 본 것은 기억하고, 직접 해 본 것은 이해한다."

-공자-

☞ 참조: 뉴베리북(Newbery Book) → 뉴베리상 받은 책들을 뉴베리 북이라 한다. 뉴베리상은 미국 〈아르아르보커 출판사〉의 〈프레드릭G. 멜처〉가 제정했다. 아동용 도서를 처음 쓴 18세기 영국의 출판인 〈존 뉴베리〉의 이름을 따서 지었다. 미국 도서관 협회 연례총회에서 주관하는데 1922년부터 뉴베리 상이 처음 수상되기 시작했다. 수상작가는 미국 국적이거나 거주자 중에서 선발한다. 칼테콧상과 함께 미국 아동문학 최고의 상으로 꼽힌다. 칼테콧상은 최우수 아동용 그림책을 그린 미술가에게 수여한다. 뉴베리상받은 유명한 책으로 〈루이스 새커〉의 《Holes》, 〈에린 엔트라다 켈리〉의 《Hello, Universe》, 〈루이스 로리〉의 《Number the Stars》 등이 있다.

-위키 백과사전 참조-

07

완독한 영어 원서 권수에 따라
영어 실력 좌우된다!

우리 아이가 영어책을 자유롭게 읽을 수 있다는 것은 새로운 언어 세상을 발견하는 엄청난 사건입니다. 영어를 처음 배울 때 길을 잃었던 아이였습니다. 그랬던 아이가 영어책을 읽기 시작하면서부터 아이의 지성이 깨어납니다. 읽었던 영어책 속의 단어가 새로운 언어를 만들어 냅니다. 책 속의 단어와 단어가 만나 불꽃을 만들며 아름다운 이야기로 피어납니다.

이게 영어책 읽기의 첫 시작입니다. 요즘 집집마다 영어 원서 읽는 아이들이 많아졌습니다. 많이 읽는 아이는 하루에 10권 이상 읽는 경우도 있습니다. 영어 독서 습관이 잡힌 아이는 하루에 한두 권은 꾸준히 읽습니다. 하지만 적게 읽는 아이들은 한 달에 한두 권 읽기도 벅차 하거나 아예 읽지 않는 경우도 있습니다.

그만큼 영어 원서 많이 읽는 아이와 적게 읽는 아이, 원서 리딩의 갭이 점점 크게 벌어집니다. 아이의 독서 습관에 따라 원서 리딩에도 부익부, 빈익빈 현상이 심각합니다. 많이 읽은 아이들은 그만큼 속독 실력이 붙어서 영어 원서를 빠르게 읽습니다. 독해력, 어휘력, 사고력이 자라 영어 실력이 쑥쑥 올라갑니다. 하지만 적게 읽은 아이들은 원서 리딩에 대한 감각이 약합니다. 어휘력이 부족하고 내용 파악이 안되니 읽어도 무슨 내용인지 모릅니다. 내용도, 재미도, 모르니 영어 원서를 멀리합니다. 영어 원서를 멀리하니 영어 실력 향상은 점점 멀어집니다. 이처럼 크게 벌어진 원서 리딩 갭을 메꾸려면 어떻게 해야 할까요?

우선 원서 리딩 습관을 길러 주어야 합니다. 이런 아이들의 특징은 종이책 읽는 것을 싫어하거나 지겨워합니다. 도무지 종이책 읽는 것에 적응하지 못합니다. 왜 그럴까요? 대개 이런 아이들은 어릴 때부터 잘못된 습관이 몸에 밴 경우가 가장 큽니다. 엄마가 아이 달래려고 너무 과도하게 디지털 기기를 노출시켰기 때문입니다.

어릴 때부터 몸에 밴 이러한 디지털 과다 노출 때문에 책 읽는 것을 싫어합니다. 책을 읽지 않으니 궁여지책으로 e-book이라도 읽게 하려고 전자책 앱을 깔아 줍니다. 과연 e-book 읽기로 영어 실력이 향상될까요? 안 하는 것보다 낫다고 생각할지 모르겠지만 종이책과는 비교할 수 없을 만큼 떨어집니다. 디지털 화면으로 읽으니 건성 건성 읽고 넘어갑니다. 뇌가 읽었다고 착각할 뿐 실제 내용은 모르고 지나칩니다.

화면을 클릭하다가 자꾸 삼천포로 빠지는 유혹을 떨치기 어렵습니다. 화면 전환이 빨라서 생각의 여유가 사라집니다. 그러다 보니 원서 리딩의 중요한 능력인 영어 사고력이 자라지 않습니다. 이러

SR 5점대 돌파! 챕터북, 뉴베리 300권 읽더니 하버드를 꿈꾸기 시작했다!

한 디지털 과다 노출 현상을 저학년 때 바로잡아 주어야 합니다. 고학년 때 잡으려면 아이의 반발이 만만치 않습니다. 그래도 설득하고 달래서 종이책 원서 읽기로 방향을 바꾸어야 영어 실력 향상이라는 열매를 맛볼 수 있습니다.

1년에 200권 이상 읽은 아이! 1년에 겨우 10권도 읽지 않은 아이! 영어 실력 격차가 점점 벌어질 수밖에 없습니다. 내 아이가 일 년 동안 끝까지 원서 리딩 완독한 권수가 몇 권일까요? 건성으로 후루룩 읽은 책들은 완독 권수에서 빼야 합니다. 그렇게 읽고서 AR 북 퀴즈만 요령껏 통과한 아이들도 있습니다. 요령껏 읽기로 AR 북 퀴즈 통과한 아이들은 SR 독서 레벨이 올라가지 않습니다.

아이가 끝까지 완독한 영어 원서 권수에 따라 영어 실력이 정비례합니다. SR 레벨을 올리기 위해서는 SR 점대별 빈도수 높은 어휘 보카집으로 어휘 훈련하는 게 필요합니다. 리딩에는 초급 아이가 읽는 얇은 리더스 책이 있고 50쪽, 100쪽 이상 되는 챕터북, 영미 소설이 있습니다.

읽기를 시작했으면 챕터북 이상 수준의 책을 자유롭게 읽을 수 있는 실력을 키워야 합니다. 이러한 챕터북 완독 권수가 영어 실력의 깊이와 넓이를 좌우합니다. 원서 리딩에도 마태 효과라는 게 있습니다. "For everyone who has will be given more, and he will have an abundance. Whoever does not have, even what he has will be taken from him(무릇 있는 자는 받아 풍족하게 되고 없는 자는 그 있는 것까지 빼앗기리라)." 〈Matthew 25:29〉

영어책 읽는 환경과 어떤 시스템을 만났느냐에 따라서 잘하는 아이는 더욱 잘하게 됩니다. 원서 리딩 많이 한 아이와 적게 한 아이의 격차는 일 년에 무려 20배 이상입니다. 이 격차를 메꾸고 영어 독서 습관을 잡기 위해서는 엄마표로 하든지, 영어 도서관을 활용하든지, 둘 중에 하나를 해야 합니다. 바로 영어 원서 완독 권수에 따라 영어 실력 격차가 하늘과 땅 차이로 벌어지기 때문입니다.

시간적 여유가 있는 초등 시절 AR Book Level 3.0 이상 영어 원서 500권 이상 완독하게 하세요! 그러면 평생 쓸 영어가 초등 때 만들어집니다. 글로벌 세상을 향하여 마음껏 꿈을 펼칠 수 있는 영어 능력자가 됩니다.

"할 수 있다는 믿음을 가지면 그런 능력이 없을지라도 결국에는 할 수 있는 능력을 갖게 된다."

–마하트마 간디–

☞ 참조: 1. 리더스북(Readers Book) → 리더스북은 그림영어 동화책과 비슷한 수준의 초급 영어 동화책들을 말한다. 단지 그림 영어 동화책은 그림이 많은 쉬운 문학 작품으로 된 스토리북을 지칭한다. 이와 달리 리더스 북은 초급 SR 1~2점대 아이들의 영어 읽기와 문장 패턴을 연습시키는 리딩 북을 지칭한다. 따라서 텍스트보다 그림이 많이 들어간 리딩 책을 통틀어서 리더스북이라고 한다.

2. 챕터북(Chapter Book) → 스토리가 여러 권의 챕터(장)별로 나누어져 발행된 책을 말한다. 스토리가 중심이며 그림 영어 동화책과 리더스 북을 통해서 읽기 기초를 잘 다진 아이들이 진입할 수 있는 책이다. 그림이 없거나 적지만 스토리의 전개 자체로도 흥미롭게 읽을 수 있는 다독용 문고판으로 적합한 책들을 통칭해서 챕터북이라고 한다.

SR 5점대 돌파! 챕터북, 뉴베리 300권 읽더니 하버드를 꿈꾸기 시작했다!

08

다독이냐?
정독이냐?

　원서 리딩, 다독이 효과적이다? 정독이 효과적이다? 의견이 분분합니다. 영어 도서관에서 수업을 어떻게 하느냐에 따라서 효과가 달라집니다. 사실 영어 도서관 학원의 콘셉트는 다독을 기반으로 합니다. 다독하면서 정독하는 게 바람직합니다. 만약 수천 권 다독할 수있는 영어 원서를 갖추지 않고 정독 위주로 운영한다면 그건 영어도서관이라 할 수 없습니다. 모양은 영어 도서관 형태이지만 실제는일반 영어 독해 학원입니다.

　다독 영어 도서관을 운영하려면 기본적으로 영어 동화책 포함, 영어 원서 약 2,000~5,000권 이상 보유하고 있어야 합니다. 가끔 주변에 영어 도서관을 표방한다고 하면서도 영어책은 불과 약 600권 미만 비치한 곳도 있습니다. 이런 학원은 다독 콘셉트의 영어 도서관이 아니고 정독 수업하는 영어 독해 학원입니다.

정독(Intensive Reading)이란 일반 영어학원처럼 리딩 독해할 수 있는 레벨별 원서 1권을 선택합니다. 선택한 교재를 반별로 자세히 읽고, 단어 외우고, 해석하고, 쓰고, 말해 보고, 문법적으로 분석한 후 문제 풀이하는 것을 말합니다. 교재만 시중 독해 교재에서 영어 원서로 바꿨을 뿐 일반 영어 독해 학원 수업 방식과 똑같습니다. 교사의 주입식 강의가 많습니다. 물론 원서 읽은 내용에 대해서 교사와 학생끼리 Discussion/Debate 하는 곳도 있습니다. 정독 위주로 자세히 수업하다 보니 한 달에 겨우 1권 또는 2~3권 학습합니다.

정독 수업의 경우 선택한 1권의 교재는 자세히 알고 배울 수 있지만 비슷한 다른 영어책을 주면 응용을 못합니다. 왜냐하면 월 2~3권의 영어책 훈련을 통해 자기 수준의 또래 영어를 체화시키는 것은 불가능하기 때문입니다. 초등생에게 한 달에 2~3권 읽혀서는 절대적으로 필요한 영어 노출량을 채울 수 없습니다. 언어를 터득하고 습득하기 좋은 초등 골든 타임 시절에 원서 읽기의 바다에 빠뜨릴 수 없습니다.

그렇다면 진정한 다독(Extensive Reading)은 무엇일까요? 레벨별로 분류한 수천 권의 영어 원서를 보유하고 있는 영어 도서관에서만 이루어질 수 있는 수업을 말합니다. 다독의 정의는 아이 레벨에 맞는 책을 잘 골라 수평선 읽기(Horizon Reading)를 통해 또래 언어가 체화될 때까지 리딩하는 것을 말합니다. 아이가 이해할 수 있는 수준의 영어 원서 수백 권을 읽혀서 원어민 또래 아이만큼 영어 실력 키우는 것이 다독의 정의입니다.

다독이란 교사가 읽어 주고, 해석하고, 문법 분석하고, 이해시키는 방법이 아닙니다. 리딩 교사가 수준에 맞는 책을 잘 골라 주어 스스로 읽고, 느끼고, 이해하도록 도와주는 것입니다. 교사는 일종의 넛지(Nudge) 역할을 하는 것입니다. 학생이 제대로 읽고 이해했는지, 리딩 노트에 Summary는 잘 했는지, 모르는 단어는 잘 적고 외웠는지, AR Book Quiz로 책을 제대로 이해하며 읽었는지 확인합니다. 정독과는 정 반대의 학습입니다. 레벨별 수많은 영어책을 읽기 때문에 영어 독서 내공이 쌓입니다. 다독을 통해 영어 독서 내공이 점점 쌓이다가 마침내 모국어 수준으로 영어가 '탁!' 터질 때가 옵니다. 다독을 통해서 영어가 탁! 터진 아이들은 어떤 영어책을 주더라도 바로 읽고, 이해하고, 응용할 수 있습니다.

필자는 영어학원을 29년 이상 운영하고 있습니다. 영어책 한두 권 자세히 배우고 학습한다고 해서 리딩 레벨이 올라가지 않습니다. 모든 언어란 학습으로 자라는 것이 아니라 습득으로 자랍니다. 한국 아이가 영어 잘하려면 모국어책 읽는 만큼 영어책을 함빡 다독해야 합니다. 그래야 레벨별 영어가 체화되고 습득됩니다. 신나는 영어책을 수백 권 이상 읽어서 영어가 습득되어야 몸이 기억하는 영어가 만들어집니다. 자연스러운 읽기, 듣기, 쓰기, 말하기가 터집니다.

영어 도서관에 600권 미만의 책을 보유하면 레벨별로 도저히 또래 언어를 체화시킬 수 없습니다. 다양한 책이 부족해서 영어책 읽는 흥미와 동기 부여를 일으킬 수 없습니다. 오죽하면 스티븐 크라센 언어학 박사가 이런 말을 했을까요? "Extensive Reading is not the best way. It's the only way."라고 말이죠. 다독이 영어를 체화할 수 있는 가장 올바른 방법입니다. 그래서 시간적 여유가 있는 초등 골든 타임 때 타이밍을 놓치지 않고 다독을 해야 효과 볼 수 있습니다.

"위험이 있는 곳에 기회가 있고, 기회가 있는 곳에 위험
도 있다. 이 둘은 분리될 수 없다. 이 둘은 함께 한다."

-나이팅게일-

09

영어 신세계 맛보는 리딩 뚫리는
5가지 노하우

영어 잘하는 아이들 중에서 리딩 못하는 아이가 없습니다. 리딩은 영어의 6개 Part(Listening, Speaking, Reading, Writing, Grammar, Vocabulary) 중에서 어느 한 부분이 아니라 전체를 연결하는 가장 중요한 파트입니다. 그렇다고 다른 파트가 중요하지 않다는 게 아닙니다. 다만 리딩이 되면 다른 파트를 연결하는 응용 능력이 생깁니다.

리딩이 터지면 생동감 넘치는 언어를 만들고 맛깔스러운 의사소통의 도구로 바꾸어 줍니다. 영어 신세계란 무엇일까요? 영어로 "훨훨~" 자유롭게 날아다닐 수 있는 세계를 말합니다. 한글만 알고 한국어만 사용하는 아이가 영어라는 새로운 언어까지 완벽하게 구사할 수 있는 인재가 되는 것을 의미합니다.

영어로 펼쳐진 글로벌 세상을 마음대로 휘젓고 다닐 수 있는 능력, 영어 배우는 사람이라면 누구나 갖고 싶은 능력입니다. 영어 신세계를 경험한 아이들은 차원이 다른 영어 능력자가 됩니다. 영어 신세계를 경험하기 위해서는 먼저 리딩이 뚫려야 합니다. 리딩이 뚫리면 듣기, 말하기, 쓰기, 어휘, 문법은 저절로 향상됩니다. 영어 신세계 맛보는 리딩 뚫리는 5가지 노하우가 무엇일까요?

첫째, 할 수 있는 대로 나이가 어릴 때 즉, 유치원 때나 저학년 때 신나는 영어 동화책을 함빡 읽을 수 있는 영어 환경을 만나야 합니다. 6세에서 10세까지 영어책 많이 읽은 아이일수록 영어 받아들이는 인지 능력이 폭발적으로 성장합니다. 언어학자들에 의하면 이 나이 때 그림 영어 동화책부터 시작해서 영어 동화책, 영어 원서를 함빡 읽으면 언어의 지각 변동이 일어난다고 합니다. 특히 유치원 때나 저학년 때 지속적으로 영어책을 읽어 리딩이 뚫린 아이들은 영어책을 한글책 대하듯이 자연스럽게 읽고 이해합니다.

한국어 뇌처럼 영어 뇌가 만들어져서 영어를 인지하고 받아들이는 게 수월합니다. 이중 언어 능력자의 바탕이 이 시기에 대부분 만들어집니다. 이런 이야기 들으면 리딩 늦게 시작한 아이들은 원서 리딩하기에는 너무 늦은 게 아닐까라고 생각할 수 있습니다. 고학년 때 시작하면 반응은 더디게 나타나지만 지속적, 체계적인 영어 독서 환경을 만나기만 한다면 1~2년 사이에 확 달라집니다.

즉, 고학년들은 지속적으로 지도 관리받을 수 있는 영어 독서 환경을 만나느냐, 못 만나느냐에 달렸습니다. 늦었지만 그런 환경에서 1~2년 바짝 리딩에 뛰어들면 놀라운 영어 신세계를 경험할 수 있습니다.

둘째, 원서 리딩하기로 했으면 첫 1년간, 100권(→ 50p 이하 책은 200권) 읽을 때까지는 옆도, 뒤도 돌아보지 말고 오직 리딩에 올인해야 합니다. 첫 1년간, 100권의 원서 리딩이 대단히 중요합니다. 이 시기에 집중해서 100권 읽으면 새로운 영어 길이 두뇌에 만들어집니다. 아이의 뉴런 신경 세포에 재미있는 스토리가 심어져서 시냅스가 활성화됩니다. 새로운 영어 길을 만들기 위해서는 중간에 멈추거나, 하다 말다 하면 길을 낼 수 없습니다.

물론 초급 수준의 아이들은 반드시 원어민이 녹음한 오디오 들으면서 읽고, 따라 읽고, 반복해서 읽는 과정이 필요합니다. 그래야 발음이 좋아지고, 파닉스 깨우치고, 읽기 감각이 빨리 성장합니다.

셋째, 주말에는 읽었던 영어책과 연관된 오리지널 만화 영화나 영어 동요, 미국 드라마를 자주 보여 주는 게 좋습니다. 그러면 입체적인 감정 이입이 일어나 영어 구사 능력이 빠르게 향상됩니다. 아이들은 재미있으면 반복적으로 시청하는 버릇이 있습니다. 반복적으로 시청하면 귀가 뚫리고, 영어 말문이 터지며, 발음까지 좋아집니다.

예를 들면 몇 년 전에 히트 친 〈겨울 왕국〉이나 요즘 다시 인기몰이하고 있는 〈아바타2〉, 로알드 달의 《마틸다》, 디즈니 오리지널 만화 영화 〈인크레더블〉, 〈라푼젤〉, 〈토이스토리〉, 〈알라딘〉 등등 넷플릭스에 방영한 인기 드라마 〈빨강 머리 앤〉 등은 아이들의 영어 감각을 향상시키는 최고의 재료입니다. 드라마 보기 전에 영어 원서를 읽은 아이라면 훨씬 재미있게 드라마에 몰입할 수 있습니다.

DVD나 영화 볼 때 주의할 점은 절대 한글 자막이나, 영어 자막, 한글 더빙이 없어야 합니다. 처음에는 답답하더라도 반드시 오리지널 그 자체를 봐야 듣기, 말하기를 빨리 깨우칠 수 있습니다.

넷째, 리딩하기로 했으면 최소한 50p 이상 되는 영어 챕터북 300

권 이상 읽는 다독이 필요합니다. 챕터북 300권 이상 읽으면 양이 질을 압도하는 날이 옵니다. 300권 이상의 다독이 질적 티핑 포인트를 일으켜 영어 신세계를 경험하게 합니다. 직독직해가 가능하고, 영어 사고력이 형성되어 스스로 영어 문장을 만들어 내는 능력이 생깁니다.

주의할 점은 300권 읽을 때 하다 말다, 어쩌다 읽는다면 영어 사고력이 자라지 않습니다. 효과가 떨어집니다. 연속적으로 300권 이상 읽을 때 양질 전환의 법칙을 따라 질적 변화를 맛볼 수 있습니다. 어떤 분야든 숙달된 전문가가 되려면 이런 과정은 필수입니다. 한국에서 영어 영재 소리 듣는 5% 아이들은 다 이런 과정을 지나온 아이들입니다. 세상에 공짜는 없습니다.

다섯째, 리딩하는 엉덩이 힘을 길러 주어야 합니다. 리딩 습관이 안 잡힌 아이들은 10분도 책 읽기에 집중하지 못합니다. 요즘은 애, 어른 할 것 없이 책을 읽고 싶어도 방해하는 것들이 너무나 많은 세상에 살고 있습니다. 손만 뻗으면 현란한 TV, 유튜브, 스마트폰, 게임기가 정신을 홀딱 빼앗아 갑니다. 딱딱한 종이책을 10분 이상 읽기가 너무나 힘든 세상입니다. 그러니 한곳에 앉아서 엉덩이 힘으로 진득하게 책을 읽는다는 게 여간 힘든 게 아닙니다. 책을 꾸준하게 읽지 않는 아이들은 지적 사고력이 자라지 않습니다. 그 결과 학문을 받아들이고 창조하는 지성의 세계에 들어갈 수 없습니다.

책을 진득하게 읽지 못하는 아이인데 제대로 된 리딩이 될까요? 이런 아이라면 과감하게 환경을 바꾸어 주어야 합니다. "책 읽어라~", "책 읽어라~" 아이 뒤꽁무니 쫓아다니며 잔소리한다고 해결될 문제가 아닙니다. 분위기 있는 영어 도서관에 가면 책 읽는 다른 친구들 때문에 자극받아 서서히 엉덩이 힘이 길러집니다. 참으로 신기한 현상이 일어납니다. 집에서는 10분도 책을 읽지 않던 아이였습니다. 그런데 영어 도서관에 와서 2시간 이상 책을 읽습니다. 이게 영어 도서관이 갖는 환경의 힘입니다.

스스로 영어책을 읽고 나서부터 아이의 언어 감각, 문해력, 사고력이 싹트기 시작합니다. 남이 떠먹여 주는 주입식 영어 학습은 스스로 깨닫는 게 없습니다. 사고력이 자랄 수 없습니다. 자기 수준에 딱 맞는 영어책을 읽고 나서부터 읽기의 재미를 알게 됩니다.

그렇게 어렵고 재미없었던 영어 원서가 이상하게 재미 있고 몰입하기 시작합니다. 종이책 읽기의 신비함에 서서히 빠져듭니다. 이런 경험을 해야 독서 습관이 잡히고, 두뇌가 열리고, 엉덩이가 무거워집니다. 이런 경험, 이런 습관, 이런 엉덩이 힘을 초등 졸업 전에 만들어야 중, 고등 때 상위권에 갈 수 있습니다.

엉덩이 힘을 길러 주는 영어 도서관에 오면 아이가 달라집니다. 좋은 학군, 좋은 학교, 좋은 학원을 선택하는 이유가 바로 환경 때문입니다. 좋은 환경, 좋은 영어 도서관 학원은 아이를 변화시키는 힘이 있습니다. 원서 리딩하는 재미에 빠지면 리딩이 뚫리고 영어 신세계에 들어갈 수 있습니다.

"오늘 하는 일들이 쌓이고 쌓여 미래에 영향을 미치는 법이다."

-알렉산드로 스토다드-

10

언어 감각 천재를 만드는
1급 비밀

"해적선이 훔친 보물보다 더 많은 보물이 책 속에 있다~!" '월트 디즈니'가 이런 말을 했다고 합니다. 디즈니가 만든 세계적인 히트작, 신박한 영화의 소재가 다 책에서 나왔으니 그럴 만도 합니다. 꼭 '월트 디즈니'의 말을 빌리지 않더라도 주변에 뛰어난 인물을 꼼꼼히 살펴보면 이 말이 진리인지, 아닌지 바로 입증됩니다.

"우리 아이, 언어 감각의 천재가 되기를 원한다면 어릴 때 엄마가 수백 가지 이야기를 들려주라."라는 말이 있습니다. 이야기에 궁한 엄마가 수백 가지를 아이에게 지속적으로 들려주기에는 사실상 한계를 느낄 수밖에 없습니다. 그게 불가능하니 상상력의 천재 작가들이 쓴 수백 권의 스토리 북을 아이에게 던져 주라고 합니다.

영어든, 국어든, 수백 권의 스토리를 듣고, 읽은 아이들은 수백 가지 이야기를 통해서 스스로 상상의 날개를 펼칩니다. 꿈꾸고, 상상하면서, 스스로 새로운 단어로 이야기를 만들어 냅니다. 굳이 '영어 단어를 외워라' '영어 문장을 외워라' '문법 규칙을 외워라' 할 필요가 없어집니다. 재미있는 스토리에 빠지다 보면 어휘가 저절로 기억되고, 이야기 속 문장이 자신도 모르게 '툭툭' 튀어나오고, 문법에 맞는 글과 말을 자연스럽게 사용하게 됩니다.

이게 바로 언어 감각 천재로 만드는 1급 비밀입니다. 뻔히 다 아는 사실을 왜 1급 비밀이라고 할까요? 누구나 아는 평범한 사실을 무시하고 실천하지 않으니 1급 비밀이 된 것입니다. 진리는 항상 평범한 곳에 숨겨져 있습니다.

"누구, 누구 애는 외국 구경 한 번도 못한 토종인데 영어 정말 잘하더라~" 제가 만난 수백 명의 이런 아이들이 바로 영어 독서광이었습니다. 그들은 어릴 때부터 남다른 영어 독서를 통해서 영어 구사 능력의 천재가 되었습니다. 우리 아이는 어릴 때 영어 독서 기회를 놓쳐서 이미 늦었을까요? 물론 유치원, 초등 저학년 때부터 시작했더라면 훨씬 좋았겠지요. 하지만 고학년이라고 해서 영어 영재가 될 기회를 미리 포기할 필요는 없습니다.

한창 자라는 아이들의 잠재력은 무한합니다. 체계적인 훈련을 일 년만 제대로 받아도 아이 두뇌가 영어로 반응하기 시작합니다. 스토리가 없었던 메마른 두뇌에 영어 싹이 돋아나며 영어 상상력이 작동하기 시작합니다. 그 아이는 단지 고학년 될 때까지 상상력이 솟아나는 좋은 영어 재료를 만나지 못했을 뿐입니다.

늦은 때란 없습니다. 늦다고 생각하는 엄마의 조급함을 버리고 아이의 잠재력을 믿어 주면 아이는 엄마의 기대에 보답하며 놀랍게 성장합니다. 영어는 5년 뒤, 10년 뒤를 봐야 합니다. 중등 내신이 급하다고 해서 보석 같은 영어 원서 읽을 기회를 놓치는 것은 아이 영어 인생에 큰 손실입니다.

자라는 아이들에게는 속도가 중요한 게 아닙니다. 인생이란 먼저 간다고 해서 꼭 앞서는 게 아닙니다. 천천히 가더라도 방향을 바로 잡으면 중, 고등, 대학생까지 좋은 인생이 펼쳐집니다. 원서 리딩의 기회는 내신 영어 시험 부담이 없는 중1까지 누구나 가능합니다. 원서 리딩의 기회를 잡는다면 영어 감각이 뛰어난 영어 영재가 됩니다. 바로 언어 감각 천재를 만드는 1급 비밀은 늦다고 생각하는 아이들도 원서 리딩의 재미와 깊이를 느끼도록 체계적인 영어 독서의 세계로 인도하고 아이의 잠재력을 믿어 주는 것입니다.

"약자는 기회를 기다린다. 강자는 기회를 만든다."

-앤더슨 바렌-

SR 5점대 돌파! 챕터북, 뉴베리 300권 읽더니 하버드를 꿈꾸기 시작했다!

11

가장 효과적이고 빠른
문법 터득 노하우

영어! 하면 학부모 세대들은 우선 문법부터 떠올립니다. 문법을 공부해야 영어를 제대로 배웠다고 생각하는 선입관이 뿌리 깊게 자리 잡고 있기 때문입니다. 대부분 학창 시절에 성문, 맨투맨, 능률 기초 영문법 시리즈로 된 문법책 한두 권 떼느라 진땀 흘린 경험들이 있습니다.

그래서인지 요즘에도 자기 자녀가 문법책 몇 권은 떼야 영어 공부를 제대로 한 것으로 생각하는 학부모들이 의외로 많습니다. 그 이유는 문법을 배워야 중, 고등 내신에서 좋은 점수를 받을 수 있다고 생각하기 때문입니다. 2~3 문제 나오는 문법 때문에 발목 잡힐까 봐 초등 고학년이 되거나 중학생이 되면 노심초사하며 문법 공부에 매달리도록 유도합니다. 이러한 학부모들에게 문법 공부는 언제, 어떻게 하는 것이 가장 효과적인지 문법 터득 노하우를 전하고자 합니다.

사실 문법이 중요하다고 생각하는 이유는 언어의 유창성을 키우기보다는 학교 시험을 잘 보기 위한 목적이 훨씬 큽니다. 중학교 영어 내신 때문에 미리부터 문법책 몇 권을 떼야 한다고 생각하는 분들입니다. 하지만 요즘은 문법 관련 문제가 예전처럼 문법을 위한 문법 문제는 출제하지 않습니다. 문장 속에서 자연스러운 어법을 판단하는 문제가 주로 나옵니다. Writing 시험도 분사 구문이니, 관계사니 이러한 이론적인 문법 공부가 필요한 Writing보다는 문장의 맥락에 맞도록 자연스럽게 쓰는 능력을 테스트합니다.

요즘 학교나 각종 영어 교육의 트렌드는 단연 실용 영어 구사 능력입니다. 외국인과 의사소통을 할 때 문법에 얽매이다 보면 오히려 말은 입에서 맴돌고 잘 나오지 않습니다. Writing도 문장 구조와 문법을 따지다 보면 영어다운 글을 쓸 수 없습니다. 실용 영어 구사 능력은 언어를 배우는 근본 목적이며 본질입니다. 이러한 본질적인 영어 능력을 키우기 위해서 학교 영어 교육이 크게 바뀌고 있습니다. 그동안 듣기 평가와 지필 고사만 실시하다가 이제 말하기, 쓰기를 평가하는 서술형 수행 평가가 도입되었습니다.

이러한 중학교 영어 내신에서 고득점을 받는 길은 먼저 영어적인 사고방식을 키우는 게 우선입니다. 그래서 초등학교 때나 시험이 없는 중1까지는 충분한 원서 리딩으로 단어의 쓰임새를 아는 어휘력, 문장 구조에 대한 감각, 빠른 직독직해 능력, 핵심 줄거리를 요약하는 쓰기 능력 등 영어의 기본 체력을 튼튼히 길러 주는 원서 리딩에 더 많은 시간 투자가 필요합니다.

영어 원서를 통한 문법 터득 노하우는 그날 자신이 읽었던 재미난

SR 5점대 돌파! 챕터북, 뉴베리 300권 읽더니 하버드를 꿈꾸기 시작했다!

영어책 중에서 가장 마음에 드는 구절을 찾아서 20문장 이상 그대로 필사, 즉 베껴 쓰기 하는 것입니다. 이러한 영어 문장 베껴 쓰기는 어법을 깨우치고 문장 구조를 익히는 데 아주 효과적입니다.

그러기 위해서는 〈영어 원서 Good passage 노트〉를 별도로 준비합니다. 영어책을 한 권씩 읽을 때마다 읽은 날짜/책 제목/저자명/Good passage 20문장 이상을 노트에 2번 반복해서 적어 봅니다. Good passage를 계속해서 쓰다 보면 읽었던 책의 내용을 Summary할 수 있는 실력까지 향상됩니다. Good passage 문장에 있는 단어를 자신이 알고 있는 단어로 바꾸어 새로운 문장을 만들어 봅니다. 이러한 활동을 꾸준히 하다 보면 원어민 아이처럼 영어 어법에 맞는 문장을 술술 쓸 수 있습니다. 문법 규칙을 자연스럽게 깨우칠 수 있습니다.

신나는 영어책 읽으며 영어 문장에 대한 감각을 키우고 충분한 영어 내공을 쌓은 아이는 특별한 문법 공부를 하지 않아도 문법 규칙을 쉽게 깨우칩니다. 시험 부담이 없는 초등 때부터 중2될 때까지 원서 리딩을 하면서 Good passage를 써 보고, 때로는 Summary를 합니다. 이러한 쓰기 과정을 통해서 영어 문장의 정확도와 이해력이 자랍니다.

중2 올라갈 때까지 500권 이상 원서 리딩한 아이들은 한국에서 보는 모든 영어 시험을 커버할 수 있는 실력으로 자랍니다. 이는 특목고나 자사고 진학할 때 자소서나 생활기록부에 자신의 진로와 관련된 독서 이력을 기록하는 데도 대단히 유리합니다.

영어도 한국어만큼 왕창 듣고, 왕창 읽고, 왕창 사용하면 자연스럽게 영어 문법이 잡히고 영어 내공이 쌓여서 모국어처럼 잘할 수 있습니다. 영어 내공이 쌓일 만큼 원서 리딩을 하지 않았기 때문에 영어가 안 된다고 할 뿐입니다. 실제 한국에서 상위 5%의 학생들은 오랜 시간 투자와 끈기로서 양석인 내공을 쌓아서 영어 영재가 되었습니다.

얼마 전에 내일 신문에서 중학교 영어 시험 최상위권 학생들의 인터뷰 기사를 보도한 적이 있었습니다. 그들의 이야기를 종합해 보면 다음과 같습니다. 즉 "수업 시간에 충실해라." "선생님이 강조하는 부분은 꼼꼼히 기록하며 외우라."라고 이구동성으로 강조합니다. 이 말은 사실 영어 내신 잘 보는 기본 중의 기본입니다.

선생님이 시간마다 나누어 주는 프린트 자료(영영 단어와 문법 자료)는 잘 외우고 이해해야 됩니다. 수업 시간에 충실하지 않은 학생이 백날 내신 영어학원 다녀 본들 헛다리 짚는 영어 공부만 하게 되어 좋은 성적을 받을 수 없습니다. 왜냐하면 내신 영어는 어차피 영어 교사가 가르친 것 중에서 시험을 출제하니까요.

시험 범위 내의 교과서 본문은 할 수 있는 대로 완전히 이해할 정도로 여러 번 읽고 외워야 합니다. 듣기 실력은 평소에 듣기 평가 문항집으로 꾸준히 연습하는 습관을 갖추어 듣기 감각을 길러야 합니다. 교과서와 듣기 대본에 나오는 단어와 숙어를 활용한 예시 문장은 서술형 평가에 좋은 준비 자료이기 때문에 꼭 외우는 게 좋습니다. 중1부터 중3까지 모든 교과서는 문법 목차가 있습니다. 목차별로 지도하는 문법 설명을 집중해서 잘 듣고 복습하도록 합니다. 나눠 주는 문법 관련 프린트 자료도 예시 위주로 꼼꼼히 복습하며 익히도록 합니다.

특목고에 입학한 영어 영재들은 시험이 없는 중1까지는 원서 리딩에 최대한 시간을 많이 늘렸다고 합니다. 원서 리딩 시간에 투자한 만큼 어휘와 배경지식, 독해 능력이 껑충 향상되어 어떤 형태의 영어 시험에도 영향력을 발휘할 수 있었다고 고백합니다.

문법 터득 특급 노하우는 바로 위의 학생들처럼 원서 리딩을 통하여 문장 감각을 먼저 익히는 것입니다. 그런 감각을 키워 온 학생들은 어떤 형태의 문법 시험도 응용할 수 있습니다. 영어 최상위권 학생들처럼 문법 공부와 시험 보는 스킬은 미리부터 선행하지 않아도 수업 시간에 집중하고 공부할 의지만 있으면 빠른 시간 안에 적응할 수 있습니다. 무엇보다 시간적 여유가 있고 시험 불안감이 없는 초3부터 중1까지는 원서 리딩 시간을 확보하는 게 정말 중요합니다.

그래도 문법의 기본이 염려되는 엄마라면 시중에 나와 있는 여러 종류의 문법책 중에서 아이에게 맞는 한두 권 선택해서 공부하게 합니다. 한 주에 한 과 정도 스스로 하도록 하고 엄마가 옆에서 설명해 주고 체크해 준다면 정말 좋습니다. 가끔씩 관계사니, 대명사니, 목적격 보어니, 부정사니 등의 어려운 한문 뜻을 가진 문법 용어가 나오면 아이가 알아듣기 쉽게 엄마가 설명해 준다면 가장 훌륭한 문법 교사 역할을 하는 것입니다.

문법을 공부하기 시작하면 문법책에 나왔던 규칙이나 용어, 예문이 들어간 문장을 이용해서 단어를 바꾸어 한두 문장 스스로 영어 일기에 쓰도록 지도하면 응용력이 길러집니다. 또 아이가 읽고 있는 재미있는 영어책에서 그날 공부했던 문법 예시 문장을 찾아보게 하는 것도 문법의 안목을 키우는 데 도움이 됩니다.

이처럼 원서 리딩하면서 조금씩 꾸준히 준비시켜 준다면 문법 때문에 영어 내신 못 받을까 봐 전혀 걱정하지 않아도 됩니다. 물론 한국직 문법을 전혀 안 하는 것보다는 한두 번이라도 자기 수준에 맞는 문법책으로 미리 공부하면 영어 문맥을 파악하는 데 유리한 점은 있습니다.

중요한 것은 문법 때문에 원서 리딩 시간을 뒷전으로 미루거나 포기하는 우를 범하지 않아야 한다는 사실입니다. 눈앞의 시험 성적보다 우리 아이가 살아갈 글로벌 세상에서 마음껏 자신의 꿈을 펼칠수 있는 역량을 키우는 일이 더 중요합니다.

"생각함으로써 생기고 노력함으로써 이루어지며 교만함
으로써 실패한다."

－지자－

3장

영어가 탁! 터지는
SR 5점대 돌파와
폭발적인 원서 리딩

01

'아' 다르고 '어' 다른 콩글리시 리딩 vs 원서 리딩

　리딩이면 같은 리딩이지 왜 콩글리시 리딩과 원서 리딩일까요? 시중 서점에는 수천 권의 리딩 독해 교재와 리딩 교과서들이 있습니다. 이 중에는 영문학 교수, 교사, 작가가 만든 교재가 있고 원어민 교사의 감수를 받아서 만든 교재가 있고, 오리지널 원어민이 만든 원서가 있습니다.

　내 아이 영어 리딩 교재, 어떤 교재로 가르치고 배우길 원하세요? 영어 처음 배우는 아이들이 어떤 교재로 리딩을 배우느냐에 따라 리딩 실력 향상에 현격한 차이가 있습니다. 왜 그럴까요?

　첫째, 리딩 교재의 출생지가 다릅니다. 콩글리시 리딩은 한국에서 만든 한국 영어 교사가 쓴 리딩 북입니다. 콩글리시라는 말로 표현하니까 한국에서 영어 교재 만든 모든 분들을 폄훼하는 것 같아서 불쾌하게 느낄 수 있습니다. 그렇다고 엉터리 영어라는 뜻은 아니니 오해가 없으면 좋겠습니다. 그런 교재들과 동화책들은 겉으로 보기에는 영어 알파벳으로 되어 있고 문법적인 오류가 없는 글들입니다. 문제는 그런 표현들이 영어권에서 사용하는 표현이냐, 아니냐의 차이입니다.

기껏 영어 공부를 했는데 원어민 화자들과 대화하거나 글로 표현할 때 잘 사용하지 않는 어색한 표현을 쓴다면 제대로 된 의사소통을 할 수가 없습니다. 영어 배우는 근본 목적은 글로벌 세상에서 영미권 사람들과 자유롭게 의사소통하기 위해서입니다. 근본 목적에 도움이 되지 않는 리딩 교재로 영어를 배운다면 한창 성장하는 아이들에게는 막대한 손해요, 시간 낭비입니다. 한국 교사가 쓴 책으로 리딩을 배우면 영어 읽기, 영어 독해를 어떻게 하는지 방법은 배울 수 있습니다. 하지만 원어민들과 마음과 마음이 연결되는 진정한 의사소통을 위한 영어 실력 향상까지는 기대하기 어렵습니다.

이는 애초에 안 좋은 재료로 요리를 하는 것과 같습니다. 재료가 좋지 않으면 일류 요리사가 요리한다 한들 제대로 된 맛을 내기 어렵습니다.

반면에 영어 원서는 영어권 교사, 영어권 작가들이 쓴 오리지널 책입니다. 출생지가 벌써 다릅니다. 영어권 나라에서 태어나 자라면서 보고, 듣고, 느끼고, 생활하면서 만든 교재라 영미인들이 사용하는 언어, 문화, 생활 습관이 그대로 살아 있습니다. 예전 학부모 세대들은 이와 같은 오리지널 원서 리딩의 혜택을 전혀 받지 못했습니다. 하지만 요즘은 학부모가 마음만 먹으면 우리 아이를 위해서 얼마든지 오리지널 원서를 구할 수 있고 주변에 있는 전문 영어 도서관을 활용할 수 있습니다.

단어 하나, 문장 하나가 간단해 보여도 원어민들이 사용하는 단어 문장과 한국 영어 교사가 쓴 표현이 확~! 다릅니다. 아주 쉬운 초급 영어 동화책에서 예를 들어 볼까요?

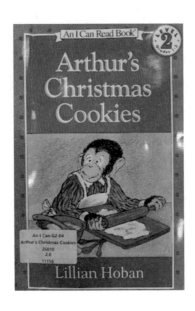

이 동화책은《An I can read book》초급 시리즈 중《Arthur's Christmas Cookies》책입니다. 이야기 속에서 '내가 너를 도와줄게~'라는 말이 나옵니다. 이 말을 영어로 한다면 어떻게 표현할까요? 이 정도는 너무 쉬워서 초1학년 아이도 금방 대답할 아주 쉬운 말이죠. 우리가 아는 상식으로 표현하거나 한국인 영어 교사라면 바로 'I will help (you)'라고 합니다. 문법적으로는 맞는 표현입니다.

"I am making Christmas cookies. The kind you roll out," said Arthur.

"I am making stars and angels and bells for Mother, and Christmas trees and Santa Clauses and reindeer for Father."

"You said you would make a reindeer cookie for me," said Violet.

"I know," said Arthur.

"Let me help," said Violet.

"It is *my* oven."

　그런데 위의 영어 동화책에서 보듯이 원어민들은 'Let me help'라고 표현합니다. 둘 다 맞는 표현이긴 하지만 한국인들은 주로 'I will help'만 사용합니다. 'Let me help'라는 표현은 원어민이 사용하는 즉, 상황에 맞는 자연스러운 영어 표현입니다. 이 표현에는 내가 도울 의지가 있다는, 내 중심적 느낌보다는 상대방에 대한 배려, 즉 '너'가 중심적인 표현입니다. 이러한 상황, 이러한 느낌은 실제 살아 본 사람들만 표현하는 문장입니다. 이처럼 사소한 차이의 표현이 콩글리시 영어 교재 속에 수십 곳, 많게는 수백 곳이 있다면 올바른 영어 습득에 방해가 됩니다. 오리지널 원서 리딩, 영어 동화책을 많이 읽으면 시공간을 초월하여 원어민들이 사용하는 표현을 그대로 익힐 수 있습니다.

　둘째, 영어 글을 이해하는 순서가 다릅니다. 한국인이 만든 영어 교재로 읽고 배우면 자꾸 한국식으로 거꾸로 해석하며 읽으려고 합니다. 쉬운 문장이든, 긴 문장이든, 시중 독해 교재는 아름다운 이야기 전체가 나오지 않습니다. 어느 한 파트를 잘라서 가져왔거나, 한국 작가가 창작했다 하더라도 오리지널이 아니므로 한국적 시각으로 표현되어 있습니다. 그래서 어떤 문장을 이해하려고 하면 뒤에서부터 거꾸로 한국말로 해석하면서 읽는 습관이 만들어집니다.

이렇게 배우고 읽으면 읽는 속도도 더디지만 문법 구조를 설명하려고 나온 문장들이라 어색한 표현들이 많습니다. 폭넓은 다양한 다독을 할 수가 없습니다. 비슷한 또래 언어를 습득할 충분한 리딩 북이 공급되지 않습니다. 문장 나오는 순서대로 읽고 이해하는 습관을 가지려면 아이 수준에 맞는 다양한 영어 동화책, 원서로 영어 읽기를 배워야 합니다. 수준에 맞는 재밌는 영어 동화책을 찾아서 읽다 보면 원어민 아이처럼 문장이 나오는 순서대로 바로 읽고 바로 이해할 수 있습니다.

영어 처음 배울 때부터 오리지널 원서 동화책을 만난 아이는 행운아입니다. 어릴 때부터 영어 동화책 읽는 습관을 만들면 자연스럽게 원어민식 읽기와 원어민식 영어 사고력이 만들어집니다. 그런 아이들은 몇 년 안에 영어를 모국어처럼 습득하는 언어 천재로 성장합니다. 오리지널 원서 리딩하며 글이 나오는 순서대로 직독직해하는 습관이 몸에 체화되어야 영어식 사고력이 자랍니다. 읽었던 이야기가 꼬리에 꼬리를 물고 떠올라 새로운 표현을 원어민 아이처럼 만들어내는 창작력이 생깁니다. 한국인이 만든 영어 교재로는 그런 능력이 생기지 않으니 안타까울 따름입니다.

셋째, 영미권 문화 습득, 생활 습관, 뉘앙스가 다릅니다. 오리지널 원서 리딩을 하면 영미권의 문화와 생활 습관, 언어를 그대로 배울 수 있습니다. 뛰어난 영미권 작가들의 책을 통해서 가 보지·않았던 외국에 대한 호기심, 상상력, 신비로움이 머릿속에 저절로 솟아오릅니다. 수백 권을 읽은 아이들은 천재 작가들이 쓴 아름다운 이야기 세상에 빠져들며 독서 습관이 잡힙니다. 리딩 습관이 잡힌 아이들은 그들의 사고방식, 문화, 언어를 자연스럽게 터득하는 효과를 얻습니다.

아이들은 영어 동화책, 영어 원서에 자주 등장하는 핼러윈 파티, 파자마 파티, 크리스마스 파티, 체스 게임, 마을 단위 축제 등을 읽으면서 서양 문화와 놀이를 배우고 느낍니다.

[사진 출처: Henry & Mudge 시리즈 중 일부]

위에 잠깐 언급했지만 원서 리딩 많이 한 아이들은 상황에 맞는 원어민 뉘앙스 표현을 그대로 배우고 익힐 수 있습니다. 예를 들면 '그 강아지는 어디에 있을까?'라고 한다면 한국식 과 영어식은 어떻게

표현할까요? 너무 쉬워서 대부분 한국인은 'Where is the puppy?'
라고만 글과 말로 표현합니다. 이렇게 표현하면 문법적으로 맞
는 표현이지만 아무 느낌이 없습니다. 그런데 아이들이 좋아하는
《Calendar Mystery Series: December Dog: 리딩 레벨 3.1》에 이런
표현이 나옵니다.

[사진 출처: Calendar Mystery Series: December Dog 중 일부]

  이야기 속 주인공이 강아지가 없어져 찾고 있는 상황입니다. 추
측, 궁금함이 내포되어 있어야 느낌과 상황에 맞는 표현이 됩니다.
거기에는 "Where could(can) the puppy be?"라고 나옵니다. 조동사
can(가능성/추측)을 넣어서 추측을 더해 줍니다. Can보다는 could
를 씀으로써 가능성, 추측에 대한 확신을 약하게 표현했습니다. 그
럴 수도, 아닐 수도 있는, 약간의 염려와 근심이 들어간 뉘앙스가 살
아 있는 표현이 되는 거지요. 이런 간단한 영어라도 한국인 교사가
만든 영어 교재에서는 찾아보기 힘든 표현들입니다.

SR 5점대 돌파! 챕터북, 뉴베리 300권 읽더니 하버드를 꿈꾸기 시작했다!

이처럼 뉘앙스가 살아 있는 영어, 상황에 맞는 영어, 영미권 문화를 배울 수 있는 영어, 영어식 사고력이 자라는 영어, 영미권 사람들과 마음과 마음이 통하는 영어는 오로지 원서 리딩 읽는 아이들만 얻을 수 있는 혜택입니다.

'아' 다르고 '어' 다른 콩글리시 리딩과 원서 리딩, 내 아이가 글로벌 꿈을 키우기 위해서 지금 어떤 영어책으로 읽고 배워야 할지 해답을 찾았겠지요.

> "전력 질주하는 말은 다른 경주마를 곁눈질하지 않는다. 다만 자신의 힘을 최대한 발휘하는 일에만 온 신경을 집중시킨다."
>
> −헨리 폰다−

02

구멍난 영어 실력을 확실하게 메꾸는
노하우

아이가 영어학원 다닌 지는 꽤 오래되었습니다. 그런데 도무지 영어 실력이 올라가지 못하고 정체된다면 참으로 안타까운 일입니다. 학원 진도는 자꾸 나갑니다. 받아오는 영어책 수준은 점점 어려워집니다. 아이 영어 실력이 그만큼 따라가지 못하고 여기저기 구멍 난 부분이 있다면 어떻게 할까요?

보통 영어학원들은 비슷한 수준끼리 6~12명씩 그룹 수업을 합니다. 2~3명은 잘 따라가지만 나머지 아이들은 못 따라가는 경우가 많습니다. 아무리 반을 세분하여 운영하는 유명 어학원이라도 이런 문제점은 계속 생깁니다. 단지 학부모들만 모르고 있습니다.

어디서나 Class 수업을 따라가지 못하는 아이들은 항상 존재하기 마련입니다. 우리 아이가 다니는 학원에서 들러리 역할만 하고 있다면 엄마의 기분은 무척 속상할 것입니다. 기본 실력이 약해서 수업을 못 따라가고 있는데 계속 진도만 나간다고 해서 실력이 올라갈 수 있을까요? 그렇다고 그 학원 수업 따라잡자고 개인 과외를 붙이는 이중 수고까지 할 필요는 없습니다. 혹 개인 과외를 한다 한들 진정한 해결책이 될 수 없습니다.

그렇다면 우리 아이의 구멍 난 영어 실력을 어떻게 메꿔야 할까요? 또래 언어! 많이 들어 보셨지요. 자기 나이 또래, 자기 수준의 영어책으로 자연스럽게 언어를 터득하는 것을 말합니다. 또래 언어를 익힌다는 것은 언어를 몸에 체화시키는 과정입니다. 언어가 몸에 체화되면 몸이 기억하는 무의식 반응의 영어가 만들어집니다. 즉문 즉답이 가능하며 자유자재로 영어를 구사할 수 있습니다.

또래 언어를 한국에서 체화시킬 수 있는 유일한 방법은 무엇일까요? 바로 이해 가능한 본인 수준의 영어 원서를 찾아서 읽는 것입니다. 또래 언어는 어떤 유명 어학원도 채워 주지 못합니다. 그 어학원의 수업 방법이 잘못되었다는 뜻이 아닙니다. 시스템상 어떤 교사라도 아이 수준에 맞게 1:1로 체화시킬 수 없습니다. 결국 또래 언어를 체화시키려면 자기 수준에 맞는 책을 수백 권 이상 읽는 수밖에 없습니다.

엄마표 영어로 집에서 읽든지, 영어 도서관을 이용하여 체계적으로 읽든지, 둘 중에 하나를 선택해야 합니다. 아이가 이해할 수준의 흥미 있는 영어책을 함빡 읽을 때 구멍 난 영어가 채워집니다. 수준이 안되는 아이한테 억지로 레벨을 올려 본들 소용이 없습니다. 설사 올라간다고 하더라도 소화하지 못하고 다시 내려옵니다.

단어를 한꺼번에 많이 외운다고 해서 올라가는 게 아닙니다. 문법책을 여러 권 뗀다고 해도 마찬가지입니다. 영어 문장을 많이 외운다고 해서 또래 언어가 습득되는 게 아닙니다. 현재 아이 수준을 고려하여 이해할 수 있는 쉬운 영어책부터 읽기 시작하면 됩니다. 그런 책을 읽으면 굳이 한국말로 따로 해석할 필요가 없어집니다. 스토리를 읽는 대로 바로 읽고, 바로 영어로 이해하기 때문입니다. 어려운 단어가 페이지마다 나오겠지만 문맥을 통해서 유추하면서 읽는 것도 필요합니다.

일종의 뉘앙스 영어, 느낌으로 아는 영어 단어와 문장이 점점 많아집니다. 뉘앙스 영어는 원서 리딩을 많이 한 아이들만 체득할 수 있는 노하우입니다. 빠른 레벨 업을 원한다면 책 속에 나오는 어려운 단어는 별도의 단어 노트에 정리하여 적극적으로 외우는 노력이 필요합니다. 그런 적극적인 노력을 한 아이일수록 빠른 성취도를 보입니다.

SR 레벨별 빈도수 높은 단계별 어휘집을 활용하는 것도 레벨 업에 도움이 됩니다. 그런 훈련을 통해서 어휘력도 키우고, 문장 이해력을 키운 아이들은 구멍 난 영어 실력이 채워집니다. 왜 영어권 아이들이 SR 레벨 높이는데 1년 정도의 시간을 소요할까요? 그 아이들이 한국 아이들보다 영어를 못해서일까요? 영어 구사 능력이 월등히 뛰어남에도 불구하고 또래 수준의 책들을 1년 동안 읽는 이유가 무엇일까요?

그 이유는 단 하나, 또래 언어로 표현된 수백 권의 책을 읽어야 체화된 영어로 평생 활용할 수 있기 때문입니다. 우리 아이들도 구멍 난 영어를 채우려면 느리게 가더라도 자기 수준의 책을 원어민 아이들만큼 읽으면 됩니다. 실제로 어릴 때부터 원서 리딩한 아이들은 원어민 아이보다 더 많은 책을 읽은 아이들도 꽤 있습니다.

SR 5점대 돌파! 챕터북, 뉴베리 300권 읽더니 하버드를 꿈꾸기 시작했다!

그런 아이들은 영어 내공이 쌓여서 어떤 영어를 만나더라도 능히 응용할 수 있습니다. 무너지지 않은 영어 실력자가 됩니다. 원서 리딩은 되도록이면 일찍 시작하고, 많이 읽을수록 유리합니다.

늦게 시작했거나 고학년 때 시작하는 아이라면 어떻게 할까요? 목표 리딩 레벨을 조금 낮게 잡고 시작하면 됩니다. 잘하는 주변 또래 친구들과 비교하지 않아야 조급한 마음을 버릴 수 있습니다. 출발이 늦은 경우는 어쩔 수 없음을 인정하고 옆에서 격려하고 도와주어야 합니다. 늦게 시작했으니 시간과 양을 늘리면 읽기 가속도가 붙을 때가 옵니다. 그때부터 영어에 자신감이 붙고 실력이 올라가기 시작합니다.

초등 졸업 때까지 일정 수준의 SR 5점대 실력(→ 현재 우리나라 중3 영어 교과서를 읽고 이해할 수 있는 실력)을 목표로 집중할 필요가 있습니다. 고학년이기 때문에 이해도나 성취도는 저학년들보다 훨씬 빠르게 성장합니다. 영어 감각도 15세까지는 왕성하게 성장하기 때문에 전혀 문제될 게 없습니다. 15세까지라도 영어를 체화시켜 일정 리딩 레벨을 만든 아이들은 중, 고등 영어에서 승승장구할 수 있습니다.

그나마 초등 시절이 리딩을 통해서 고급레벨을 따라잡을 수 있는 유일한 기회입니다. 수준별 영어 원서를 체계적으로 함빡 읽어야 아이의 영어 기본기를 바로잡을 수 있습니다. 이게 바로 구멍 난 영어 실력을 확실하게 메꾸는 노하우입니다.

"더 많은 목표를 세울수록 더 많은 목표를 성취하게 된다."

–마크 빅터 한센–

03

상식을 뛰어넘는
탁월한 영어책 읽기란?

처음 영어 동화책, 영어 원서 읽을 때 어떻게 리딩하느냐가 대단히 중요합니다. 첫 단추를 잘 끼워야 합니다. 엄마의 상식, 고정 관념, 선입관으로 리딩 지도한 아이들은 대부분 실패합니다. 왜 그럴까요? 요즘 아이들 리딩하는 방법은 예전 엄마 세대와는 확연히 다릅니다.

엄마 세대처럼 일일이 모르는 단어 찾아서 외우고, 한 문장씩 해석하고, 문법적으로 분석하며 읽지 않습니다. 그런데도 엄마보다 더 빨리 읽고 이해합니다. 엄마가 보기에도 신기하지 않나요? 우리 아이가 영어 영재일까요? 어째서 언어 감각이 나보다 월등히 뛰어날까요? 한글도 아닌 영어를 어떻게 영어로 바로 읽고 이해할까요? 신기한 이유는 아래와 같습니다.

첫째, 영어 노출 환경이 예전 엄마 세대와는 비교할 수 없을 만큼

SR 5점대 돌파! 챕터북, 뉴베리 300권 읽더니 하버드를 꿈꾸기 시작했다!

차이가 큽니다. 특히 영어 교육에 관심있는 엄마들은 아기 때부터 수없이 영어 동요, 영어 동화책, 디즈니 오리지널 영화 등 첨단 미디어를 최대한 활용합니다. 게다가 영어유치원이나 어학원에 다녔던 아이들은 원어민 교사들과 수시로 어울리니 영어 노출로 인한 원어민식 사고(思考)가 자연스럽게 형성되어 있습니다. 물론 엄마들 중 간혹 영어 교육에 대한 무신경으로 초3까지 별다른 영어 교육을 시키지 않은 아이들도 있습니다. 그런 아이들은 예외입니다.

둘째, 어릴 때부터 영어 소리에 익숙한 아이들은 영어 글자, 영어 문장을 이미지로 받아들이는 능력이 출중합니다. 아이 레벨에 맞는 영어 동화책을 주면 모르는 단어가 섞여 있더라도 어려워하지 않고 그림 이미지나 문맥을 통해서 유추하며 읽어 나가는 힘이 있습니다. 영어 소리와 이미지를 통한 글자의 매칭이 빠르기 때문에 한글 해석 없이 영어로 읽고 영어로 이해하는 것입니다.

셋째, 신나는 영어 동화책, 영어 만화 영화, 영어 방송 등을 보면서 몰입하는 경험, 감정 이입의 경험을 많이 합니다. 그래서 영어 자체를 통으로, 느낌으로, 뉘앙스로 바로 받아들입니다. 이런 3가지 이유 때문에 엄마 세대가 배웠던 영어 방법대로 아이를 가르치면 실패합니다. 요즘 아이들은 요즘 방식대로 영어를 가르치고 배워야 습득이 빠르고 레벨이 잘 올라갑니다. 영어 영재 된 아이들은 아래와 같은 방식으로 원서 리딩을 합니다.

리딩 레벨을 정확히 파악한 후에 자기 수준에 맞는 책을 골라 읽기 때문에 해석 없이 바로 읽고 이해하는 책을 읽습니다. 만약 바로 읽고 이해하지 못한다면 책 레벨을 잘못 선택한 것이기 때문에 이해되는 쉬운 책으로 바꿔서 읽으면 됩니다. 원서 리딩법과 일반 영어 학습법의 차이가 여기서 갈라집니다. 일반 영어 학습법처럼 이해도 안 되는 어려운 책을 붙잡고 단어 일일이 찾아가며 억지로 해석하며 읽을 필요가 없습니다.

무릇 다독이란 본인 수준의 책을 옆으로 펼치면서 수백 권 읽는 경우를 말합니다. 본인 수준의 책들을 Horizon Reading(- 수평선 읽기)하다 보면 영어가 체화되고 몸이 기억하는 영어가 만들어집니다. 그렇다고 다독하는 아이들이 단어 공부를 전혀 안 하는 것은 아닙니다. 어려운 단어는 그때 그때 단어 노트에 정리하면서 영한과 영영으로 외우는 노력도 꾸준히 합니다. 책 내용이 궁금해서 스스로 찾고 싶은 단어를 찾아서 외우니 효율이 높습니다. 어휘력이 높아져야 점점 수준 높은 책을 읽어 나갈 힘이 생깁니다.

일일이 구문 분석하면서 읽지 않습니다. 말이 좋아 구문 분석이지 실상은 문법적 분석을 통해 한국말로 해석하며 읽는 것을 말합니다. 이와 같은 구문 분석 리딩 습관을 갖게 되면 글밥이 얇은 초, 중급책들은 가능합니다. 하지만 100페이지 이상 되는 고급레벨 책은 절대 읽을 수 없습니다.

구문 분석하는 잘못된 리딩 습관이 잡힌 아이들은 고급레벨로 올라가기가 어렵습니다. 그런 아이들은 글밥이 있는 원서 리딩을 두려워하다가 결국 포기합니다. 원서 리딩을 깊이 있게 안 해 본 분들이나, 원서 리딩의 효과를 모르는 분들은 구문 분석 없이 읽으면 정확도가 떨어지는 게 아니냐고 묻습니다.

정확도가 다소 떨어지는 것은 있을 수 있습니다. 70~80% 이해하며 읽기도 하지만 그런 다독을 해야만 영어가 숙달되고 영어 독서 내공이 쌓입니다. 영어 독서 내공이 쌓여야 빠른 속독이 가능하며 결국은 원어민 아이처럼 읽고 이해하는 실력을 갖추게 됩니다.

양이 질을 압도할 만큼 다독 훈련을 하다 보면 영어 수준이 한 단계 훌쩍 올라가는 티핑 포인트, 즉 변곡점을 경험할 수 있습니다. 이러한 변곡점을 경험한 아이들이 결국 영어 영재가 됩니다. 이런 경험을 못 해 봤거나, 자기 아이가 원서를 불과 몇 권 밖에 읽지 않았던 엄마들은 이게 과연 가능할까 의심하면서 이해하지 못합니다. 그래서 다독할 수 있는 시간적 여유가 있는 초등 시절을 놓치지 않아야 합니다. 꾸준히 읽을 수 있는 시스템, 환경을 만나야 성공합니다.

감정 이입이 일어나며 재미있게 몰입할 수 있는 책들을 많이 읽습니다. 이런 책들은 대충 읽는 것 같지만 스토리에 빠져들기 때문에 흡수가 빠르며 원어민식 사고(思考)로 읽는 효과가 나타납니다. 읽고 나면 스토리가 생각나서 영어 표현 생성 능력이 생깁니다. 줄거리를 영어로 말할 수 있는 실력이 쌓입니다. 이처럼 영어 영재들의 리딩 노하우를 어릴 때부터 실천하면 원어민 아이처럼 읽고 이해하는 영어 능력자가 됩니다.

이런 아이를 만들려면 엄마 세대가 했던 영어 독해법의 선입관을 완전히 버려야 합니다. 원어민식 사고(思考)로 읽는 원서 리딩 법으로 리딩 방법을 확! 바꿔야 영어 영재를 만들 수 있습니다. 영어 영재 만드는 확연히 다른 리딩 방법, 내 아이 영어 자유인을 만들기 위해서 지금부터 바로 실천해 보는 것은 어떨까요?

"위대한 것을 성취하려면 행동할 뿐 아니라, 꿈을 꿔야
한다."

-아나톨 프랑스-

SR 5점대 돌파! 챕터북, 뉴베리 300권 읽더니 하버드를 꿈꾸기 시작했다!

04

초4가 SR 레벨 11점대,
과연 영어 영재는 타고나는 것일까?

영어 도서관 운영하면서 SR 레벨 테스트하다가 가끔씩 깜짝 놀랄 만한 학생들을 자주 만나곤 합니다. 초4임에도 불구하고 SR이 무려 11.4(- 미국 고등학교 2학년 4개월 차 영어 수준)가 나오는 아이도 만납니다.

이제 초2, 초3인데 SR 8점대 이상 나오는 아이를 만나기도 합니다. 이 정도 수준이면 원서 리딩하는 같은 또래 학년에서는 단연 Top에 속할 것입니다. 영어권 초4 이상 아이들도 이 정도 레벨 받는 게 쉽지 않습니다. SR에서 평가할 수 있는 최고 독서 레벨이 12.9(- 미국 고등 3학년 9개월 차 수준)이기 때문입니다. 보통 SR 8점대 이상 나온 아이들은 영어책을 마치 한글책 읽듯이 술술 빠르게 읽습니다.

발음과 리듬은 원어민 아이처럼 읽습니다. 원어민과 자유로운 회화가 가능하며 수준 높은 에세이도 제법 쓸 수 있습니다. 속독 실력과 독서 습관이 잡혀서 100페이지 넘는 두꺼운 원서를 앉은 자리에서 3~4시간 만에 '뚝딱' 읽어 냅니다. 스토리 내용을 물어보면 대부분 기억합니다. 어려운 단어도 사전 뜻에 맞게 유추해 냅니다. 이 정도 고급레벨이 되기까지 어떻게 영어 공부했을까요?

물론 엄마의 절대적인 영어 환경 만들기와 교육적 지원이 있었습니다. 아이가 태어나면서 가정에서부터 먼저 영어책 읽는 환경을 만들었다는 공통점이 있습니다. 요즘 같은 디지털 영상 매체 시대임에도 불구하고 아날로그 종이책을 고집하며 함빡 읽은 아이들입니다. 어린 나이에 영어 영재가 된 여러 아이들의 빅데이터를 분석해 보면 아래 몇 가지 공통점을 발견할 수 있습니다.

이들 영어 영재 중에서는 영유(영어유치원) 출신도 있고, 일유(일반유치원) 출신도 있습니다. 비율적으로 본다면 영유 출신 아이들이 더 많은 건 사실입니다. 그만큼 영유 다니면서 시간과 비용을 많이 투자했기 때문입니다. 하지만 일유 출신 아이들도 더러 있습니다. 일유 출신이지만 엄마표 영어로 꾸준히 영어 리딩 환경을 만들어 준 경우는 달랐습니다. 초등 들어가면서 본격적으로 원서 리딩을 한 아이도 있습니다. 초4가 SR 11.4 나온 아이가 바로 그런 경우였습니다.

온갖 재미난 게임, 동영상들이 애, 어른 가리지 않고 무차별 유혹하는 세상인데 어떻게 이게 가능할까요? 혹시 그런 아이는 기질적으로 책을 좋아하거나 언어 천재성을 타고난 게 아닐까요? 그런 아이를 처음 만나는 분들은 혹 그렇게 생각할 수도 있습니다.

그런데 영어 영재는 기질적이거나 타고나는 게 절대 아님을 영어 영재가 된 수백 명을 통해서 확인할 수 있었습니다. 영어 영재가 되

SR 5점대 돌파! 챕터북, 뉴베리 300권 읽더니 하버드를 꿈꾸기 시작했다!

기까지 남다른 엄마의 노력이 뒷받침되었습니다. 어릴 때부터 영어 독서 습관 잡힌 아이가 단지 영어 원서를 남보다 함빡 많이 읽은 결과입니다. 재미도 없고 이해도 안 되는 책을 그렇게 읽었을까요?

만약 엄마의 강요나 어려운 책을 억지로 읽게 한다면 10분도 집중하기 힘든 게 아이들입니다. 재미있으니까, 이해되니까, 저절로 몰입하게 됩니다. 그런 아이들은 유튜브나 게임, 동영상을 틀어 주어도 거들떠보지 않습니다. 이유는 책이 더 재밌으니까요. 더 재밌는 것을 만났는데 굳이 그럴 필요성을 못 느끼는 거지요. 영어책을 일일이 한국말로 해석하지 않아도 되니까 영어 자체를 즐기면서 직독직해합니다.

이런 아이들은 엄청난 집중력을 발휘합니다. 많이 읽는 날은 하루 7권 이상 읽기도 합니다. 그러기 위해서는 황홀경에 빠질 수 있는 영어책을 만나는 것이 우선입니다. 그런 책을 골라 주는 안목과 전문가다운 영어 원서의 지속적 제공이 필요합니다. 영어 영재 아이들은 영어나, 국어나, 모든 학습에서 뛰어난 성취도를 발휘합니다.

원서 리딩을 많이 한다는 것은 단순히 영어만 잘하는 게 아닙니다. 눈에 보이지 않는 두뇌 세포가 폭발적으로 성장하는 효과를 얻습니다. SR 8점대 이상 영어 독서 내공이 쌓인 아이들은 어학원이나 일반 영어학원에서는 배울 게 별로 없습니다. 왜냐하면 굳이 문법을 배우지 않아도 문장 구조에 대한 문법적 사항이 체화되어 있습니다. 영어권 아이만큼 자유롭게 글을 독해하며 쓸 수 있습니다.

그저 영어 독서만 하고 있어도 실력이 꾸준히 올라가는 단계입니다. 한창 성장하는 아이의 지적 성취도와 도전을 위해서 IBT 토플을 준비하거나 고등 수능 영어로 직행하기도 합니다. 바로 이런 아이들은 집중력이 높은 게 특징입니다. 집중력의 차이가 영어 실력 차이로 나타납니다.

영어 독서를 늦게 시작했거나 현재 초급인 아이들은 어떻게 할까요? 우선 영어 독서 습관을 잡아야 합니다. 독서 습관을 잡기 위해서는 온 가족이 협조해야 합니다. '한 아이를 키우려면 온 마을이 필요하다'는 아프리카 속담처럼 말이죠.

독서 습관이 잡히면 그다음 과제가 집중력을 길러 주어야 합니다. 집에서 스스로 집중을 잘하는 아이라면 별문제가 없습니다. 하지만 집에 있으면 집중을 방해하는 여러 가지 유혹에 마음 빼앗기기 쉽습니다. 더군다나 워킹맘 같은 경우는 엄마가 감독을 못하니 아이 스스로 영어책 읽기가 너무나 힘듭니다. 그래서 관리를 철저히 하는 영도에 대부분 아이를 맡깁니다.

필자가 운영하는 영도에 오면 집에서는 10분도 집중하지 않던 아이가 영도에서는 2시간 이상 집중력을 발휘하며 읽습니다. 오로지 원서 리딩에 빠지도록 방해 요소를 차단합니다. 재미있는 영어책을 통해서 읽기, 듣기, 쓰기, 말하기, 어휘력 훈련을 합니다. 스토리의 힘 때문에 일반 영어 학습보다 시너지 효과가 훨씬 뛰어납니다.

수백 권 영어 독서 내공이 쌓인 아이들은 바로 영어 실력 향상으로 나타납니다. 얼마 전에 영도 다니면서 효과를 못 봤다는 이야기를 맘 카페에서 읽은 적이 있었습니다. 그건 아이 수준에 맞는 수평선 읽기를 체계적으로 지도하지 않은 원인이 가장 큽니다. 이해도 안되는 책을 아이가 건성으로 읽어도 관리 소홀로 그냥 패스했을 수

있습니다. 레벨 업을 위한 체계적인 어휘 훈련을 지속적으로 뒷받침
하지 않았기 때문입니다.

읽고도 이해를 못 하거나, 한글 해석을 못하는 경우가 이런 훈련
부족으로 나타납니다. 올바른 영어 독서 지도를 했다면 이런 경우는
거의 없습니다. 내 아이가 영어 영재 되기를 바라세요? 먼저 영어 독
서 습관부터 잡아야 합니다. 어떻게 독서 습관 잡을지는 이미 수백
분들이 언급했기 때문에 생략하겠습니다.

그다음은 황홀경에 빠질 영어 원서를 체계적으로 제공해야 합니
다. 그다음은 집에서나, 영도에서나, 영어책에 집중할 수 있는 시스
템을 만나야 합니다. 그런 아이들 중에서 깜짝 놀랄 SR 8점대, 9점
대, 10점대 이상이 나옵니다. 영어 영재는 타고나는 것이 아니라 책
읽는 환경, 독서 습관, 체계적인 시스템에 의해 만들어집니다.

"The greatest gift is a passion for reading."

-Elizabeth Hardwick-

05

영어가 탁! 터지는
폭발적인 원서 리딩

"진호 엄마, 진호는 지금까지 영어책을 몇 권 정도 읽었길래 영어를 그렇게 잘 하는 거예요?" "우리 애가 그러는데 진호는 SR도 높고 두꺼운 영어책을 거침없이 읽는다면서요?" "우리 애는 이제 얇은 챕터북을 읽기 시작했는데 그것도 어렵다고 하니 어떡하면 좋아요?"

엄마들이 모여 있는 곳에서는 이런 대화 주고받는 것을 심심찮게 들을 수 있습니다. 그만큼 원서 리딩이 요즘 영어 교육의 대세요, 트렌드이기 때문입니다. 집집마다 영어책이 적게는 수십 권, 많게는 수백 권 이상 있는 집들이 많습니다. 어떤 집은 작은 영도를 운영해도 될 만큼의 영어 원서를 보유한 집도 있습니다.

영어책에 둘러 싸여 원서 리딩을 꾸준히 한 아이들은 파닉스는 저절로 깨우칩니다. 영어 실력이 눈부시게 발전합니다. 문제는 꾸준히 읽어야 효과 볼 수 있는데 그렇지 못한 아이들이 의외로 많습니다.

SR 5점대 돌파! 챕터북, 뉴베리 300권 읽더니 하버드를 꿈꾸기 시작했다!

적어도 원서 리딩을 시작했다면 Tipping Point(변환점)를 경험할 때까지 읽어야 합니다. 리딩의 티핑 포인트란 리딩의 질적 변화, 즉 폭발적인 원서 리딩이 일어나는 단계를 말합니다.

원서 리딩을 한다고 했지만 아직 원서 리딩의 폭발적인 힘이 무엇인지, 어떤 효과가 있는지, 티핑 포인트가 무엇인지, 전혀 경험하지 못한 아이들이 너무나 많습니다. 대개 이런 아이들은 어쩌다 리딩을 한 경우입니다. 영어 공부의 새로운 길이 열릴 만큼의 꾸준한 원서 리딩을 집중적으로 하지 않았기 때문입니다.

그렇다면 막혀 있던 영어 길이 뚫리고 영어 내공이 쌓이는 폭발적인 원서 리딩을 경험하려면 어떻게 해야 할까요?

첫째, 읽기 황홀감에 빠질 영어책을 만나야 합니다. 수준에 맞는 리딩 원서, 읽기 재미에 빠질 수 있는 영어책을 만나야 끝까지 읽게 됩니다. 그런 책을 체계적으로 제공해 줄 때 아이가 책을 가까이하고 독서 습관이 쌓이게 됩니다. 요즘 SNS를 통해서 엄마들끼리 인기 있는 영어책 목록 정보를 서로 간에 주고받는 세상입니다. 물론 단계별 영어 리딩 책을 체계적으로 읽고 지도받기 위해서는 전문 영어 도서관의 도움이 필요합니다.

둘째, Horizon Reading, 즉 수평선 읽기를 해야 합니다. 아이 수준에서 자유롭게 읽을 수 있는 리딩 책들을 옆으로 수백 권 이상 쫘~악 펼쳐 놓은 것을 말합니다. 아무거나 손에 닿는 대로 읽어도 바로 이해하며 읽을 수 있는 책들을 말합니다. 그런 책들을 읽다 보면 읽기의 감을 잡을 수 있습니다. 영어 스토리에 빠지기 때문에 특별히 한국말 해석이 필요치 않습니다. 읽는 대로 직독직해할 수 있으니까요. 그렇다면 그런 영어 동화책, 영어 원서 목록들은 어디에서 구할까요? 재미있는 영어 도서 목록은 인터넷 검색하면 엄마표 영어 하신 분들이 올려 놓은 레벨별 도서 자료들을 쉽게 구할 수 있습니다. 또 여러 영어 독서 선문가들이 쓴 책 여기저기에 필독서 목록들을 확인할 수 있습니다. 필자도 레벨별 영미 필독서 목록을 올릴까 생각했지만 너무 중복되는 것 같아서 생략합니다.

셋째, 중간에 쉬지 않고 연속해서 영어책 300권(- AR 북 레벨 3점대 이상 책)읽는 꾸준함이 있어야 합니다. 원서 리딩을 하다, 말다, 하면 효과가 떨어집니다. 어쩌다 한두 권씩 읽어서는 영어 독서 내공이 쌓이지 않습니다. 어쩌다, 가끔씩, 생각날 때, 원서 리딩하는 아이들을 만나 보면 리딩 레벨이 1년 전이나 지금이나 제자리 걸음인 경우가 많습니다. 물론 안 읽는 것보다는 낫다고 생각할지 모르지만 영어 실력 향상을 기대할 수 없습니다.

Tipping Point를 경험하려면 집중해서 함박눈 내리듯이 함빡 읽는 기간이 필요합니다. 이 기간 동안은 앞도, 뒤도, 옆도, 돌아보지 말고 오직 나만의 리딩 페이스를 유지하며 집중해서 꾸준히 읽어야 합니다.

그래서 첫 2년간, 영어책 300권 읽기는 리딩 고속도로를 닦기 위한 중요한 과정입니다. 하다 말다, 여기저기, 삽질만 해 놓으면 고속도로를 완성할 수 없는 것과 같은 이치입니다. 간헐적 읽기로는 3년, 5년을 해도 효과 보기 힘든 게 원서 리딩입니다. 반면에 집중해서 꾸준히 읽은 아이들은 Tipping Point가 생각보다 빨리 찾아옵니다.

이처럼 영어 벽을 뚫는 폭발적인 원서 리딩, Tipping Point를 경험하기 위해서는 위의 3가지 조건을 갖추는 게 중요합니다. 이러한 티핑 포인트를 경험하기 위해서는 온 가족의 협조가 필요합니다. 우선 가정에서도 영어 독서 환경을 만들어야 합니다. 그런 환경을 만들기 힘들거나 지속적인 지도와 체크가 힘들다면 철저히 지도 관리하는 전문 영어 도서관의 도움을 받는 게 좋습니다.

이해도 안 되는 책을 그냥 읽는다고 되는 게 아닙니다. 체계적인 어휘 훈련도 하지 않은 채 연속해서 300권 읽는다고 해서 Tipping Point가 일어나지 않습니다. 리딩의 질적 변화를 경험하려면 책을 읽을 때마다 한 권, 한 권씩, 매듭짓는 확인과 어휘 훈련은 필수입니다. 어휘력은 수백 권의 책을 읽으면 노출과 반복을 통해서 저절로 아는 단어가 많아지는 효과가 있습니다.

그런데 언어 감각이 약하거나 단어 암기력이 약한 아이는 별도의 어휘 훈련을 하지 않으면 정확도가 떨어집니다. 영어책을 읽을 때마다 한 페이지당 모르는 단어가 10개 이상 나오면 읽어도 무슨 말인지 이해가 안 됩니다. 그런 경우는 별도의 리딩 노트에 단어를 정리한 후 외우려는 적극적인 노력이 필요합니다.

영어 원서를 많이 읽는 아이들은 스토리 속에서 수천 개의 단어를 만나니 일반 영어 학습 단어 암기보다 훨씬 효율이 뛰어납니다. 노출과 반복 읽기를 통해서 영어 독해력과 어휘력이 폭발적으로 성장하는 경험을 할 수 있습니다. 아이 수준에서 쉽다는 것은 모르는 단어가 거의 없다는 뜻입니다. 수준 높은 책을 읽으려면 어려운 단어 훈련을 병행해야 합니다. 계속 쉬운 책만 읽어서는 레벨 업을 할 수 없습니다.

레벨 업을 원하고 수준 높은 원서 리딩으로 도약하기 위해서는 SR 점대별 필수 어휘 훈련집으로 [영한+영영]으로 함께 외우는 과정이 필요합니다. 오랫동안 영어책을 읽었는데도 불구하고 레벨 업을 못하고 정체기를 겪는 아이들이 많습니다. 그런 아이들을 테스트해 보면 90% 이상이 어휘력 부족 때문에 정체기를 겪습니다.

어휘력만 체계적으로 훈련해도 리딩 이해력이나 영어 문장에 대한 감각이 확실히 살아납니다. 제대로 지도하는 영어 도서관이라면 단어 훈련을 영한만 하지 않습니다. 반드시 영영도 함께 훈련합니다. 그런 영도에서 체계적으로 원서 리딩한 아이들은 리딩의 Tipping Point를 경험할 수 있습니다. Tipping Point로 폭발적인 원서 리딩 단계에 올라가면 아이에게 어떤 현상이 일어날까요?

첫째, 직독직해력의 향상으로 영어책 읽기 속도가 한글책만큼 빨라집니다.

둘째, 어휘력, 독해력, 사고력이 급상승합니다.

셋째, 시간만 나면 영어책을 손에 들고 다니며 시간 가는 줄 모르고 읽습니다.

넷째, 영어로 말을 하고, 영어로 상상하고, 영어로 글을 자유롭게 쓸 수 있습니다.

다섯째, 영어 드라마를 자막 없이 바로 알아듣고 이해합니다.

여섯째, 유튜브, 게임, 동영상 등을 자연스럽게 멀리합니다.

영어 벽을 뚫고, 영어가 탁! 터지는 폭발적인 원서 리딩, 내 아이에게도 일어나기를 원하세요? 아직도 챕터북을 읽기를 어려워하고 원서 리딩에 집중하지 못하나요? 이제 고학년이라 중등 내신 때문에 마음이 조급한가요?

영어가 자유로운 내 아이, 영어가 탁! 터지는 폭발적인 원서 리딩을 경험하기 원한다면 지금 당장 원서 리딩에 도전하게 하세요. Tipping Point, 폭발적인 원서 리딩을 경험한다는 것은 아이 인생에서 엄청난 보물을 소유하는 것입니다. 아이마다 기간에 차이는 있을지 언정 반드시 티핑 포인트, 폭발적인 원서 리딩을 경험할 수 있으며 영어 벽을 뚫을 수 있습니다.

"매일 아침 삶의 목표를 생각하며 일어나라."

-아이제이아 토마스-

06

공부 잔소리가
필요 없는 아이들

아이 키우면서 공부해라, 숙제해라, 게임 그만해라, 책 좀 읽어라, 이런 잔소리를 안 하는 분들이 없을 것입니다. 만약 그런 잔소리가 필요 없이 스스로 공부하는 아이라면 부모의 마음은 어떨까요? 너무나 흐뭇하고 대견할 것입니다. 실제 그런 아이를 만든 세 엄마들과 인터뷰한 내용입니다.

2022년도 수능은 11월 18일에 끝났습니다. 그 당시 수능 지원자는 507,129명이었고 실제 응사자는 452,222명(교육부 자료 참고)이었다고 합니다. 그들 중에서 상위 1% 안에 속하는 4,522명의 학생들은 실제 어떻게 공부했을까요?

우리 아이들도 몇 년 뒤에 고3이 됩니다. 과연 수능 1% 안에 들어가는 인재가 되어 원하는 대학에 진학할 수 있을까요? 지금 자녀가 아직 초, 중이니까 먼 나라 이야기로 들리세요? 하지만 준비하지 않으면 불과 몇 년 사이에 금세 코앞에 닥칩니다. 수능 시험 끝나고 나서 며칠 사이에 알고 지내던 A, B, C, 세 분의 엄마들과 전화 인터뷰를 했습니다. 세 분 엄마는 자녀가 수능 전국 상위 1% 안에 들어갔던 분들입니다.

A분은 자녀가 울산여고 나왔습니다. 배우 김태희가 다녔던 울산여고 2년 후배였습니다. 우수한 수능 성적으로 서울대 공대를 지원하려다 울산 가까운 경북대 의대를 지원했습니다. 지금은 의사로서 경북대 의대 교수로 재직하고 있습니다.

B분은 목동에 사는 분이며 큰아들은 명덕외고 나온 후에 고려대 경영학과, 둘째 아들은 신목고 나온 후에 서울대 수의학과, 그래서 현재 큰아들은 대기업 재직, 둘째 아들은 서울대 수의학과에서 석사 과정을 공부하고 있습니다.

C분도 목동 분이며 자녀가 대원외고 나오고 현재 서울대에 다니고 있습니다. 요즘 말로 하면 소위 잘나가는 의대 교수, SKY 대학 출신들입니다. 세 분의 자녀 모두 중, 고등 시절 학교 내에서 TOP을 달리다 수능 1% 안에 들어가는 성적으로 원하는 대학을 다녔습니다. 공부와 학벌이 인생의 전부는 아니지만 공부를 잘하니 좋은 직장, 좋은 미래를 꿈꾸는 자리에 있는 것은 분명합니다.

이들 A, B, C 엄마들과 인터뷰하면서 느낀 것은 한결같이 아이에게 공부하라는 잔소리를 한 적이 없었다고 합니다. 그러면 처음부터 그런 아이였을까요? 요즘 아이들 중에서 디지털기기에 안 빠진 아이들이 과연 몇 명이나 될까요? 그런 환경 가운데서도 유혹에 빠지지 않고 공부에 빠지게 한 것은 엄마의 특별한 교육관이 있었기 때문입니다.

경북대 의대 교수 자녀를 둔 A분은 어릴 때부터 생활리듬이 깨지지 않도록 신경 썼다고 합니다. 규칙적인 생활(= 일정한 시간에 자고 깨며, 노는 시간, 공부하는 시간을 잘 안배함)을 하도록 특별히 배려했었다고 합니다. 어릴 때부터 공부할 수 있는 분위기와 책을 많이 읽도록 했다고 합니다.

목동에 사는 B, C분도 독서를 최우선 가치에 두었다고 합니다. 책을 많이 읽은 덕분에 언어 감각과 사고력이 남달랐다고 합니다. 카이스트 대학교 연구 논문에 의하면 언어 감각이 뛰어난 아이들이 통계적으로 공부를 잘한다고 합니다. 언어 감각의 발달은 독서와 직접적인 연관이 있는 분야입니다.

B, C 엄마들도 자녀가 국, 영, 수, 등 여러 과목을 잘하게 된 게 독서의 힘이라고 이구동성으로 말합니다. 영어 공부는 어릴 때부터 영어 원서 많이 읽힌 게 확실히 효과 있었다고 합니다. 그 효과를 체험해서인지 기회가 된다면 영도를 운영해 보고 싶다며 관심을 보였습니다.

이들의 공통점은 책을 좋아하다 보니 자연스럽게 공부하는 습관이 잡혔습니다. 한번 책을 읽거나 공부하기 시작하면 4~5시간 이상 꼼짝하지 않고 읽는다고 합니다. 그만큼 집중했다는 것이며 별명이 '방석'으로 불릴 만큼 엉덩이가 무거웠다고 합니다. 책 읽는 습관이 몸에 밴 이후로 엄마가 공부하라는 잔소리를 거의 한 적이 없었다고 합니다.

초등 때부터 그렇게 책을 많이 읽더니 중, 고등 입학해서 상위 1%

SR 5점대 돌파! 챕터북, 뉴베리 300권 읽더니 하버드를 꿈꾸기 시작했다!

안에 들어갔습니다. 스스로 공부하다 보니 사교육 학원 의존도가 중, 하위권 아이들보다 현저히 낮았습니다. 꼭 도움이 필요한 과목만 학원에서 배우고 나머지는 참고서 등을 활용하여 스스로 해결했다고 합니다.

수능 상위 1% 성적! 아무나 넘볼 수 없는 실력입니다. 전 과목을 골고루 잘해야 상위 1% 성적이 나오니까요. 이들 엄마들과 인터뷰하면서 느낀 공통점이 있습니다. 아이의 초등 저학년이나 늦어도 고학년 때 독서 습관 길러 준 것이 결정적으로 공부 잘하게 되었다는 사실입니다. 게임, 유튜브, 스마트폰에 빠지기 전에 책을 좋아하게 만드는 것, 중, 고등 입학하기 전에 독서 습관, 공부 습관 길러 주지 않으면 엄마 잔소리로는 아이를 변화시킬 수 없습니다. 게임 좋아하고, 유튜브 좋아하고, 스마트폰 끼고 있는 아이가 어떻게 공부를 잘할 수 있을까요?

학년이 더 높아지기 전에 명확한 목표나 꿈을 갖도록 하는 것, 왜 공부해야 하는지 동기 부여를 확실히 받도록 하는 것, 독서하는 분위기와 환경을 만들어 지속적으로 책과 친해지도록 만드는 것, 이게 바로 엄마 잔소리하지 않고 공부 잘하도록 하는 비결임을 세 분 엄마와 인터뷰하면서 느낀 결론입니다.

"아무 하는 일 없이 시간을 허비하지 않겠다고 맹세하라. 우리가 항상 뭔가를 한다면 놀라우리 만치 많은 일을 해낼 수 있다."

-토마스 제퍼슨-

07

SR 5점대 돌파,
신에게는 아직 15세까지 나이가 있습니다!

이순신 장군이 임진왜란 때 선조에게 상소한 유명한 한마디! "신에게는 아직 12척의 배가 있습니다."를 패러디한 제목입니다. 12척의 배로 목숨 건 전투를 통해 왜선 133척을 격파하여 대승을 거둔 역사적 사건입니다.

언어 전문가들은 영어 영재가 될 수 있는 마지노선을 보통 15세까지라고 합니다. 아이가 고학년이 되거나 중학생이 되면 잘 하고 있던 원서 리딩을 갑자기 그만두는 경우를 만납니다. 갑자기 그만두는 이유가 이제 중등 내신을 본격적으로 준비하기 위해서라고 합니다. 지금 준비하지 않으면 내신 성적 받기 어렵다는 주변 사람들 이야기 때문입니다.

이유를 들어보면 주변 엄마들의 영어 로드맵이 그런 것 같다고 합니다. 이웃집 엄마도 고학년, 중학생 되니까 내신 쪽으로 돌린다고 합니다. 우리 아이가 리딩 레벨도 낮은데 원서 리딩만 하고 있기에는 중등 내신이 불안하다는 것입니다. 이런 엄마들은 자신의 소신보다는 주변의 말에 휘둘린 분들입니다.

그렇다면 영어 영재가 된 엄마들의 올바른 영어 로드맵은 무엇일까요? 17년 이상 목동에서 영도 운영하면서 만나 본 수천 명 엄마들이 하고 있는 영어 로드맵이 있습니다. 그걸 제대로 알고 따라 하는 것은 괜찮습니다. 하지만 그렇지 못한 경우는 잘못된 선택을 하게 되니 아이 영어 성장에 문제가 발생합니다. 이 글을 처음 읽는 엄마들이 궁금해하는 목동에서 영어 영재 된 아이들의 로드맵은 무엇일까요?

필자가 블로그나 맘 카페 등에 여러 번 언급한 적이 있습니다. 다시 한번 언급하면 다음과 같습니다. 5~6세부터 초등 저학년 때까지 엄마표로 하든, 영어 도서관 학원을 이용하든, 영어 원서 수백 권 이상 읽어 최소한 SR 5점대 실력을 1차 목표로 잡습니다. SR 5점대란 미국 초등학교 5학년 수준의 영어 읽기 실력입니다. 렉사일 영어 독서 지수로는 565L~910L 사이입니다. 왜 SR 5점대 리딩 레벨을 목표로 잡을까요?

SR 5점대 수준은 현재 우리나라 중3 영어 교과서를 능히 이해하고 응용할 수 있는 실력입니다. SR 5점대 수준이 되면 원서 리딩이 탄력을 받아 영어 실력이 비약적으로 상승합니다. 현재 우리나라 중1 영어 교과서가 SR 3점대 수준, 중2 영어 교과서가 SR 4점대 수준입니다. 원서 리딩을 하기로 했으면 영어가 '탁!' 터지고 자신감이 붙는 SR 5점대 수준까지, 즉 중3 영어 수준까지 만들어야 고급레벨로

Jump-up 할 수 있습니다. SR 5점대 리딩 실력은 영어 영재가 되기 위한 첫 번째 관문이며 SR 5점대를 돌파해야 비로소 영어 벽이 뚫립니다.

아이가 초등 입학 후 몇 년 사이에 어학원을 다닐 수도 있고, 영도를 다닐 수도 있고, 일반 영어학원이나, 원어민 개인 과외를 할 수도 있습니다. 어떤 선택을 하든지 그건 엄마들이 결정할 몫입니다. 어떤 영어를 하든 그 사이에 영어 기초를 잘 다져서 영어 리딩 실력을 SR 5점대 수준까지 만드는 일을 최우선적으로 해야 합니다. SR 5점대 수준의 대표적인 원서 책 사진과 타이틀은 다음과 같습니다.

Matilda 5.0 / Diary of a Wimpy Kid Series 5점대 / To Kill a Mockingbird 5.6/ Hoot 5.2 / Thimble Summer 5.7 / Frindle (An-

drew Clements 시리즈) 5.4 / No Talking (Andrew Clements 시리즈) 5.0 / I am the Cheese 5.2/ Island of the Blue Dolphins 5.4/ Hatchet (Newbery) 5.7/ The Giver (Newbery) 5.7/ Natalie Babbitt Tuck Everlasting 5.0 / Moon over Manifest 5.3 등등

이 학원, 저 학원마다 레벨 기준이 각각 다르기 때문에 표준으로 삼는 잣대가 필요합니다. 그 잣대가 목동 어학원, 영어 도서관 리딩 학원에서 가장 많이 활용하는 영어 독서 레벨 테스트가 미국 르네상스 러닝사에서 만든 SR(- Star Reading)입니다. SR은 전 세계 영어권 나라에서 가장 많이 사용하는 공인된 영어 독서 레벨 테스트 중 하나입니다. 몇몇 리딩 학원들은 Lexile 테스트로 레벨을 결정하기도 합니다. 참고로 SR GE 독서 지수와 Lexile 독서 지수를 비교한 표는 아래와 같습니다. 여기서 GE 지수를 통상적으로 SR이라고 합니다.

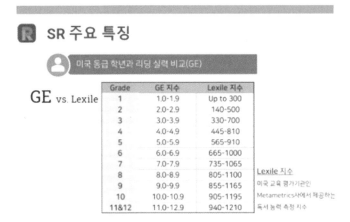

SR 주요 특징

미국 동급 학년과 리딩 실력 비교(GE)

GE vs. Lexile

Grade	GE 지수	Lexile 지수
1	1.0-1.9	Up to 300
2	2.0-2.9	140-500
3	3.0-3.9	330-700
4	4.0-4.9	445-810
5	5.0-5.9	565-910
6	6.0-6.9	665-1000
7	7.0-7.9	735-1065
8	8.0-8.9	805-1100
9	9.0-9.9	855-1165
10	10.0-10.9	905-1195
11&12	11.0-12.9	940-1210

Lexile 지수
미국 교육 평가기관인
Metametrics사에서 제공하는
독서 능력 측정 지수

RENAISSANCE

[사진 출처: 르네상스 러닝사 한국 법인 타임교육 제공]

이 기준을 토대로 일찍 준비한 아이들은 초등 저학년 때 이미 SR 7점대, 8점대 이상 되는 아이도 있습니다. 그렇지 못할 경우는 최소 SR 5점대 이상 챕터북을 자유자재로 읽을 실력을 만드는 것입니다. 이런 아이들의 영어 수준은 영미권 동 학년 원어민 수준입니다. SR 5점대 이상 실력을 갖춘 아이들의 영어 로드맵은 중등 내신, 고등 수능 영어, 혹은 IBT 토플을 준비합니다.

SR 5점대 이상 아이들이 중등 내신 쪽으로 방향을 바꾸니까 리딩의 기본 실력도 갖추지 않은 아이들이 덩달아 따라 바꾸는 것은 영어 로드맵을 잘못 판단한 것입니다. 목동 영어 정보가 늦었거나 여타 사정으로 원서 리딩을 늦게 시작한 아이들입니다. 이런 아이들은 조급한 마음을 버리고 리딩 실력 SR 5점대 수준까지 만드는 게 중등 내신 준비보다 10배나 더 중요합니다. 왜 그럴까요?

모든 뇌 과학자들이 말하길 "인간은 15세까지 신이 내린 두뇌를 갖고 있다."라고 합니다. 즉, 누구든지 15세까지 두뇌는 새로운 외국어를 배우기에 최적화되었다는 것입니다. 15세 나이, 즉 중2까지 영어 원서를 계속 읽고, 듣고, 쓰면서, 영어 어휘력을 키우면 영어 영재가 될 수 있다는 것을 의미합니다.

그런데 고학년, 중학생이 되면 "원서 리딩하기에는 너무 늦었어!"라고 하면서 일찌감치 포기하는 엄마들을 만납니다. 신이 내린 15세까지 도전해 보지 않고 내신 영어 공부하는 이웃집 아이를 따라가는 경우입니다. 잠재력이 무궁무진한 아이의 인생에서 사실 너무 늦은 때라는 것은 없습니다. 조급한 엄마들의 근시안적 시각을 버리면 아이는 다시 성장할 수 있습니다. 중, 고등, 대학까지 인생을 멀리 보고 영어 로드맵을 세우는 게 중요합니다.

천천히 가더라도 정공법으로 가는 아이가 나중에 더 빨리 갑니다. 늦은 나이에 원서 리딩을 시작했다면 리딩의 기본 실력인 챕터북을 자유자재로 읽을 수 있는 SR 5점대 레벨까지는 원서 리딩을 해야 합니다. 조급한 마음에 이걸 포기하는 엄마들을 만나면 정말 안타깝습니다.

급하다고 바늘허리에 실을 메고 바느질할 수 있을까요? 달리기도 제대로 못하는 아이에게 축구 스킬부터 먼저 가르치면 어떻게 될까요? 치고 올라갈 수 있는 기본 체력이 약하기 때문에 실력 발휘를 할 수 없습니다. 이 단계에서는 좀 더 시간을 투자하고 집중해서 직독 직해하는 원서 리딩에 눈을 뜨게 해야 합니다. 리딩 고속도로가 눈앞에 보이는데 엄마의 조급함으로 포기하고 옛날 영어 학습법으로 되돌아갑니다.

하지만 영어 영재가 될 수 있는 신이 내린 15세까지 나이는 아직 남아 있습니다. 아이의 1년, 2년은 키도, 마음도 '쑥쑥' 자라는 시기입니다. 그만큼 아이 두뇌도 엄청난 변화와 발전을 가져오며 성장합니다. 엄마들은 자기 아이를 믿는다고 하면서도 아이의 엄청난 잠재능력을 과소평가합니다. 내신 대비는 영어 리딩의 기본기를 갖추고 나서 준비해도 전혀 늦지 않습니다.

1~2년간 영어책을 함빡 읽는다면 어휘력, 독해력, 라이팅, 듣기 능력, 영어 사고력이 폭발적으로 성장합니다. 원서 리딩으로 영어 공부하고 있는 게 그저 시간 낭비하는 것이 아닙니다. 읽은 권수만큼 영어 실력으로 쌓입니다. 중등 영어에서 그대로 활용할 수 있는 든

든한 보험과 같습니다.

이순신 장군이 12척의 배로 왜선 133척을 격파한 기적을 만든 것처럼 신이 내린 15세까지 뇌는 당신의 자녀를 영어 영재로 만들 절대적인 기회입니다.

"열정과 끈기는 보통 사람을 특출하게 만들고, 무관심과 무기력은 비범한 이를 보통 사람으로 만든다."

-와드-

SR 5점대 돌파! 챕터북, 뉴베리 300권 읽더니 하버드를 꿈꾸기 시작했다!

08

원서 리딩 불꽃이 '팡팡' 터져야
영어 영재 된다

[2022년 여의도 세계 불꽃 축제 현장에서 필자가 직접 찍은 사진]

"읽기를 배우는 것은 불을 피우는 것과 같다. 철자를 제대로 발음하게 된 음절은 불꽃이 된다."《레미제라블》의 작가 빅토르 위고의 말입니다. 코로나 여파로 3년 만에 개최한 화려한 2022년도 10월 여의도 세계 불꽃 축제를 직접 관람하는 내내 빅토르 위고의 이 말이 자꾸 떠올랐습니다.

오랫동안 수많은 아이들에게 영어 독서 교육을 지도하는 영어 도서관을 운영하면서 빅토르 위고의 이 말을 수없이 목격했기 때문입니다. 빅토르 위고는 1802년생으로 프랑스에서 태어난 작가입니다. 지금으로부터 221년 전 프랑스에서 태어난 빅토르 위고가 살던 시대에 오늘날과 같은 화려한 불꽃 축제가 있었을 리 만무합니다. 어떻게 해서 저런 말을 어록으로 남겼을까요?

아마도 본인이 《레미제라블》이라는 작품을 16년이라는 긴 세월에 완성하면서 스스로 깨달은 말일 거라고 짐작합니다. 집안 거실에 있는 아궁이 앞에서 장작불을 피우면서 외롭게 글을 쓰고 있는 빅토르 위고를 떠올릴 수가 있습니다. 타오르는 장작불 속의 불꽃을 보며 《레미제라블》이라는 위대한 작품을 완성하는 동안 이 말을 했을 것입니다. 만약 빅토르 위고가 환생하여 오늘날의 여의도 세계 불꽃 축제를 봤더라면 자신이 했던 말보다 몇 배나 더 아름답고 웅장한 말로 표현하지 않았을까요?

불꽃 폭죽이 여의도 밤하늘에 팡~! 팡~! 팡~! 터질 때마다 화려한 불꽃들이 연쇄반응을 일으키며 엄청난 예술 작품을 만들어 냈습니다. 온갖 모양의 화려한 불꽃들은 오직 불이라는 매체와 화약이라는 재료가 있을 때만 가능합니다. 책을 읽는 아이 자신이 불을 지피는 불이 되고 화약은 수많은 영어 원서가 구비된 도서관이 되겠지요.

아이가 영어 도서관에서 영어책을 읽게 되면 불과 화약이 만나 마침내 아이 두뇌 속에서 아름다운 불꽃들이 연쇄반응을 일으킬 때가 옵니다. 이럴 때 신나는 영어 동화책, 몰입할 영어 원서를 만나는 게 중요합니다. 수백 권 이상 읽는 아이들마다 연쇄반응이 나타납니다. 그 반응은 아이마다 각각 다르게 나타납니다.

어떤 아이는 1년 만에 반응이 오는 경우가 있고요, 2년 만에, 3년 만에, 심지어 5년 만에, 7년 만에 오는 경우도 있습니다. 읽기의 리딩 불꽃이 각각 다르게 나타나지만 읽기의 연쇄반응이 나타날 때 폭발적인 성장을 경험할 수 있습니다. 그런 경험을 한 아이들은 원서 리딩을 통해서 원어민 아이처럼 아름다운 표현을 찾아서 만들기 시작합니다.

그때부터 아이는 영어를 모국어처럼 받아들이고 영어가 유창해지기 시작합니다. 그 반응은 공중으로 높이 솟아오른 수백 발의 화약들이 팡~! 팡~! 팡~! 터지면서 연쇄반응을 일으키는 현상과 같습니다. 환상적인 불꽃 쇼의 연쇄반응을 보고 100만 명 이상 되는 관중들이 탄성을 자아내며 열광했듯이 말이죠.

불꽃들이 연쇄반응을 일으키며 화려하게 변신할 때 영어 읽기가 터진 아이의 두뇌 세포도 이처럼 연쇄반응을 일으키며 두뇌의 티핑 포인트, 폭발적인 원서 리딩을 경험합니다. 영어 읽기를 처음 배우는 아이는 빅토르 위고의 말처럼 불을 피우는 것과 같습니다. 처음에는 조금 타다가 불이 꺼지기도 합니다. 읽기가 서툴러서 타다가,

피어났다가, 사라졌다가를 반복하기도 합니다. 처음 원서 리딩을 하는 초급 아이들은 누구나 그와 같은 힘든 과정을 겪습니다. 한국어에 익숙한 아이가 영어 발음을 제대로 따라 읽지 못해서 영어 발음으로 부드러워질 때까지 혀가 고통을 겪어야 합니다. 그러다가 단어한 개, 한 개, 철자를 힘겹게 따라 읽게 됩니다. 새로운 언어를 배우기 위해 겪어야 하는 고통을 힘들다고 포기해서는 안 됩니다.

철자를 읽으면서 음절과 음절로 이어진 문장을 스스로 읽을 때 드디어 불꽃이 피어나기 시작합니다. 문장이 스토리를 만나 불꽃이 타오를 때 아름다운 영어 불꽃들이 만들어집니다. 마치 폭죽이 하늘에서 팡! 팡! 팡! 터지면서 온갖 화려한 모양의 연쇄반응이 일어나듯이 말이죠.

읽기가 터진 아이의 두뇌 세포도 이처럼 폭발적인 연쇄반응이 나타납니다. 영어 읽기의 임계량을 채워 언어가 터진 아이들은 놀라울 정도로 영어를 잘 합니다. 원어민 아이처럼 영어가 술술 나오는 것을 보면 머릿속에 영어방이 만들어졌다는 것을 확신할 수 있습니다. 영어 원서를 오랫동안 꾸준히 읽은 아이들은 수백 권의 책 속에 나온 단어와 문장이 연결되어 영어 불꽃들이 만들어집니다. 그 불꽃들이 만나 연쇄반응을 일으키며 영어 영재가 됩니다.

그런 과정을 여의도 불꽃 축제처럼 직접 눈으로 투명하게 확인하고 볼 수 있다면 얼마나 좋을까요? 눈에 보이지 않으니 기다리는 엄마는 조급하고 답답할 것입니다. 하지만 보이지 않는 아이의 뇌세포 속은 화려하게 연쇄반응을 하고 있는 중입니다.

우리 아이가 다른 아이보다 영어 읽기가 느리다고 조급해하거나 걱정할 필요가 없습니다. 영어 원서 수백 권을 꾸준히 듣고, 읽고, 따라 읽고, 따라 말해 보면 누구나 언어의 불꽃이 피어나도록 하나님께서 그렇게 만들어 놓았습니다.

17년간 영어 도서관을 운영하면서 원어민 아이처럼 영어가 터진 수많은 아이들을 보았기 때문에 확신을 갖고 말할 수 있습니다. 화려한 세계 불꽃 축제를 관람하면서 빅토르 위고의 어록과 영어 영재 만드는 원서 리딩과의 관계를 언급하는 게 생뚱맞다고 생각하는 사람도 있을 것입니다. 하지만 원서 리딩 효과를 눈으로 체험한 사람 입장에서 불꽃 쇼만큼 가장 직접적이고 화려하게 보여 줄만한 적합한 사례가 없기 때문입니다.

읽기를 배우는 것은 불을 피우는 것과 같다는 말, 철자를 제대로 발음하게 된 음절은 불꽃이 된다는 말, 빅토르 위고의 이 말은 읽기 효과가 아이 두뇌를 어떻게 변화시키는지 한 마디로 표현한 상징적인 말이요, 혁명적인 말입니다. 원서 리딩을 하고 있는 이 땅의 모든 아이들도 여의도 불꽃 축제처럼 리딩 불꽃이 '팡팡' 터져서 두뇌 세포가 연쇄반응을 일으키는 영어 영재가 되기를 소망합니다.

"의심스러운 일을 시작할 때라도 된다는 믿음만 가지면
반드시 성공적인 결과를 얻게 된다."

–윌리엄 제임스–

09

연속해서 챕터북,
뉴베리 300권 읽더니
하버드를 꿈꾸기 시작했다!

"혼신의 노력은 결코 배반당하지 않는다." "평범한 노력은 노력이 아니다."라고 국민 야구 타자 이승엽 현 두산 베어스 감독이 이 말을 했다고 합니다. 자녀 교육, 특히 원서 리딩에도 이 말은 해당됩니다. 우리 아이가 연속해서 원서 리딩 300권 이상 읽은 적이 있을까요? 1~2점대 얇은 그림 영어 동화책, readers 책, 온라인 e-book 말고, 최소 50쪽 이상 되는 오리지널 종이 원서 챕터북을 말합니다.

그러면 그림 영어 동화책, readers 책, 온라인 e-book 은 영어책이 아닌가요? 영어책은 맞습니다. 하지만 결과를 만들기엔 부족한 책들입니다. 다만 그런 책들은 기초를 닦아주는 책으로서 본격적인 원서 읽기를 위한 Warming-up 책들입니다. 그런 워밍업 책도 많이 읽을수록 초급 영어 실력 쌓는 한 과정이기 때문에 좋습니다. 초급 영어책을 읽다가 영어책 읽는 재미와 영어 독서 습관을 만들 수 있으니까요.

그렇다면 이런 초급 영어책을 읽는 아이는 어느 정도 읽어야 할까요? 글밥이 얼마 안 되는 얇은 책들이기 때문에 최소 500권 이상은 읽어야 영어 읽기의 기본기를 터득할 수 있습니다. 영어 읽기의 기본기를 터득한 이런 아이가 영어 영재 되려면 연속해서 종이 원서 AR Book Level 3점대 이상 챕터북, 뉴베리 300권 이상 읽는 인풋은 반드시 필수 코스입니다.

누구나 자기 자녀가 영어 잘하기를 바랍니다. 그래서 이 방법, 저 방법을 찾습니다. 만약 내 아이가 영어 영재 되기를 바란다면 영어 원서 300권 읽기는 기본적으로 채워야 합니다. 상식대로 안 하고 급하게 결과를 얻으려다 보니 아이도, 엄마도, 함께 스트레스 받습니다. 영어 동화책 원서 리딩은 꾸준히 집중해서 읽기 임계량을 채울 만큼 함빡 읽어야 효과 볼 수 있습니다.

어쩌다가, 몇 십 권 읽다가 그만두고, 다른 영어 하다가 다시 조금 읽고, 이런 경우가 많습니다. 이렇게 하면 안 하는 것보다 낫겠지만 영어 리딩 실력, 영어 독서 내공 쌓기가 힘듭니다. 원어민 아이처럼 술술 읽고 이해할 정도까지 영어 사고력, 영어 유창성이 자라지 않습니다. 리딩 잘하는 아이들 꼼꼼히 살펴보면 독서 습관이 잡혀서 그런지 끈기와 의지가 강합니다. 영어의 나머지 파트인 듣기, 말하기, 쓰기, 어휘력, 어법도 꽤 잘합니다.

연속해서 영어 원서 3점대 이상 챕터북, 뉴베리 300권 읽기 경험은 영어 영재가 되느냐, 마느냐의 티핑 포인트입니다. 가시엉겅퀴로 막혀 있던 오솔길을 벗어나 영어 고속도로 진입하기 위한 변곡점이 바로 영어 원서 300권 읽기입니다. 연속해서 원서 리딩 300권 프로젝트를 성공하려면 혼자 의지로는 대단히 힘듭니다. Pace-maker 역할 하는 리딩 교사, 스피킹, 라이팅 교사가 함께하는 1:1 맞춤 영어 독서 지도 시스템이 필요합니다.

그렇다면 300권 리딩할 수 있는 원서는 어떤 책들일까요? 300권 필독서 목록이 궁금한 분들도 있을 것입니다. SR 3점대 이상 5점 대 사이 영어 원서 중에서 SNS나 엄마표 영어에서 이미 알려진 유명 타이틀 책이면 됩니다. 아이 본인이 흥미를 느끼고 읽는 원서라면 어떤 장르든 상관없습니다. 챕터북, 뉴베리 같은 책들을 연속해서 300권 이상 읽으면 영어 고속도로가 뚫립니다. 영어 두뇌가 만들어집니다. 잠자던 아이의 지성이 깨어납니다. 드디어 영어의 본고장, 미국 최고 대학 하버드를 꿈꾸기 시작합니다.

예능이든, 스포츠든, 공부든, 유명인이 된 사람들은 좋은 환경, 좋은 시스템을 만난 행운아들입니다. 그들의 빛나는 성취는 수많은 세월 동안 좋은 시스템, 좋은 선생, 좋은 환경을 만나서 끊임없이 훈련받은 결과입니다. 우리 아이, 영어 잘하길 바라시죠? 그렇다면 연속해서 영어 원서 300권 읽기 목표를 향해 도전하게 하세요! 검증된 시스템, 체계적인 컨텐츠가 있는 영어 도서관과 함께 하면 반드시 성공합니다.

"시작하는 재주는 위대하지만, 마무리 짓는 재주는 더욱 위대하다."

-헨리 롱펠로-

10

영유 출신이
SR 레벨 높은 진짜 이유

요즘 들어 영유 출신 1~2학년 학생들 입학이 부쩍 늘었습니다. 자연스럽게 자주 상담하며 레벨 테스트(레테) 하는 경우가 많아졌습니다. 이들을 레테하다 보면 확실히 일유 출신 아이들보다 영유 출신 아이가 SR 평균 레벨이 높습니다. 일반적으로 영어 유치원 중에는 학습적 영유가 있고, 놀이식 영유가 있습니다. 놀이식 영유는 아이는 재미있게 다니지만 결과가 만족스럽지 못합니다.

그에 비해서 학습적 영유는 아이는 힘들어 하지만 결과는 좋은 편입니다. 놀이식이든, 학습식이든, 영유 교육비가 만만치 않습니다. 이왕이면 힘들어도 결과가 좋은 쪽을 선택하는 경향이 있습니다.

그런데 목동의 유명 영유 다녔던 엄마들 이야기를 종합해 보면 영유 프로그램이 좋아서라기보다는 엄마의 뒷받침이 절대적인 영향을 미친다고 합니다. 미국식 유치원처럼 운영한다고 하지만 아이 실력이 자라고 영어를 잘하게 되는 이유는 숙제를 함께 하며 엄마가 열성적으로 영어 동화책을 많이 읽혔기 때문입니다.

엄마가 꼼꼼하게 단어 공부 체크하고, 아이 수준에 맞는 영어책을 같이 읽어 주고, 숙제를 같이 도와줍니다. 이런 열성적인 엄마의 뒷받침이 있었기 때문에 아이가 영어를 잘하게 되었다고 합니다. 그래서 학습적 영유 다녔던 엄마들 사이에서 이런 말을 많이 합니다.

"유명한 그 영유는 손 하나 까닥 안 하고 코 푸는 격이에요. 영유 프로그램이 있지만 엄마 열성이 뒷받침되었기 때문에 그 영유가 효과 보고 빛나는 거예요."

아무리 학습적 영유를 몇 년씩 다녔다 하더라도 워킹맘 이거나, 엄마가 바빠서 도와주지 못하면 기대 이하인 경우가 많습니다. 그런 경우는 영유 다닌 아이나, 일유 다닌 아이나 실력에 별반 차이가 없습니다. 영유 다닌다고 다 잘하는 것은 아닙니다. 엄마의 열정과 적극적인 지도를 받은 아이들이 잘하는 편입니다.

일유 다녔던 아이라도 집에서 엄마가 영어 동화책을 많이 읽혀 준 아이들은 영유 다닌 아이 못지않게 영어 잘하는 아이가 많습니다. 평균적으로 보면 5~7세 사이 영유 출신 아이가 일유 출신 아이들보다 영어 동화책을 월등히 많이 읽습니다. 최소 5배, 많게는 10배 이상 많이 읽습니다. 읽기의 부익부, 빈익빈 현상이 이때부터 나타나며 격차가 벌어지기 시작합니다. 결국 원서 리딩의 양이 영유 효과와 영어 실력을 좌우하고 있음을 입증한 셈입니다.

얼마 전 국제 학술지 《네이처》 최신호에서 〈뇌의 일생을 보여 주는 성장 도표〉를 발표했습니다.

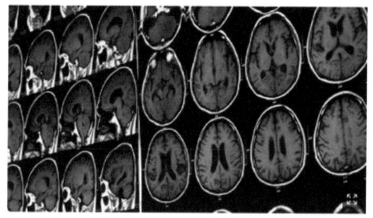

뇌 MRI 사진. 전 세계에서 10만명 이상의 뇌를 찍은 MRI 사진 12만여장으로 세계 최고 수준의 뇌 성장도표가 완성됐다./영 카디프대

[사진 출처: 영카디프대]

옆의 《네이처》 학술지에 발표한 도표를 보면 인지 능력이 가장 최고로 발달하는 단계가 바로 6세 전후임을 알 수 있습니다. 뇌 인지 능력이 최고로 발달하는 5세, 6세, 7세 전후해서 영어책 수백 권 읽은 아이들이 영어 잘하는 뇌과학적 근거를 찾은 셈입니다.

일유 출신도 영유 아이만큼 영어책을 집중적으로 많이 읽도록 엄마가 도와주면 분명 수

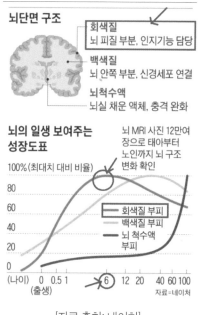

[자료 출처: 네이처]

준 높은 영어 실력자가 됩니다. 그러면 인지 능력이란 무엇일까요? 어떤 사실을 분명히 알고 이해하는 능력, 즉 인간이 지식 습득을 통해 모든 사물과 학문을 이해하는 능력입니다. 인지 능력이 좋아야 이해력, 응용력이 발달되어 언어적 천재, 공부 우등생이 됩니다.

영유 출신들이 SR 레벨 높은 것은 바로 이런 이유 때문입니다. 영유 다니는 5~7세 사이에 신나는 영어 동화책을 수백 권 이상 읽은 아이들은 인지 능력이 폭발적으로 자랍니다. 뇌가 발달하는 그 시기를 놓치지 않고 영유 엄마들이 집중적으로 뒷받침한 결과라고 할 수 있습니다.

지금 이 글을 읽고 있는 엄마들은 내 아이가 일유를 다니든, 영유를 다니든, SR 레벨 높여서 영어 영재 만들고 싶다면 타이밍을 놓치지 않아야 합니다. 그럼 영어 동화책부터 시작해서 영어 동화책을 함빡 읽도록 뒷받침해야 합니다. 영유나, 일유나 유치원 나이 때 영어 동화책을 함빡 읽은 아이들은 초1, 2학년 때 리딩 레벨이 상당히 높게 나옵니다. 영어 읽기, 듣기, 말하기에 자신감이 넘칩니다. 영어 책을 읽는 대로 바로 이해하는 능력을 갖춘 아이들입니다. 이런 아이들이 영어 영재로 성장합니다.

> "위대한 사람에게는 목적이 있고 평범한 사람에게는 소 망이 있을 뿐이다."
>
> -워싱턴 어빙-

11

모든 아이는
언어 모방의 천재

　어떤 경상도 할머니, 할아버지가 맞벌이하는 딸 내외를 위해서 6세, 4세 두 손주를 키우고 있었습니다. 평소에 두 분이 사용하는 대화를 아이들은 은연중에 듣고 배우기 마련입니다. 어느 날 할머니 친구분이 전화했습니다. 마침 할머니가 잠깐 낮잠 자고 있었습니다. 6세 아이가 대신 전화를 받았습니다.

　친구 왈 "아가야, 할머니 좀 바꿔다오~"

　아이 왈 "할머니? 할머니 디비 자는데~!"

　친구 왈 "그래~? 할머니 깨워서 바꿔 줄래~?"

　아이 왈 "우리 할머니 깨우면 지랄할 낀데!"

　친구 왈 "하, 하, 하"

　전화하던 친구분이 너무 웃겨서 아이와 한참 이야기를 나누었다고 합니다. 이처럼 아이들은 언어 모방의 천재입니다. 주변에 함께 있는 사람들의 언어와 톤을 그대로 모방하는 것이 아이들의 특징입니다. 아이 키우는 집들은 좋은 말, 고운 말을 사용하도록 어른들이 조심해야 합니다. 영어라는 언어도 처음에는 모방에서 출발합니다.

알파벳을 몰라도 영어 동요를 자꾸 들으면 영어 노래를 저절로 따라 부를 수 있습니다. 디즈니 영어 만화 영화를 반복해서 보다가 영어 대사를 그대로 흉내 내어 말합니다. 재미있는 영어 동화책을 듣고, 따라 읽다가 그대로 읽기, 말하기가 유창해집니다. 미국식 발음을 듣고 따라 읽으면 미국식 발음으로, 영국식이면 영국식 발음으로, 호주식이면 호주식 발음으로 말합니다.

필자가 운영하는 영도 다녔던 초5 아이는 《퍼시잭슨》과 《해리포터》 책을 무척 좋아했습니다. 올 때마다 그 책을 읽고, 듣고, 하더니 영국식 발음으로 유창하게 말을 합니다. 마치 영국에 살다 온 아이처럼 말이지요. 그래서 영어 말을 배우는 유, 초등 아이들은 영어책을 눈으로만 읽지 말고 오디오 듣기가 반드시 필요한 이유입니다. 듣고, 따라 읽다 보면 그대로 모방해서 원어민 아이처럼 읽습니다. 이런 연습을 꾸준히 하면 원어민이 없어도 영어 발음, 스피킹, 리스닝을 원어민 아이처럼 할 수 있습니다.

어떤 아이는 《Magic Tree House Series》를 좋아해서 1권부터 56권까지 읽었습니다. 그중에서 여러 권을 소리 내어 따라 읽는 Shadow Reading 연습을 꾸준히 했습니다. 처음에는 책을 보고 따라 읽다가 나중에는 책을 보지 않고 소리만 듣고도 바로 줄줄 따라 할 정도가 되었습니다. 엄마가 아이를 위해서 오디오 CD 전체를 구매해서 차에 두고 수시로 듣게 해 주었습니다. 가족 여행이나 이동

SR 5점대 돌파! 챕터북, 뉴베리 300권 읽더니 하버드를 꿈꾸기 시작했다!

할 때마다 차에서 CD를 틀어주면 아이는 소리를 듣고 그대로 따라 읽는 Shadow Reading을 했습니다. 그랬더니 1년 만에 영어 말문이 터졌습니다.

모든 아이들은 언어 모방의 천재입니다. 서울에서 태어나면 서울 말을, 경상도에서 태어나면 경상도 말을, 전라도에서 태어나면 전라도 말을 합니다. 좋은 영어 발음으로 녹음된 오디오 북 영어책을 반복해서 듣고, 따라 읽으면 원어민 같은 발음으로 영어를 구사할 수 있습니다. 만약 재미있게 읽었던 《로알드 달 시리즈》 중 《마틸다》 같은 책들을 영화로 보고, 느끼고, 따라 말할 수 있다면 금상첨화입니다.

"큰 성공은 작은 성공을 거듭한 결과이다."

-크리스토퍼 몰리-

12

원서 리딩 많이 한 아이가
영어 잘할 수밖에 없는 이유

'세상에 공짜는 없다'라는 말을 많이 사용합니다. 어느 날 갑자기 유명해졌거나, 갑자기 우등생이 되었거나, 갑자기 영어를 잘하게 되었거나 하는 경우는 로또 당첨 외에는 없습니다. 유명해지거나, 실력이 월등하게 자라기까지 남들 보지 않을 때 엄청난 노력으로 내공을 쌓았기 때문에 가능한 것이지 공짜로 되는 법은 없습니다.

영어 교육에서 예를 들어 보자면 주변에서 영어 잘한다는 아이를 만나 보면 이 진리가 사실임을 알 수 있습니다. 필자가 알고 있는 현재 초등학교 4학년 아이는 7살부터 엄마가 영어 교육에 관심을 가지고 영어를 가르치기 시작했습니다. 처음 시작 당시 알파벳도 잘 몰라서 알파벳부터 익히고 서서히 쉬운 스토리 북을 읽히면서 영어책에 흥미를 갖도록 했습니다. 다양한 영어 방송이나 좋아하는 외국 영화도 수시로 보여 주면서 꾸준히 영어 소리에 노출되도록 엄마가

SR 5점대 돌파! 챕터북, 뉴베리 300권 읽더니 하버드를 꿈꾸기 시작했다!

영어 환경 만드는 데 많은 신경을 썼습니다.

　가족과 야외 나들이 갈 때는 차 안에서 신나는 영어 동요나 읽었던 스토리를 다시 들을 수 있도록 항상 CD를 챙기곤 했습니다. 그런 엄마의 정성 덕분에 아이는 영어를 좋아하게 되었습니다. 1학년이 되었을 때는 제법 영어 스토리를 혼자서 읽게 되었습니다. 그때부터 하루에 한두 시간은 꼭 원서 리딩을 계속하는 아이로 바뀌었습니다.

　이 아이처럼 영어 독서하는 것이 습관으로 자리 잡을 때까지 옆에서 엄마가 챙겨 주고 뒷받침하다 보면 어느 순간 영어 독서가 습관화됩니다. 현재 초등학교 4학년인 이 학생은 지금까지 읽은 영어 원서가 족히 1,000권은 넘습니다. 초4학년임에도 불구하고 SR 지수 5점대, 6점대 수준의 챕터북은 물론이고 뉴베리상 받은 《Holes》나 《Charlotte's Web》 등, 다양한 장르의 책들을 자유자재로 읽고 이해할 정도로 영어 실력이 성장했습니다. 물론 영어로 대화하는 것도 외국 살다 온 아이처럼 자연스럽게 듣고 말할 수 있으며 한국어, 영어, 이중 언어를 완벽하게 구사하는 영어 실력자가 되었습니다.

　6세, 7세부터 시작하거나, 늦어도 초3, 초4 될 때까지 영어 독서하는 습관을 잡아 주지 않고 나중에 잡아 주려면 대단히 힘이 듭니다. 마치 묘목도 어릴 때 나뭇가지를 잡아 주어야 고통 없이 큰 나무로 곧게 잘 자라듯이 영어 독서 습관도 마찬가지입니다.

　요즘은 독서 육아라 할 정도로 책 읽기로 아기를 키우는 가정이 많아졌습니다. 이런 가정의 자녀들은 아기 때부터 책을 장난감처럼 만지고, 뽀뽀하고, 낙서하며, 친구처럼 가지고 놀도록 환경을 만들어 줍니다. 그러다가 그림과 글자를 한두 개씩 익히며 책 읽는 아이로 자연스럽게 바뀝니다. 아이 미래를 위해서 똑똑한 아이를 만들기 위한 지혜로운 엄마의 독서 육아법이라고 생각합니다.

이처럼 영어 잘하는 모든 아이들은 영어에 많은 시간과 노력을 들여서 잘한 것이지 언어적 재능을 타고났다거나, 노력도 안 했는데 저절로 잘하는 경우는 없습니다. 그런데 엄마들은 어떤 아이가 영어를 잘하면 언어 재능을 타고났다고 생각하거나 갑자기 잘한 것으로 착각합니다. 사실은 남들 보지 않는 어릴 때부터 많은 시간과 노력을 투자했기 때문에 나온 결과입니다. 영어 임계량이 가득 차고 넘칠 때까지 원서 리딩이라는 올바른 방법을 선택해서 흔들리지 않고 꾸준히 실천한 결과입니다.

그렇다면 반대로 영어를 못하는 아이들의 특징은 어떨까요? 일단 시간적 투자와 영어 독서량이 잘하는 아이들의 십 분의 일도 안 됩니다. 남들이 좋다고 하니까 원서 리딩을 좀 시켜보다가 실력이 금세 오르지 않으면 엄마가 조급해져서 먼저 중단해 버립니다.

다른 아이들과 비교하거나, 귀가 얇아서 더 빡세게(?) 가르친다는 스파르타 학원으로 옮깁니다. 또 어쩌다 방학이 되거나, 시간이 되면 원서 리딩을 시켜 보고, 힘들거나 바쁘면 또 중단합니다. 이와 같이 읽다가, 말다가를 반복하면 안 하는 것보다는 도움된다고 생각할지 모르겠습니다. 하지만 솔직히 말하면 시간과 비용만 낭비하는 셈입니다. 원서 리딩하기로 작정했으면 꾸준히 3~4년간 영어 독서에 올인해야 좋은 결과를 만들 수 있습니다.

엄마표 영어로 집에서 시키는 엄마들을 종종 만나게 됩니다. 양질의 좋은 책을 지속적으로 제공하기가 쉽지 않은 게 엄마표 영어의 어려움입니다. 또 읽고 나서 체계적인 독후 활동을 하지 못해서 어려움을 겪기도 합니다. 그래서 처음에는 엄마표 영어로 하다가 주변에 있는 전문 영어 도서관 학원을 찾게 됩니다. 필자가 운영하는 영어 도서관은 2005년도에 목동 '최초'로 시작한 영어 도서관 학원입니다. 목동에서 영어 독서 돌풍을 일으킨 원서 읽기 개척자로 유명해졌습니다. 지금은 전국 각지에 가맹점이 오픈 되어 원서 리딩의 효과를 전파하는 프리미엄 영도 브랜드로 성장하고 있습니다.

후발 주자들이 모방할 수 없는 효과적인 영어 독서 시스템을 구축하여 뛰어난 수업 결과를 만들고 있습니다. Reading, Speaking, Writing, Vocabulary 등, 영역별로 읽은 책을 체계적으로 지도하고 있으며 원서 리딩만 시켜도 얼마든지 영어 영재가 될 수 있음을 입증하고 있습니다.

원서 리딩은 바로 일반 영어 학습법보다 10배나 많은 영어책을 읽으며 내공을 쌓아 영어가 탁! 터지게 하는 방법입니다. 아이 수준에 맞는 재미있는 영어책으로 읽기 때문에 자연스럽게 몰입합니다. 몰입해서 읽다 보면 저절로 스토리가 저장되어 읽었던 스토리가 새로운 스토리를 낳습니다. 재미있게 읽었던 스토리가 말과 문장을 만들어 내며 영어 유창성을 키워 줍니다. 이게 바로 원서 리딩을 많이 한 아이들의 특징이며 영어를 잘할 수밖에 없는 이유입니다.

> "역경 앞에서 누군가는 무너지지만, 다른 누군가는 새로운 기록을 세운다."
>
> −윌리엄 아서 워드−

13

프로 야구 안타제조기 TOP 타자와
영어 리딩 관계

    도대체 야구랑, 영어 리딩이랑, 무슨 상관이 있는 걸까요? 몇 년 전에 미국 LA 중앙일보에서 보도한 자료입니다. 미주리 대학 교수였던 조덕성 박사의 야구와 관련된 인터뷰 기사 내용을 인용하면 아래와 같습니다.

    "리딩은 야구에서 타자가 방망이로 공을 쳐내는 것에 비유할 수 있다. 왜냐하면 투수의 손을 떠난 공이 포수에게 도달할 때까지 걸리는 짧은 시간 내에 타자가 그 공을 처리할 방법을 결정해서 실행에 옮겨야 한다는 점이 유사하기 때문이다. 타자는 배팅 요령, 자세, 구질 파악 방법 등에 대한 이론을 수년간 배우게 된다.

    그런데 투수의 공이 공중에 있는 시간은 불과 0.5~0.8초로 매우 짧다. 모든 이론을 동원해서 알맞은 타격 방법을 짧은 시간 내에 논리적으로 결정한다는 것이 사실상 불가능하다. 그래서 타자는 장시간 훈련을 통해서 모든 기술을 하나로 엮어 주는 감각을 훈련해야 한다. 투수의 공이 타자 앞을 지날 때까지 눈만 떼지 않고 있으면 나머지는 감각이 근육을 움직여 타격을 자동적으로 처리해 내는 경지에 이르기까지 훈련을 계속해야 한다."

-리딩 메커니즘을 설명해 달라.

"리딩을 수행하는 과정도 시간 제약 등이 유사하지만, 배팅보다 훨씬 더 복잡하다. 내용을 분석하고, 정리 요약하고, 저자의 의도를 파악하고, 중심 아이디어를 잡는 방법 등의 이론은 교사에게서 배운다. 그런데 매초 적어도 7~8개의 단어가 눈을 통해서 들어오는 것을 문장으로 재 합성하고 그것을 모아서 문단으로 이해하고 그 내용을 분석하면서 앞의 문단들을 연결해 흐름을 만들고 다음에 나올 문단을 예측하고 그때까지 읽은 전체를 지식과 상식으로 판단, 요약, 정리하는 등의 방대한 활동을, 그것도 새 단어들이 쉬지 않고 계속 눈을 통해서 들어오는 동안에 한꺼번에 처리해 내야 한다. 이 모든 것을 의식적으로 감당한다는 것은 애초부터 불가능한 일이라는 것을 짐작할 수 있다."

-매초마다 초고속 리딩을 처리하려면 무의식에 가까운 감각에 의존해야만 한다는 뜻이군요.

"그렇다. 독해력의 70% 이상을 차지하는 리딩 감각은 스스로 읽는 훈련을 해야 얻어지기 때문에, 선생이 가르치거나 대신해 줄 수 없는 부분이다. 지능이 높아도 예외는 없다. 지능이 높다고 달리기를 잘하는 것이 아닌 것처럼, 리딩 역시 선천적으로 타고난 두뇌로 하는 것이 아니라 후천적으로 훈련된 감각으로 하는 것이다." [출처: LA 중앙일보 장병희 기자]

위의 인터뷰 기사처럼 무의식에 가까운 리딩 감각을 갖추어야 두꺼운 영어책들을 술술 읽어 낼 수 있습니다. 꾸준한 연습과 훈련을 통해서 영어책을 읽은 아이들은 몸이 기억하는 리딩 감각이 아이 영어 두뇌에 만들어집니다.

처음 원서 리딩을 하는 아이들은 누구나 이주 쉬운 그림 영어 동화책부터 읽기 시작합니다. 이런 책들을 수백 권 읽다 보면 읽기의 감각을 잡을 수 있습니다. 이런 과정을 통해서 드디어 그림이 없는 챕터북으로 올라갑니다. 챕터북을 읽으면서 조금씩 리딩에 스피드가 붙습니다.

[사진 출처: 로알드 달 시리즈 중 찰리와 초콜렛 공장 일부]

위의 문장을 한국말로 해석하거나 문법적으로 분석하지 않고 바로 읽고 바로 이해하는 직독직해 능력을 갖추면 영어 자유인이 됩니다. 오히려 짧은 지문 가지고 문법적으로 분석하고 한국말로 일일이 해석하면서 수업하는 일반 영어학원 아이들보다 더 정확하게 내용을 이해할 수 있습니다. 이러한 직독직해 능력은 수백 권의 영어책을 읽은 아이들에게 나타나는 능력입니다.

마치 아마추어 선수가 프로 야구 선수가 되기 위해서 수많은 연습과 훈련으로 감각을 찾는 것과 같은 이치입니다. 영어 원서를 오랫동안 읽지 않은 아이들은 도저히 맛볼 수 없는 감각입니다. 위의 인터뷰 기사처럼 리딩 감각은 누가 대신 길러 줄 수 없습니다. 내신 영어 시험 부담이 없는 초등 때가 원서 읽기에 가장 좋은 시기입니다. 이 시기에 집중적으로 읽은 아이들은 영어 영재가 되는 행운을 얻습니다.

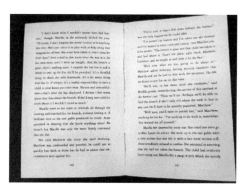

[사진 출처: 알라딘 클래식 시리즈: 빨강머리 앤 중 일부]

위의 책은 SR 7점대 《빨강 머리 앤》의 한 부분입니다. 이 정도 수준의 책을 자유자재로 읽을 수 있는 아이를 만들고 싶지 않으세요? 7점대 레벨 수준까지 자라기까지 누구나 초급, 중급 과정을 거쳤고 어려운 고비도 있었습니다. 홈런과 안타를 '팡팡'치는 **안타제조기 TOP 타자**가 하루아침에 만들어지지 않듯이 무수한 읽기 과정을 거치면 누구나 도달할 수 있습니다. 영어 도서관을 오랫동안 운영해 보니까 SR 3~4점대가 원서 리딩의 가장 어려운 고비입니다. 이 고비를 잘 넘기면 영어 리딩에 탄력을 받게 됩니다. 그 고비를 넘긴 아이들은 평생 동안 쓸 수 있는 영어가 만들어집니다.

원서 리딩 임계량이 가득 차면 양이 질을 압도하는 날이 옵니다. 모든 영어 지문들을 빠른 스피드로 읽고 이해하는 원어민 같은 영어 능력자가 됩니다. 일반 영어학원 수업처럼 문법적으로 분석하며 읽고 해석하는 방법으로는 글밥 있는 책을 도저히 읽어 나갈 수 없습니다. 처음에는 초급 리딩 레벨의 쉬운 책을 통해서 단계별로 읽기 훈련을 받습니다. 프로 야구 선수들은 감각 있는 타격감을 유지하여 안타나 홈런을 치려면 무수한 연습과 훈련을 합니다.

프로 야구 시즌이 되면 날마다 저녁 뉴스 스포츠 타임에 야구 관련 소식을 보도합니다. 그래서 자연스럽게 선수들의 활약상을 보게 됩니다. 투수와 타자의 대결에서 투수의 공을 잘 공략한 **안타제조기 TOP 타자**는 안타 아니면 홈런을 칩니다. 반대로 투수의 공을 잘 공략하지 못한 선수는 내야 땅볼이나 공중 볼, 파울 볼을 치다가 아웃 당합니다. 간발의 차이로 **안타제조기 TOP 타자**이냐, 보통 타자이냐로 판가름 납니다. 투수의 빠른 공을 판단하는 타자의 능력은 오랜 연습과 훈련을 통해서 무의식적으로 반응해야 합니다. 이는 타자가

SR 5점대 돌파! 챕터북, 뉴베리 300권 읽더니 하버드를 꿈꾸기 시작했다!

공을 치고 나가는 게 두꺼운 영어책을 순발력 있게 읽고 이해하는 학생과 같다고 할 수 있습니다.

필자의 동문인 전 SK와이번스 이만수 감독이 아래와 같은 기고문을 보내 준 적이 있습니다. 이만수 감독은 프로야구 원년 멤버로서 초대 홈런왕, 타점왕을 차지한 레전드급 명타자였습니다. 지금은 라오스와 베트남에 야구를 보급하는 야구 전도사로 왔다 갔다 하느라 바쁘게 살고 있습니다. 이만수 감독의 실제 야구 이야기가 이 글 서두에 인용한 미주리 대학교 조덕성 박사의 인터뷰 내용을 뒷받침해 주고 있습니다. 투수가 공 던지는 장소를 마운드라 합니다. 타자가 야구 방망이를 휘두르거나 야수가 홈으로 들어오는 장소를 홈 플레이트라고 합니다. 마운드에서 홈 플레이트까지 거리는 딱 18.44미터입니다. 투수가 엄청난 힘과 스피드로 빠른 공을 포수에게 던집니다. 타자는 이 공을 보고 칠 것인지, 기다릴 것인지 판단합니다. 투수의 손에서 뿌려진 공을 판단하는 시간은 고작 0.4초라고 합니다.

이만수 전 SK와이번스 감독은 잘나가던 프로 선수 시절 18.44미터를 보통 3등분해서 분석한다고 합니다. 처음 4미터는 리듬과 타이밍을 잡습니다. 두 번째 8미터 거리부터는 구종을 파악합니다. 변화구냐? 직구냐? 높은 볼이냐? 낮은 볼이냐? 몸 쪽 볼이냐? 바깥쪽 볼이냐를 파악합니다. 나머지 마지막 3번째 구간 6.44미터에서 타격할 것이냐, 기다릴 것이냐를 판단합니다.

보통 사람들은 상상을 초월하는 야신들만이 갖고 있는 순간 판단력입니다. 타자가 타석에서 볼을 판단하는 시간은 불과 0.3~0.4초입니다. 이 짧은 찰나의 판단력으로 때로는 홈런을 칠 수도, 안타를 칠 수도, 아웃 볼이나 파울 볼을 치기도 합니다.

프로 투수들이 던지는 공의 빠르기가 평균 시속 140~150킬로미터입니다. 빠른 속력으로 던지는 투수의 공을 치고 나가려면 눈을 감고서라도 칠 수 있는 숙련된 야구 기술이 몸에 장착되어야 합니다. 홈런이나 안타를 잘 치는 **안타제조기 TOP 타자**가 되기 위해서는 무수한 노력과 연습, 훈련을 합니다. 몸이 기억하는 타격 감각은 바로 이러한 연습과 훈련의 결과물입니다.

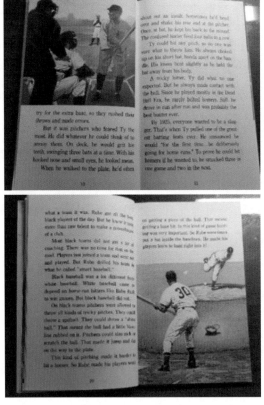

[사진 출처: Step into Reading 5 시리즈 중 일부]

SR 5점대 돌파! 챕터북, 뉴베리 300권 읽더니 하버드를 꿈꾸기 시작했다!

위의 책들은 리딩 레벨 4점대 읽기 책입니다. 야구에 관련된 논픽션 책입니다. 이런 책들을 바로 읽자마자 이해한다면 리딩 수준이 괜찮은 편입니다. 원서 리딩 감각은 미주리 대학교 조덕성 박사가 언급한 것처럼 타자의 타격 감각과 같습니다.

어릴 때부터 영어책을 많이 읽은 아이들은 **안타제조기 TOP 타자**처럼 글밥이 있는 두꺼운 책을 빠른 속도로 술술 읽고 이해하며 앞으로 쭉쭉 나아갑니다. 다음 문장, 다음 페이지에 나오는 새로운 단어, 문장을 보자마자 판단하고 연결합니다. 앞에 나온 문맥과 다음 나올 문맥을 연결하여 전체 줄거리를 상상하며 읽어 나갑니다. 이런 게 진정한 원서 리딩, 영어 독해 감각입니다.

이러한 원서 리딩 감각은 바로 타자가 투수의 빠른 공을 판단해서 치고 나가는 감각과 같습니다. 다음에 어떤 단어, 어떤 문장이 나올지 모르지만 순전히 읽기 감각으로 판단하면서 읽어 나가야 독해를 잘할 수 있습니다. 일반 영어학원에서 공부하는 짧은 한 페이지 분량의 독해 지문을 가지고 날마다 스킬만 익히는 연습량으로는 두꺼운 글밥의 책을 도저히 읽을 수 없습니다. 원서에 나오는 수많은 읽기 정보를 내 것으로 만들 수 없습니다.

처음부터 프로 선수가 되어 홈런과 안타를 잘 치는 톱타자는 한 명도 없습니다. 초보 선수 시절부터 공을 던지고, 때리는 기초 훈련을 무수히 합니다. 원서 리딩도 마찬가지로 처음부터 잘하는 아이는 한 명도 없습니다. 남보다 더 많이 영어책을 읽고, 듣고, 줄거리를 요약하면서 연습과 훈련을 했던 아이들입니다. 어릴 때부터 그런 훈련과 연습을 오랫동안 해 온 아이들은 초4, 초5임에도 불구하고 SR

7점, 8점, 9점대의 두꺼운 책을 자유자재로 읽고 바로 이해합니다. 원어민 동 학년 아이들의 읽기 수준을 뛰어넘는 영어 영재가 된 아이들입니다.

영어책을 읽지 않은 보통 아이들은 꿈도 꿀 수 없는 레벨입니다. 이는 마치 아마추어 선수가 프로 톱타자들의 홈런과 안타를 상상조차 할 수 없는 것과 같은 이치입니다. 그러한 타격 감각이 하루아침에 길러지지 않듯이 리딩 감각도 영어 도서관 전문 학원에서 지금부터 연습하고 훈련해야 길러집니다.

리딩 전문 영어 도서관은 어릴 때부터 이러한 리딩 감각을 훈련하고 연습하는 학원입니다. 처음에는 누구나 영어책 읽기를 어려워하고 지루하게 느낍니다. 모르는 단어와 문장이 많아서 읽기의 맥이 끊어지기도 합니다. 읽어도 무슨 내용인지 모를 때도 있습니다. 그러나 꾸준히 읽고, 많이 읽다 보면 읽기의 감각을 찾게 됩니다. 영어 읽기가 술술 터지고 원어민처럼 영어 문장을 보자마자 이해하는 순간이 옵니다. 리딩을 잘하는 아이들은 언어 체계가 머릿속에 자리 잡혔습니다. 자유자재로 글을 쓸 수 있습니다. 하고 싶은 말을 영어로 술술 말할 수 있습니다. 문법 체계도 내재화됩니다. 리딩 내공이 쌓인 아이들은 스피킹, 라이팅이라는 Out-Put 결과로 진짜 실력이 나오는 경험을 맛볼 수 있습니다.

하지만 어릴 때 영어 독서 정보를 늦게 습득하여 영어책을 읽지 않은 아이들은 이런 감각과 현상을 이해하지 못합니다. 영어책을 많이 접할 수 있는 요즘 같은 시대임에도 불구하고 원서 리딩의 힘을 경험하지 못한 아이들이 주변에 꽤 많습니다. 아직도 학부모 세대가 배웠던 옛날식 학습법으로 영어 공부하는 아이들입니다. 아이의 영어 인생에서 안타까운 일입니다. 영어 자유인이 될 수 있는 기회를 놓치고 있으니까요. 처음부터 문법책으로 공부하고, 단어 외우고, 한 문장씩 일일이 한국말로 해석하면서 독해하는 학습을 합니다. 그런 학습법은 정확도는 길러질 수 있겠지만 고차원의 영어 감각은 길러지지 않습니다.

안타제조기 TOP 타자가 숙련된 야구 감각 기술을 몸에 장착하는 데 수년이 걸리듯이 아이들의 읽기 감각도 수년간 연습해야 터득할 수 있습니다. 영어 독서 레벨은 아이가 1분 안에 읽고 이해하는 단어의 개수가 몇 개인가로 판단합니다. 원어민들은 보통 1분에 250단어 이상을 읽고 이해한다고 합니다. 그중에서 훈련받은 원어민들은 분당 500단어 이상을 빠르게 읽고 이해합니다. 언어학자 Smith에 의하면 분당 200단어 미만의 책 읽기를 하면 글을 의미 전달로 읽는 게 아니라 개별 단어의 제한된 읽기를 하기 때문에 읽어도 내용 파악이 안된다고 합니다. 그렇다면 수능을 보기 위해서 초3부터 중, 고등까지 10년간 영어 공부한 우리나라 대학교 신입생들의 읽기 속도는 과연 어느 정도일까요?

조사한 바에 의하면 수능 영어에서 1, 2등급 받은 학생들의 평균 분당 속도가 겨우 30~50개라고 합니다. 그러니 이런 학생들은 고등학교 3년 동안 유형별 독해 문제 찍기 요령만 배운 셈입니다. 시간 대비, 비용 대비, 안타까운 대한민국 영어 교육의 현실입니다. 이런 학생들은 영어 원서 수업을 좇아갈 수 없습니다. 두꺼운 원서를 바로 읽고 이해하지 못합니다. 대학교 가서 하면 되겠지 하지만 이미 시기적으로 늦었습니다.

이 같은 고비용 저효율 영어 교육을 버리고 저비용 고효율의 영어 교육으로 바꾸는 게 바로 원서 리딩입니다. 원서 리딩은 영어를 영어로 읽고 이해하는 가장 효과적인 방법입니다. 동시에 가장 강력한 영어 노출 방법 중 하나입니다.

원서 리딩으로 꾸준히 지도받은 아이들은 빠르면 초등 졸업 전에 영어 능력자가 됩니다. 늦게 시작한 아이라면 중3 되기 전에 갖출 수 있습니다. 이렇게 해서 프로야구 **안타제조기 TOP 타자** 같은 리딩 능력을 갖추게 되면 평생 영어 자유인으로 살 수 있습니다. 왜냐하면 리딩은 영어의 모든 파트를 연결하고, 확장하고, 지시하는, 두뇌 역할을 하니까요.

"극복할 장애와 성취할 목표가 없다면 우리는 인생에서
진정한 만족이나 행복을 찾을 수 없다."

-맥스웰 몰츠-

14

70대 거창 할머니의 꿈과 챕터북,
뉴베리 읽고서 하버드를 꿈꾸는 외손주들!

경남 거창 시골 마을에 70대 할머니가 있었습니다. 평생을 시골에서 농사만 짓던 분이셨는데요. 가난한 시골 살림에 5남매 자식 교육 뒷바라지를 위해서 몸을 사리지 않고 열심히 일했습니다. 그 덕분에 막내딸이 서울에 유학하여 유명 대학을 나오고 대기업에 취직했습니다. 딸이 회사에서 사귄 남자와 결혼하여 목동에서 살았습니다.

딸은 맞벌이하면서 회사에 다녔는데 어느 날 임신을 했습니다. 그래서 출산할 때마다 3~4개월씩 친정 엄마인 거창 할머니가 올라와서 외손주 뒷바라지를 했습니다. 그러다 둘째 외손주도 태어났습니다. 둘째가 태어날 때부터 이제 맞벌이하지 말고 집에만 있으라고 여러 번 권유했습니다. 하지만 그럴 수 없는 형편이었습니다. 식구가 늘어서 좁은 집에서 넓은 집으로 이사 가야만 했습니다. 자녀 교육을 위해서 더 많은 자금이 필요했습니다.

더군다나 회사에서 능력을 인정받아 과장으로 승진하였으니 회사를 그만둘 수 없었습니다. 육아도 중요하지만 모처럼 얻은 금수저 대기업 직장을 그만둘 수가 없었던 거지요. 친정 엄마가 못 올라올 때는 가정부를 두었지만 계속 가정부에게 맡기기엔 불안했습니다. 그래서 두 아이 육아와 뒷바라지를 위해서 친정 엄마를 서울로 올라오게 했습니다. 딸이 퇴근할 때까지 할머니가 아이들을 키우다 보니 어느덧 외손주가 초3, 초2가 되었습니다. 딸과 사위는 아침마다 출근 전쟁하느라 아이들 학교 가기 전 아침 시간을 제대로 돌볼 수 없었습니다.

그러던 어느 날 아파트 게시판에 부착된 한 장의 전단지가 눈에 띄었습니다. "학교 등교하기 전 매일 아침 1시간 영어 독서로 영어 영재 만들어요!" 직장 때문에 일찍 일어나는 부모의 영향으로 아이들도 늘 아침에 일찍 일어났습니다. 마침 아침 시간을 유용하게 활용할 수 있는 방법을 찾던 차에 전단지를 보고 '바로 이거 다!' 하며 [센클 Early Bird Reading Club]에 등록했습니다.

그때부터 거창 할머니의 운명적인 인생 변화가 일어났습니다. 아침에 리딩 학원 갈 때마다 할머니는 두 명의 외손주 손을 잡고 함께 학원까지 갔습니다. 외손주들이 1시간씩 영어책 읽을 동안 할머니는 학원 로비에서 기다렸습니다. 날마다 외손주들과 함께 학원에 오다 보니 자연스럽게 원장인 필자와 이런저런 이야기를 나누며 가까운 사이가 되었습니다.

심심해서 학원에 구비된 여러 권의 잡지를 보았지만 할머니는 까막눈이라 사진과 그림만 보았지 글씨는 도무지 읽을 수 없다고 했습니다. "원장님, 제가 어릴 때 원체 가난하게 살다 보니 초등학교도 못 다녔어요. 창피하지만 아직도 한글을 몰라요! 지금 이 나이에도 한글 배우면 읽을 수 있을까요?" "물론입니다. 할머니! 지금부터 한 글자, 한 글자 배우시면 금세 한글을 읽을 수 있어요!" "그래요? 그럼 내일부터라도 시작해 볼까요?"

이렇게 해서 70대 거창 할머니의 한글 배우기 도전은 시작되었습니다. 할머니가 불편하지 않도록 특별히 필자가 조용한 자리를 내어 드리고 배려해 주었습니다. 외손주들도 아침마다 1시간씩 영어책을 읽다 보니 영어 실력이 부쩍부쩍 향상되었습니다. 영어책을 잘 읽지 못했던 외손주가 영어책을 '줄줄' 읽고, 말하고, 쓰는 것을 본 할머니가 용기를 내어 한글 깨우치기 도전에 나섰던 거지요.

아이 엄마가 매월마다 교육비 결제하려고 학원에 들르셨는데요. 자기 아이들이 아침마다 1시간씩 영어책 읽기 한 덕분에 영어를 잘하게 되었다며 너무나 기뻐했습니다. 무엇보다 자기 엄마가 아침마다 센클에 가면서 한글을 읽고 쓸 수 있도록 배려한 덕분에 얼굴에 웃음꽃이 넘친다며 고맙다고 했습니다. 그로부터 할머니의 한글 깨우치기 도전과 외손주들의 아침 영어 독서는 일 년 이상 계속되었습니다. 외손주들 영어 공부 때문에 시작한 할머니의 한글 깨우치기 도전이 빛을 발휘하기 시작했습니다. 드디어 1년이 지나던 어느 날 할머니는 까막눈을 탈출하게 되었습니다. 이제는 한글을 제법 읽고 쓸 수 있을 만큼 실력이 자랐습니다. 항상 남의 도움을 받아서 편지 썼던 것도 이제 손수 쓸 수 있게 되었습니다.

한글을 '술술' 읽고 쓸 수 있게 된 어느 날, 할머니의 기쁨은 이루 말할 수 없었습니다. 70평생을 까막눈으로 살았으니 얼마나 답답하고 불편했을까요? 그랬던 할머니가 도전하여 드디어 꿈을 성취했으니까요. 외손주 아침 영어 독서 따라다니다가 센클에서 한글을 깨우쳤다며 얼마나 고마워하고 기뻐하던지 지금도 눈에 삼삼합니다.

할머니는 딸네 집에서 사귄 이웃집 목동 할머니들에게 "센클이 애들 영어 교육에는 최고여~!"라고 센클 자랑을 동네방네 하고 다녔습니다. 거창 할머니의 자랑 때문에 센클 아침반이 목동에서 유명세를 타는 데 일조했습니다. 그 이후 할머니는 딸이 직장 휴가를 얻을 때마다 경남 거창에 내려갔다 왔습니다. 딸네 집에 올 때마다 꼭 학원에 들려서 마늘, 고추, 감자, 옥수수, 참기름, 등을 잔뜩 갖다 주며 고마워했습니다. 한글을 깨우친 이후부터 할머니의 삶은 예전과 완전히 달라졌습니다. 평생 이루고 싶었던 한글 터득 꿈을 성취했으니 삶의 의욕이 충만해졌습니다.

한글을 알게 되니 그동안 읽을 수 없었던 수많은 책들을 읽고 싶었습니다. 전래 동화책부터 시작해서 신문도 읽고, 다양한 책들을 읽다 보니 세상이 완전 다르게 보이더라며 감탄했습니다. 그렇게 할 수 있도록 계기를 만들어 준 센클을 가슴속에 평생 기억하며 사랑할 거라고 했습니다.

외손주 2명이 아침 독서하는 사이 할머니의 꿈만 성취되었을까요? 외손주들도 1년 이상 다니면서 영어 실력이 부쩍 늘어 초급 리더스 단계를 끝내고 챕터북으로 올라갔습니다. 챕터북을 읽기 시작하면서 아이들의 생각과 꿈이 자랐습니다. 챕터북 읽으면서 영어책 읽는 재미를 알기 시작했습니다. 지성의 감각이 눈을 뜨기 시작했던 거지요. 지구 반대편에는 전혀 다른 세상이 있음을 알게 되었고, 그

SR 5점대 돌파! 챕터북, 뉴베리 300권 읽더니 하버드를 꿈꾸기 시작했다!

나라에 가 보고 싶은 꿈이 생겼습니다. 영어책 읽기 전에는 전혀 생각지도 못했던 꿈이었습니다. 다양한 챕터북을 읽으면서 상상력이 마구 마구 솟아나기 시작했습니다. 칼테콧 상, 뉴베리 상 받은 책들을 읽으면서 인간의 따뜻한 우정과 꿈, 사랑의 깊이, 신비한 동식물 세계를 배우고 이해하게 되었습니다.

영미권 천재 작가들이 쓴 재밌는 명작을 읽나 보니 학교, 가정, 사회, 문화, 동식물 등, 온갖 것들에 대한 호기심이 생겼습니다. 리딩 단계가 올라가고 다양한 책을 읽으면서 아이들은 나중에 자라서 세계 최고 대학 하버드에 가서 공부하고 싶은 꿈이 생겼습니다. 미국에 가서 공부할 것을 생각하니 벌써부터 마음이 설렌다고 했습니다. 영어책 읽으면서 외손주 2명은 드넓은 세상에 대한 호기심과 상상력이 쑥쑥 자랐습니다.

리딩이 터지고 독서 습관이 잡히고 나서부터 스스로 책을 좋아하는 독서광으로 바뀌었습니다. 외손주들의 영어 실력이 향상되면서 이웃 엄마들에게 소문 나기 시작했습니다. 센클 Early Bird Reading Club은 목동 엄마들이 꼭 보내고 싶은 영어 독서 학원이 되었습니다.

외손주 아침반 영어 독서 따라다니다가 70대 거창 할머니의 꿈이 성취되었습니다. 원서 리딩에 재미 붙인 2명의 외손주는 독서광이 되었고 하버드를 꿈꾸기 시작했습니다.

"지혜는 진주보다 귀하니 네가 사모하는 모든 것으로도
이에 비교할 수 없도다."

-잠언 3장 15절-

4장

AI 시대,
가장 쓸모 있는 영어 교육

01

4차 산업혁명, AI 시대에도
더욱 중요해지는 영어 독서 교육

몇 년 전에 작고한 미래 학자 앨빈 토플러는 《제3의 물결》을 통해 우리의 미래에 대한 탁월한 통찰력을 보여 주셨던 분입니다. 작고하기 얼마 전 한국을 방문하여 "한국 학생들은 미래에 필요하지도 않은 지식과, 존재하지도 않을 직업을 위해서 학교와 학원에서 하루 15시간 동안을 낭비하고 있다."라고 말했습니다.

현재까지 그가 보여 준 철저한 과학적 분석과 예지력으로 볼 때 우리 아이들의 미래를 위해서 현재의 한국 교육을 혁신적으로 바꿀 필요가 있습니다. 하지만 누구나 한국 교육이 확! 바뀌어야 한다는 필요성을 느끼면서도 입시라는 장벽을 대하면 다시 원점으로 되돌아가니 안타깝고 답답합니다.

당장 중, 고생이 되면 눈앞의 시험 점수에 매달릴 수밖에 없는 현실을 마주해야 하니 말이죠. 학교 내신 성적이나 학생부종합기록(학

SR 5점대 돌파! 챕터북, 뉴베리 300권 읽더니 하버드를 꿈꾸기 시작했다!

종)이 좋아야 일류 고등학교, 일류 대학교에 진학할 수 있기 때문입니다. 이런 현실에서 근본적인 교육 제도를 바꾸지 않는 한 앨빈 토플러의 한국 교육에 대한 경고는 허공에 맴돌 뿐입니다. 미래에 사라질 지식과 존재하지도 않을 직업을 위해서 우리는 언제까지 소모적인 주입식 입시 교육에 매달려야만 할까요?

특히 중, 고등학교 영어 교육을 들여다보면 영어를 배우는 근본 목적인 의사소통 능력과는 상당히 거리가 멉니다. 그나마 공교육에서는 글로 써 보고, 말로 발표하는 서술형 수행 평가를 통해서 형식적인 의사소통 능력을 키우고 있긴 합니다. 하지만 시간이 턱없이 부족합니다. 특히 학교를 벗어난 사교육에서의 영어 교육 목표는 오로지 점수 따기입니다.

단어 암기와 문법, 독해 지문의 반복적인 유형별 문제 풀이를 통해서 한 점이라도 더 높은 점수를 받기 위한 교육을 하고 있습니다. 이러한 경향은 특히 중, 고등부 대상 영어학원에서 더욱 심해집니다. 초등 때 실용 영어 위주로 준비시키고 공부했던 학부모와 학생들에게 불안감을 조성하며 시험 위주의 공부로 전환하게 만드니 이 얼마나 답답한 현실이며 영어 교육의 낭비인가요?

AI와 로봇, 사물인터넷으로 대표되는 4차 산업혁명은 이미 펼쳐졌습니다. 4차 산업혁명이 전 산업계에 적용된다면 지금 같은 주입식 암기 교육을 받은 인재는 설 자리가 사라집니다. 수많은 독서를 통해서 얻은 창조적 상상력으로 무장한 인재가 시대를 리드하게 됩니다.

디지털과 결합된 인문학, 공학, 자연과학, 생물학 등 문, 이과를 넘나드는 융합형 창조 능력을 갖춘 인재는 점점 더 중요한 자리를 차지하게 될 것입니다. 4차 산업혁명 시대가 왔음에도 불구하고 오늘날 한국 영어 교육은 여전히 예전의 입시 영어 교육에만 매달리고 있습니다. 이렇게 배운 영어로 과연 글로벌 세상을 향해 자신의 꿈을 펼치는 언어로 활용할 수 있을까요?

천만다행인 것은 깨어 있는 수많은 학부모들이 자녀 미래를 위한 영어 교육으로 원서 리딩에 엄청난 투자를 하고 있다는 사실입니다. 필자가 2005년도 목동 '최초' 영어 도서관을 오픈할 때만 해도 원서 리딩 전문 학원은 필자가 운영하는 학원밖에 없었습니다. 그런데 지금은 새로운 영어 도서관 학원들이 여기저기 생겼습니다. 그만큼 원서 리딩 수요가 많아졌다는 증거이자 시대적으로 영어 독서 교육이 중요하다는 것을 나타내는 현상입니다.

원서 리딩은 단순히 책을 많이 읽음으로써 얻을 수 있는 어휘 실력이나 영어 독해력을 키우는 교육으로 끝나지 않습니다. 4차 산업혁명 시대에 가장 필요한 덕목인 아이들의 창의력과 상상력을 키우는 교육을 합니다. 영어책을 가까이함으로써 글로벌 세상을 꿈꾸는 또 다른 눈을 갖게 됩니다.

억지로 시험을 위한 영어 공부가 아니라 재미있어서 스스로 영어책을 읽게 되는 것, 이게 바로 원서 리딩의 가장 큰 매력입니다. 게다가 읽은 책의 주요 부분을 영어로 생각하며 글을 써 보는 훈련은 아이들의 생각을 논리적으로 키웁니다. 이러한 Literacy 교육, 즉 읽기, 쓰기 교육은 4차 산업혁명의

핵인 AI 인공지능을 통한 외국어 통역 기능이 정교하게 개발된다 할지라도 더욱 중요해질 수밖에 없습니다. AI가 아무리 지능화된다

고 해도 인간의 미묘한 감정, 문화, 상상력, 창의력을 뛰어넘을 수 없습니다.

앞으로 우리 아이들이 자라서 많은 사람들에게 좋은 영향을 미치는 리더로 성장하기 위해서는 자신의 생각을 말과 글로 유창하게 표현할 수 있는 리터러시 능력이 절대적으로 필요합니다. 이러한 리터러시 능력은 하루아침에 길러지는 것이 아니기 때문에 꾸준한 독서와 훈련을 통해서 실력을 쌓아야 합니다. 시간적 여유가 있는 초등학생 때가 원서 리딩하기에 가장 좋습니다. 지적 능력과 상상력을 키우는 데 있어서 원서 리딩보다 뛰어난 방법은 없습니다. 4차 산업혁명 시대, AI 시대를 맞이한 우리 아이들이 밝고 희망찬 미래를 열어 가기 위해서는 원서 리딩을 통한 Literacy 능력을 갖추는 교육이 절실히 필요한 때입니다.

"창의력은 지능을 재미있게 쓰는 능력이다."

－알버트 아인슈타인－

02

영어 교육 패러다임의
획기적인 변화

몇 년 전 교육부에서 개정 교육 과정에 대한 총론과 각론을 발표했습니다. 그동안 말이 많았던 수능 영어에 대해서 9등급제라는 기존의 골격을 유지하는 차원의 수능 영어 절대 평가 세부 도입 방안이 확정되었습니다. 확정되고 나서 절대 평가 체제에서 수능 영어 1등급이 대폭 늘어날 것으로 예상했습니다. 발표 당시에 혹 "영어는 조금만 공부해도 고득점을 받을 수 있겠다."라고 안심하는 학생이나 학부모가 많이 있었습니다. 하지만 수능 영어 결과를 보면 절대 평가가 되었어도 여전히 1등급 구간에 들어가기가 만만치 않습니다.

발표 내용의 핵심은 21세기에 맞는 인재를 키우기 위해서는 지식 위주의 암기 교육을 지양하고 창의융합형 교육을 적극적으로 실천한다는 내용이었습니다. 우리나라는 그동안 개발도상국에서 선진국을 따라잡기 위한 모방형 추격 경제였기 때문에 주입식 지식 암기

SR 5점대 돌파! 챕터북, 뉴베리 300권 읽더니 하버드를 꿈꾸기 시작했다!

교육이 필요했었다고 합니다. 하지만 이제 대한민국의 경제 규모는 엄청나게 커지고 다양해졌으며 선진국의 일원인 OECD 회원국이 되었습니다.

따라서 더 이상 지식 암기 교육만으로는 글로벌 시대에 필요한 선도형 창조 경제를 이끌 수 없다는 것이 교육계의 중론입니다. 종전에 문, 이과로 나뉘어 공부하던 고등학교에서 기초 소양 함양을 위해 모든 학생들이 배우는 공통 과목을 도입하고 통합적 사고력을 키우는 통합사회 및 통합과학 과목을 신설하였습니다. 특히 글로벌 시대에 필요한 창의융합형 인재를 키우기 위해 인문 독서 읽기 운동을 전 학년에 걸쳐 시행하고 있습니다.

수능 영어가 절대 평가로 바뀌었기 때문에 종전처럼 1~2점을 더 따기 위한 과도한 문제 풀이 수업이나, 점수 따기 경쟁은 사라지게 될 거라고 예견했습니다. 하지만 지금도 수능 영어 1등급을 받기 위해서 여전히 EBS 문제 풀이를 하고, 점수 따기 영어 교육을 하고 있습니다. 수능 영어 1등급 받은 학생이 그 수준의 영어 실력자인지에 대해서도 말들이 많습니다. 이제야 말로 글로벌 언어로서 의사소통을 위한 실용 영어를 터득하는 데 초점을 맞추어 공부하는 것이 필요해졌습니다. 오히려 바뀐 고등부 영어 교육 개정안을 보면 늦어도 초등학교 저학년부터 영어 공부 시간 비중을 늘려야 할 상황입니다.

수능 중심, 즉 독해와 어휘력(암기) 위주의 영어 평가에서는 기초가 약해도 고등부에서 죽어라고 외우면서 문제 풀이하면 최상위권은 아니어도 상위권 진입이 어느 정도 가능합니다. 하지만 독해와 어휘력은 물론 듣기, 말하기, 쓰기까지 다양하게 평가되는 내신에서는 원서 리딩으로 영어의 4가지 영역에 익숙한 학생들이 높은 내신 등급을 받을 수 있습니다. 내신 등급 높은 학생들은 대학교 수시 모집 합격에 절대 유리합니다.

특히 자신의 진로 선택을 위한 심화 과정 부분에서 이공 계열을 제외한 전 계열(경상 계열, 어문 계열, 예술 계열)에서 영미 문학 읽기(→ 즉 영어 원서 읽기)가 필수로 들어갔습니다. 이는 바꾸어 말하면 영어 교육에 있어서도 인문학적 사고력을 통한 융합형 인재 양성을 위해서 외국의 문화와 사상을 배우고 익히는 영미문학, 원서 리딩의 필요성을 절감했다고 할 수 있습니다.

필자가 운영하고 있는 영어 도서관은 이미 이러한 시대가 올 것을 예견하며 주입식 문제 풀이 영어, 점수 따는 영어를 지양하고 영어 영재를 키우기 위해서 수많은 영어 원서를 읽고, 써 보고, 말하고, 발표하는 수업을 꾸준히 진행해 왔습니다.

필자는 원서 읽기 개척자로서 목동에서 영어 독서 돌풍을 일으켰습니다. 이러한 원서 리딩 돌풍이 전국 각지로 알려지면서 지금은 초등 영어 교육 트렌드를 리드하는 대세가 되었습니다. 원서 리딩은 해도 되고, 안 해도 되는 차원이 아니라 초등생이라면 반드시 해야 하는 필수 코스가 되었습니다. 원서 리딩을 안 하고 중등부에 올라가면 내 아이만 영어 교육에서 손해 보는 세상으로 바뀌었습니다.

창조적 상상력을 키우는 영어 교육의 핵심은 바로 원서 리딩임을 학부모들이 깨닫기 시작했습니다. 교육부가 뒷짐지고 뒷북치고 있을 때, 시대를 꿰뚫는 지혜로운 학부모들이 원서 리딩으로 영어 교육의 패러다임을 획기적으로 바꾸고 있습니다.

SR 5점대 돌파! 챕터북, 뉴베리 300권 읽더니 하버드를 꿈꾸기 시작했다!

원서 리딩은 단순한 영어 교육이 아니라 영미권의 문화와 사고방식, 살아 있는 현지 언어를 배우는 최고의 재료들로 가득 차 있는 보물입니다. 영미 원서 보물들을 읽기 위해 영어 독서에 빠진 아이들은 영어를 모국어처럼 터득하며 영어 영재로 자랍니다. 전국 각 지역 영어 도서관 학원에 다니는 수많은 초등생들과 엄마들이 앞장서서 영어 교육 패러다임을 획기적으로 바꾸고 있습니다.

"그 무엇도 직선으로 움직이지 않는다. 어떤 목표도 좌절과 방해를 겪지 않고 이루어지는 법은 없다."

-앤드류 매튜스-

03

AI 시대에도
최종 살아남을 수 있는 영어

성경에 보면 인류는 바벨탑을 쌓기 전에 '온 땅의 언어가 하나요 말이 하나였더라'라는 말씀이 나옵니다. 인간들이 모여서 하늘 꼭대기까지 바벨탑을 쌓아 그들의 이름과 업적을 나타내고자 하였으나 그들의 교만함을 하나님께서 보시고 언어를 혼잡하게 해서 그들을 온 지면에 흩으셨다고 합니다.

그로부터 인류는 수백 개의 언어로 나뉘어 생활해 온 지 수천 년이 지났습니다. 그러다가 요즈음 IT 기술의 무서운 발전으로 드디어 바벨탑 쌓기 전의 세상처럼 온 세상 언어가 AI 하나로 소통하게 되는 날이 올 수도 있습니다. 이미 개발된 통번역기를 통해서 어느 정도 가능성을 점쳤습니다. 인간계 바둑 1인자 이세돌을 이긴 알파고 등 각종 AI 기술의 눈부신 발전으로 수년 내로 곧 상용화할 수 있다고 합니다.

SR 5점대 돌파! 챕터북, 뉴베리 300권 읽더니 하버드를 꿈꾸기 시작했다!

과거에는 10만 단어를 통해서 부분적인 의사소통을 했지만 이제는 AI가 스스로 학습을 통해서 100만 단어 이상을 익혀 수십억 개의 표현을 할 수 있다고 하니 그저 입이 딱 벌어질 지경입니다. 스마트폰 앱에 서로 설치하기만 하면 바로 상대방 언어로 동시통역을 하게 되니 통역 가이드가 필요 없는 세상이 올 것입니다.

AI 상용화 시대가 온다면 영어를 비롯해서 중국어, 일어, 독어 등 주요 외국어를 머리 싸매 가며 공부할 필요가 있을까요? 특히 우리나라 입시와 사교육에서 중요한 비중을 차지하며 어릴 때부터 공들이고 있는 영어는 과연 어떻게 바뀔까요? 지금까지의 기술적 진보로 미루어 볼 때 일상적인 간단한 언어는 AI가 대신할 수 있을 것입니다. 이제는 간단한 표현의 영어 회화와 앵무새처럼 외우는 암기 영어, 문법 독해 위주의 시험 영어는 AI 쓰나미에 언제 쓸려 내려갈지 모릅니다.

최근에 개발한 대화형 AI인 'Chat GPT'는 사람과 대화하면서 원하는 답을 알려줍니다. AI 기술 발전에 그저 놀라울 따름입니다. 이러다가 인간의 고유한 영역까지 AI에게 침범당하지 않을까 전전긍긍하는 세상이 되었습니다.

대화형, 지능형 AI가 고도화되어 인간의 영역을 침범한다고 해도 유일하게 살아남을 수 있는 영어란 과연 무엇일까요? '인간에게 쉬운 일은 기계에게 어렵고 기계에게 쉬운 일은 인간에게 어렵다'라는 모라벡(Moravec)의 역설에서 해답을 찾을 수 있습니다. 그게 바로 AI가 대신할 수 없는 인간의 감성, 사랑, 창의성, 상상력에 기반을 둔 Literacy 영역, 즉 읽고, 쓰는 영어입니다.

왜냐하면 전 세계 고급 정보의 70%가 영어로 되어 있습니다. 한국은 후발 주자로서 우리보다 훨씬 앞서 있는 선진국들과의 기술 격차를 좁혀야만 생존할 수 있습니다. 이들을 추격해서 선두 그룹으로 나가려면 영어로 된 지식 정보를 읽고 이해하는 능력이 필요합니다. 이를 통해서 새로운 아이디어를 찾아서 글로 표현하고 알리는 리터러시 교육은 더욱 중요해질 것입니다.

교육부에서 발표한 개정 교육안의 주된 교육 목표가 창의융합형 인재 양성입니다. 창의융합형 인재가 되려면 수많은 독서를 통해서 다방면의 지식 습득이 필요합니다. 특히 고급 정보 습득을 위해서는 영어로 된 지식 정보를 읽고 이해하는 능력을 갖추어야 합니다. 수많은 지식 정보의 인풋(In-put)을 통해서 상상력과 감성 능력, 창의적인 아이디어를 얻을 수 있습니다.

이러한 인간의 창의적인 지적 능력과 판단력, 삶의 가치관에 따른 양심의 영역은 AI가 대신할 수 없는 분야입니다. 앞으로 AI 기술과 지능형 로봇, 사물인터넷으로 대변되는 4차 산업혁명은 사회 모든 분야에 더욱 광범위하게 활용될 것입니다. 지금 중요하다고 여기는 직업과 교과목의 50%가 10년 내로 없어지거나 바뀐다고 합니다. 과연 우리는 어떻게 미래를 준비해야 할까요? 이런 시대가 다가와도 살아남을 수 있는 인재를 키우는 것이 오늘날 교육의 중요한 목표가 되어야 합니다.

바로 국가와 사회가 원하는 미래의 리더가 되고 상상력의 인재가 되려면 어릴 때부터 다방면의 책을 읽는 독서 습관을 길러 주는 것이 절대적으로 필요합니다. 특히 영어 분야에서는 국가와 지자체가 발 벗고 나서서 영어 도서관을 건립하여 학생들의 Literacy(읽고 쓰는) 능력을 키우고자 전력 투자하고 있습니다. 수많은 영어책을 읽고 이해하며, 그 가운데 있는 핵심 내용을 추려 내어 영어로 요약할 수 있는 쓰기 능력은 점점 중요해지고 있습니다.

이미 중, 고등 영어 시험도 글로 쓰는 서술형 평가와 과제 발표를 중시하는 수행 평가 비중이 50% 이상 확대하고 있습니다. 또 개편된 고등부 영어 교과 과정을 보면 선택 과목 중 진로 선택에서《영미문학읽기》를 정식 과목으로 채택하여 배우고 있습니다.

이처럼 AI 시대가 와도 유일하게 살아남을 수 있는 건 인간의 창의력, 상상력, 추리력, 분석력입니다. 이러한 능력을 키우기 위해서 어릴 때부터 수많은 영어책을 읽는 습관이 필요합니다. 영어책을 읽고서 생각을 글로 쓸 수 있는 영어 독서 환경과 시스템을 만나는 것은 대단히 중요합니다.

아무리 스마트폰, AI 같은 디지털 기계가 발달한다 할지라도 모든 학문의 기초를 익혀야 하는 초등 시절에는 아날로그 종이책으로 지력, 창의력, 상상력을 키우는 과정이 반드시 필요합니다. 이처럼 미래를 내다볼 줄 아는 현명한 부모님을 통해서 그런 행운을 잡은 아이들은 AI 시대가 펼쳐지더라도 크게 쓰임 받게 될 것입니다.

"성공은 매일 반복한 작은 노력들의 합이다."

－로버트 콜리어－

04

리딩을 강조하고
사교육을 시키는 특별한 이유

"체력이나 지능이 아니라 노력이야말로 잠재력의 자물쇠를 푸는 열쇠다."라고 윈스턴 처칠이 말했습니다. 해리포터 작가 조앤 롤링, 스티브 잡스, 마크 저커버그, 링컨, 오바마, 아인슈타인, 다산 정약용, 율곡 이이, 도산 안창호, 의사, 과학자, 작가, 언론인, 교수, 법조인, 예술가, 음악가 등등 이 사람들의 공통적인 특징이 무엇일까요?

상상력이 뛰어나다는 것과 엄청난 독서와 노력으로 각 분야에서 뛰어난 활약을 펼치고 있는 노력형 공부 수재라는 사실입니다. 요즘 아이들 사교육 3~4가지 이상은 누구나 합니다. 학교 끝나고 오면 이 학원, 저 학원 다니느라 무척 바쁩니다. 특히 사교육 1번지 목동, 강남 쪽 아이들은 다른 지역 아이들보다 더 바쁩니다. 왜 여러 가지 사교육을 시키는 걸까요? 왜 교육열 높은 동네 엄마들이 리딩을 강조

SR 5점대 돌파! 챕터북, 뉴베리 300권 읽더니 하버드를 꿈꾸기 시작했다!

할까요?

유명한 책《Think Big》은 저자 벤 카슨이 자신의 인생 역전 경험을 담은 책입니다. 그는 초등 시절 흑인 빈민가 출신의 열등생이었습니다. 초등 5학년 때까지만 해도 전교 꼴찌에 멍청이로 놀림당하던 주인공이었지요. 어느 날 리딩에 눈을 뜨고 나서 인생 역전의 기적을 만들어 냅니다. 책은 거들떠도 보지 않고 TV나 게임, 놀기만 좋아했으니 당연히 꼴찌 할 수밖에 없었습니다. 그랬던 벤 카슨이 읽기에 눈을 뜨고 나서부터 전혀 다른 차원의 세상을 경험하게 됩니다.

전교 꼴찌가 바뀌게 된 계기는 전적으로 엄마의 지혜였습니다. 엄마 본인은 못 배우고 가난해서 부유한 집의 파출부로 나갔지만 그들의 생활 습관을 유심히 보면서 깨닫기 시작합니다. 있는 집, 배운 집들은 생활 습관이 일반 서민들과 너무나 다르다는 사실을 말이지요.

그때부터 두 아들에게 리딩 습관을 길러 주고자 도서관에 보냈습니다. 도서관에 다니면서 형제는 읽기의 재미를 알게 되었습니다. 책을 읽기 시작하면서 잠자고 있던 지성이 깨어나기 시작합니다. 그 이후 벤 카슨과 형 커티스는 리딩을 통해서 엄청난 속도로 학문을 깨우치며 인생 역전의 주인공으로 성공합니다. 벤 카슨은 현재 미국 존스 홉킨스 병원에서 세계적인 소아 신경외과 의사로 근무하고 있습니다.

왜 리딩을 강조할까요? 가장 큰 이유는 지식과 정보를 얻고 삶의 깨달음을 얻기 위해서입니다. 어떤 책을 통해서 감정의 공감대가 폭발할 때 아이들은 리딩에 푹 빠집니다. 리딩을 통해서 감정의 교류를 자주 갖는 아이는 책이 손에서 떠나지 않습니다. 이런 단계에 도달하면 공부와 독서는 스스로 합니다. 영어책이든, 한글책이든, 리딩 많이 한 아이들 중에서 공부 못하는 아이를 본 적이 없습니다. 리딩과 공부는 정비례 관계이며 공부 수재가 되는 지름길입니다.

어떤 분이 이런 질문을 했습니다. 미래에는 AI와 로봇, 스마트폰이 통역관 역할을 할 텐데 굳이 외국어를 배울 필요가 있을까요? 물론 낯선 여행지에서 길을 묻거나 쇼핑, 음식 주문 등, 단순한 대화는 AI나 로봇이 인간을 대신할 수 있습니다. 하지만 인간과 인간이 소통하기 위해서는 미묘한 감정의 교환, 지성의 교환이 필요하잖아요. 그리고 인간만이 사용할 수 있는 복잡한 감정적인 교류, 삶의 옳고 그름을 판단하는 양심이라는 게 있습니다.

예를 들면 대화의 반전, 은유, 유머, 감성적인 표현들을 서로 간에 주고받고 해야 합니다. 이런 표현들은 AI나 로봇, 스마트폰이 도저히 흉내 낼 수 없습니다. 오로지 이성과 감정, 양심을 가진 인간만이 사용할 수 있습니다. 서로 간에 문화적인 관습을 이해하고, 지성의 교환을 통한 고급 정보 습득, 인간적인 깊은 사귐을 위해서는 언어적인 의사소통은 절대 필요합니다. 아무리 디지털 기술이 발전한다고 해도 기계가 할 수 없는 영역이 있습니다. 이런 이유 때문에 외국어 공부는 시대를 초월해서 반드시 해야 합니다.

외국어 한두 개를 유창하게 구사하는 인재와 그렇지 않은 인재가 있다면 기업이나 국가는 누구를 채용할까요? AI나 통번역기 같은 기계를 의존하지 않고 어디에서나 직접 외국인과 바로 소통할 수 있는 능력은 미래 사회의 성공을 위해서 압도적인 경쟁력 우위에 올라서는 길입니다. AI나 통번역기가 발전할수록 역설적으로 외국어를 유창하게 구사하는 능력을 갖춘 인재는 더욱 각광받게 됩니다. 나만의 외국어 무기를 하나씩 가지고 있으면 꿈을 성취시키려는 담대한 용기와 자신감이 생깁니다.

그렇다면 리딩을 많이 하고 사교육을 시키는 최종 목적은 무엇일까요? 결국 원하는 대학 들어가서 좋은 직업을 얻기 위해서입니다. 사람이 인간다운 삶을 누리고 자신의 꿈을 성취하기 위해서 직업 선택은 대단히 중요합니다.

세상에는 수많은 직업들이 있습니다. 아이들이 나중에 어떤 직업을 선택할지 지금은 아무도 모릅니다. 그러나 지금 어떤 습관을 가진 아이로 자라는지에 따라 미래 직업의 방향이 달라집니다. 직업에는 귀천이 없다고들 하지만 다음과 같은 구분은 엄연히 있습니다. 안전한 직업과 위험한 직업이 있습니다. 안정적인 직업과 불안정한 직업이 있습니다. 고수익 직업과 저수익 직업이 있습니다.

직업을 다시 크게 두 가지로 분류한다면 지식 노동 직업과 육체노동 직업입니다. 만약 어느 학교에 1,000명의 학생이 있다면 지식 노동 직업에 종사할 학생은 약 30% 이내입니다. 나머지 70%는 육체노동 직업에 종사할 것입니다. 그렇다고 육체노동에 종사하는 사람들을 비하하거나 나쁘다는 뜻은 절대 아닙니다. 단지 지식 직업을 선택한 사람보다 불안정하고 힘들게 살아야 하는 미래를 만날 수밖에 없다는 의미입니다.

30% 지식 직업에 종사할 학생 중에서도 고급 지식에 종사할 학생

은 10% 됩니다. 다시 10% 중에서 초 고급 지식 직업에 종사할 학생은 1% 미만으로 압축됩니다. 30%, 10%, 1% 안에 속하는 지식 직업 인재가 되려면 어릴 때부터 리딩 습관을 길러야 합니다. 책을 좋아하지 않는 아이들은 불가피 육체노동 직업을 선택할 수밖에 없습니다. 이것은 엄연한 현실이요, 수많은 빅데이터에 근거한 팩트입니다. 그렇다면 이러한 리딩 습관을 언제부터 길러야 할까요?

대개는 초등 저학년 때부터 시작됩니다. 초등 고학년이면 리딩 습관이 잡혔는지 아이의 방향이 보입니다. 철이 늦게 드는 일부 학생들은 중학생 때 시작하는 경우도 있습니다. 될성부른 아이의 떡잎은 이때부터 달라지기 시작합니다. 그때부터 리딩 습관이 잡힌 아이들은 중, 고등, 대학을 거쳐 지식 직업을 선택할 확률이 대단히 높아집니다. 미래에 우리 아이가 위험한 직업보다 안전한 직업을 원한다고요? 불안정한 직업보다 안정적인 직업을 원한다고요? 저수익보다 고수익 직업을 원한다고요? 그렇다면 지금부터 리딩 습관을 길러야 합니다.

창조적 상상력과 뛰어난 감성 능력을 키우려면 한글 독서나, 영어 독서나 리딩은 필수입니다. 성경 잠언에 이런 말씀이 나옵니다. "Diligent hands will rule, but laziness ends in slave labor(부지런한 자의 손은 사람을 다스리게 되어도 게으른 자는 부림을 받느니라)." 학교 다닐 때 부지런히 읽고 노력한 자는 다스리는 자의 위치에 가게 됩니다. 리딩 노력과 학업을 게을리한 자는 다스림을 받는 자가 됩니다. 다스리는 자와 다스림을 받는 자! 살벌한 표현처럼 보이지만 모든 직업 속에 숨겨진 현실이요 진리입니다.

미래에 우리 아이가 어느 쪽에 있기를 원하세요? 리딩을 강조하고 사교육을 시키는 특별한 이유가 여기에 있습니다.

> "도전은 인생을 흥미롭게 만들며, 도전의 극복이 인생을 의미 있게 한다."
>
> ―조슈아 J.마린―

05

e-book과 비교할 수 없는
종이책 원서 리딩의 탁월한 효과

디지털 기술의 눈부신 발달로 각종 e-book 영어 독서 프로그램들이 우후죽순처럼 생겼습니다. 화려한 그래픽과 신나는 사운드, 게다가 게임을 통한 단어 암기와 문장 퀴즈로 아이들의 눈과 귀를 현혹합니다. 책을 좋아하지 않던 아이까지 e-book에 몰두하게 하니 옆에 있는 엄마가 보기에도 영어 실력이 저절로 향상될 것처럼 보입니다. 또한 e-book은 무거운 책을 들고 다니지 않아도 스마트폰이나 태블릿 PC를 통해서 바로 검색해서 읽을 수 있는 편리성, 다양성이 있습니다. 여기까지 보면 e-book의 장점이 종이책 원서 리딩보다 훨씬 커 보입니다. 그런데 과연 e-book 읽기의 효과까지도 그럴까요?

온라인 e-book 읽기를 통해서 드러난 객관적인 문제점들

영어 독서를 하는 근본 목적이 무엇일까요? 영어책을 읽으며 책 읽는 습관을 길러 주고 사고력, 이해력을 높여서 궁극적으로 영어 실력을 향상시키는 것입니다. 모든 e-book은 터치로 시작해서 터치로 끝나거나 마우스로 시작해서 마우스로 끝납니다. 클릭, 클릭하면 다음 페이지로 바로 이동합니다. 머리로 기억하거나, 마음으로 상상하거나, 손으로 만져서 촉감을 느끼거나, 연필로 꾹꾹 눌러쓸 필요가 없습니다. 그래서 e-book으로 읽은 책들은 뇌세포의 기억 장치에 도달하기도 전에 사라지는 경우가 많습니다. 수고가 없었으니 얻는 것도 별로 없습니다. 이것이 e-book 읽기의 맹점입니다.

필자는 목동에서 오랫동안 영어 도서관을 운영하면서 이름이 알려진 e-book 프로그램을 실제 도입한 적이 있었습니다. e-book에 대한 홍보 때문인지 학부모 중에서도 간혹 찾는 수요가 있었습니다. 학원에 도입하여 오프라인 종이책 원서 리딩 보완프로그램으로 3년 이상 경험했습니다. 처음 한두 달은 아이들의 흥미와 호기심 때문에 사용하는 아이들이 제법 있었습니다. 하지만 얼마 못 가서 이내 흥미가 떨어지고 사용하는 아이들의 숫자가 점점 줄었습니다. 무엇보다 e-book을 통해서는 영어 실력 향상시키기가 대단히 힘들었습니다.

몇 년 전 성균관대 최명원 교수팀은 학생들 총 89명을 상대로 종이책 원서 리딩과 e-book 읽기의 효과를 실험으로 측정했습니다. 그 결과 모든 집단에서 종이로 글을 읽을 때가 디지털 읽기보다 기억 효과가 2배 정도 뛰어남을 증명했습니다. 연구를 수행한 최명원 교수는 "SNS 등 디지털 스크린으로 글을 읽는 것은 읽기(Reading)가 아니라 보기(Seeing)에 가깝다는 게 실증적으로 드러난 것."이라고 말했습니다.

온라인 e-book 읽기만 해서는 영어적 이해력과 사고력을 키우는 데 한계

위의 연구 실험 결과를 보더라도 디지털로 만든 e-book의 경우 편리성은 많지만 진정한 언어적 이해 사고력을 키우는 데 문제점이 있다는 것을 보여 주는 사례입니다. 요즘 원서 리딩이 붐이다 보니 수많은 e-book 업체들이 전자 영어 도서관을 홍보하고 있습니다. 여러 e-book 업체들의 프로그램을 자세히 살펴보면 우선 종이책 원서와 비교해서 글밥이 턱없이 부족합니다. 레벨 높은 책도 불과 30쪽 내외입니다.

e-book에 들어간 콘텐츠가 영미권 유명 필독서들이 아닌 경우도 많습니다. 여기저기 이름 없는 회사들의 책이거나 검증 안 된 작가들이 창작한 책으로 콘텐츠를 채운 경우가 많습니다. 무엇보다 중요한 것은 e-book 읽기를 통해서 영미권의 문화와 사고방식, 그들이 사용하는 언어를 배워야 하는데 글밥이 얇은 e-book 읽기를 통해서는 그런 능력을 키우기가 매우 어렵습니다.

오프라인 종이책 원서 리딩의 효과

이와 반대로 종이책 원서 리딩은 어떨까요? 우선 수천 권의 영어책들이 영미권 유명 필독서로 구성되어 있습니다. 얇은 리더스 책부터 시작해서 《해리포터》처럼 두꺼운 책들이 즐비합니다. 글밥이 있고, 발단, 전개, 절정, 결말이 있는 영미 원서를 꾸준히 읽으면 깊이 있는 사고력을 키울 수 있습니다. 세계적인 문학상인 칼데콧, 뉴베리 상 받은 뛰어난 영미권 작가들의 책을 통해서 인문학적 상상력을 길러 줍니다.

SR 5점대 돌파! 챕터북, 뉴베리 300권 읽더니 하버드를 꿈꾸기 시작했다!

종이책은 나무로 만들어져 있어 자연 친화적이며 따뜻한 안정감을 줍니다. 여백의 공간이 있으며 페이지마다 촉감을 통해 오랫동안 기억하게 해 줍니다. 게다가 책을 넘기면서 다음 이야기를 예측해 보는 추리력과 상상력을 길러 줍니다. 무엇보다 원어민식 사고력을 길러 주어 영어로 읽고 이해하는 독해 능력이 비약적으로 발전합니다. 또한 읽은 책의 핵심 줄거리를 정리하면서 논리적인 Writing 실력까지 향상시킬 수 있습니다.

그렇더라도 모든 것이 디지털로 바뀌는 시대인데 군이 아날로그 종이책 원서 리딩이 앞으로도 계속 필요할까요? 하지만 종이책 원서 리딩은 초등생들의 독서 습관, 사고력, 상상력, 지력을 향상시키기에 가장 좋은 재료이자 영양제입니다. 게임과 스마트폰에 빠진 아이들은 사고력, 추리력, 상상력이 자라지 않습니다. 터치만 하면 지식이나 내용이 팝콘처럼 튀어나오기 때문에 군이 머리 쓸 필요가 없습니다. 이대로 두면 아이들은 팝콘 두뇌로 바뀌게 되어 사고력이 저하되고 디지털 매체에 중독될 위험이 있습니다. 종이책 원서 리딩은 이러한 디지털 과다 사용, 중독에서 벗어나고 멀어지게 하는 해독제 역할을 합니다.

이러한 종이책 원서 리딩의 여러 가지 효과 때문에 학교나 지자체에서 영어 도서관을 지속적으로 건립하고 있습니다. 필자가 목동에서 영어 도서관을 운영하면서 수많은 학생들을 만났습니다. 그중에서 소위 영어 잘한다는 아이들의 90% 이상은 종이책 원서 리딩을 꾸준히 한 아이들이었습니다. 미안한 이야기지만 e-book을 읽고 있는 아이들 중에서 영어 잘하는 아이를 만난 적이 없습니다. 이러한 객관적인 사실과 효과적인 측면을 고려할 때 앞으로도 종이책 원서 리딩은 초등 영어 교육 트렌드를 주도할 것이며 꾸준히 사랑받고 성장할 것입니다.

"큰 꿈들은 사람들의 영혼들을 휘저어 위대함에 이르도록 하는 마법을 창조한다."

-빌 맥카트니-

SR 5점대 돌파! 챕터북, 뉴베리 300권 읽더니 하버드를 꿈꾸기 시작했다!

06

영어 영재 만들려면 무조건 원서 리딩
좋아하는 아이로 키워라!

"저절로 책을 좋아하게 되는 아이는 거의 없다. 누군가는 아이를 매혹적인 이야기의 세계로 끌어 들여야 한다. 누군가는 아이에게 그 길을 가르쳐 주어야 한다." 오빌 프레스콧의 《아이들에게 책 읽어 주는 아버지》란 책에 나오는 구절입니다.

이 문장은 요즘 독서 교육의 중요성을 강조하는 분들이 많이 인용하는 구절입니다. 내 아이가 책 읽기를 싫어한다며 독서 교육을 미리 포기한 부모들에게 일침을 가하는 따끔한 충고입니다. 독서 교육에 성공하려면 부모가 독서를 대하는 태도, 독서 환경, 독서 동기 부여를 만들어야 주어야 합니다. 내 아이가 미래의 인재로 자라기 위해서 부모가 가장 힘써야 할 부분이 바로 독서 교육입니다. 독서 교육을 빼놓고 아무리 사교육을 많이 시켜 본들 모래 위에 성을 세운 것처럼 이내 무너집니다.

4차 산업혁명은 이미 산업계와 모든 사회 전반에 빠른 속도로 확장되고 있습니다. 이러한 시대에 가장 많이 회자되는 교육의 3대 키워드가 무엇일까요? 첫째, 창의융합 교육, 즉 통섭 교육입니다. 문, 이과를 넘나드는 융합 교육으로 폭넓은 지식을 쌓는 교육이 필요합니다. 그래야 창의력이 솟구치는 아이디어의 원천이 만들어집니다. 둘째, 자기주도 학습입니다. 주입식 암기 교육으로 일방적 지식 전달만 할 게 아니라 스스로 필요한 것을 찾아서 과제를 해결하는 자기 주도 학습 능력을 키워야 합니다. 그래야 성취감을 느끼고 더 큰 지식을 흡수할 수 있습니다. 셋째, 인문 독서입니다. 창의융합과 자기주도 학습도 결국은 인간의 삶을 풍요롭게 하기 위해서입니다. 인간의 삶을 풍요롭게 하기 위해서는 인간을 가장 잘 이해하고 깊이 있게 알아야 합니다. 인문 독서는 바로 과거부터 현재, 미래까지 인간을 지배하고 있는 의식 세계를 알기 위해서 반드시 필요한 영양분을 제공해 줍니다.

디지털 기계 문명의 놀라운 발전으로 말미암아 요즘 스마트 기기의 과도한 남용이 사회적 문제로 부각되고 있습니다. 디지털 문명의 발전은 상대적으로 인간성 상실과 사고력, 상상력을 급속도로 퇴화시키고 있습니다. 이 같은 퇴화를 막고 기계 문명의 노예에서 벗어나려면 상대적으로 종이책 리딩 교육이 더욱 중요합니다.

이러한 시대의 변화에 따라 영어 공부도 단순한 회화나 문법 공부, 분석하고, 쪼개며, 거꾸로 해석하는 시험 위주의 영어 학습은 줄이거나 버릴 때가 되었습니다. 4차 산업혁명 시대의 리더가 되기 위해서는 풍부한 원서 리딩을 통해서 인문학적 영어 사고력, 창의력, 상상력, 비판력을 길러 주는 영어 교육이 필요합니다.

현재 교육부의 목표는 중, 고등부 영어 교육을 통해서 사고력을 요하는 서술형 평가 비중을 현 45%에서 점차적으로 100%까지 높이겠다고 합니다. 이것은 무엇을 의미할까요? 단순한 주입식 암기 위주의 영어 교육을 지양하라는 뜻입니다.

풍부한 원서 리딩이라는 In-put을 통해서 영어식 사고력을 길러야 합니다. 읽고, 쓰는 서술적 능력을 길러서 비판적 사고력을 키우는 교육이 필요하다는 뜻입니다. 이러한 서술적 표현 능력을 길러 주는 제일 좋은 방법은 어릴 때부터 수많은 영어책을 읽고, 듣고, 써 보는 것입니다. 내 아이가 영어에 자유로운 인재, 영어 영재를 만들려면 무조건 원서 리딩을 좋아하도록 만들어야 합니다. 원서 리딩을 좋아하도록 습관을 잡아 주면 자녀 영어 교육은 성공합니다.

초등 때부터 재미있는 영어책을 많이 읽고, 매일 조금씩이라도 영어로 글을 요약하거나, 영어 일기, Book Report를 쓰도록 도와주면 에세이 쓰는 능력이 눈부시게 발전합니다. 영어 사고력이 길러지지 않은 아이한테 옛날식 영어 학습법으로 단어와 문법을 암기하게 하고, 주입식으로 문장을 달달 외워 본들 사고력과 상상력은 길러지지 않습니다. 이는 마치 기초 공사를 부실하게 한 상태에서 고층 건물을 지으면 이내 곧 무너지는 것과 같습니다. 원서 리딩은 자기 레벨에 맞는 책을 골라서 재미있게 읽기 때문에 억지로 외우지 않아도 스펀지처럼 영어를 받아들입니다.

자기 수준에 맞는 영어책을 술술 읽고 이해한다는 것은 얼마나 멋진 일인가요! 남이 떠먹여 주는 주입식 영어 공부가 아니라 스스로 영어책 한 권을 완벽하게 읽고 나면 굉장한 재미와 성취감을 느낍니다. 일반 영어학원에서는 학원 진도를 뽑기 위해서 강사가 일방적인 강의를 하기 때문에 수준에 맞는 책을 차곡차곡 읽고 이해한다는 것은 상상할 수가 없습니다.

영어 영재 만들기 위해서는 우선 영어책 읽는 환경을 만나야 합니다. 그런 환경을 만나야 끈기 있게 수많은 영어책을 읽게 되어 영어 내공이 쌓입니다. 전문 영어 도서관에 오면 원서 리딩하는 수많은 아이들을 만나니 저절로 영어책 읽으려는 동기 부여가 생깁니다. 리딩 전문 교사가 아이 레벨에 맞는 영어책을 골라 주어 세심하게 지도하고 관리하여 리딩 레벨이 올라가도록 지도합니다.

리딩 레벨이 올라간 아이들은 성취감을 느끼며 점점 영어 두뇌가 만들어져 영어 영재의 바탕이 길러집니다. 이처럼 전문 영어 도서관은 체계적인 다독, 정독 시스템으로 지도하여 아이가 영어책을 꾸준히 읽게 하고 좋아하도록 만듭니다. 영어책을 좋아하게 되면 결국엔 영어가 터집니다. 이 시대가 원하는 인문학적 영어 사고력, 상상력, 창의력이 뛰어난 영어 영재가 됩니다.

"무모한 기대로 시작하지 않으면 무모한 기대를 뛰어넘는 성공을 거둘 수 없다."

-랠프 채럴-

07

앞으로 초등 영어 교육은
영어 도서관 시스템이 지배한다

영어 사교육 업계에 29년 이상 근무하다 보니 영어 교육의 트렌드를 누구보다 빨리 감지하는 감을 얻게 되었습니다. 10년마다 영어 교육 트렌드가 시대의 흐름을 따라 조금씩 바뀌고 있습니다. 1990년대만 해도 구시대 유물인 문법 독해 학습으로 시험 잘 보게 하는 대형 입시학원들이 대세였습니다. 2000년 밀레니엄 시대가 열리고 2002년 월드컵이 개최되면서 세계화 바람으로 영어 회화 붐이 일어났습니다. 학생, 회사원 등, Listening, Speaking을 지도하는 회화 학원들이 트렌드를 주도했습니다.

2010년부터는 중, 고등 입시에 듣기 평가가 도입되었습니다. 사교육을 잡기 위해서 EBS 영어 방송, 인터넷 영어 강의가 보편화되었습니다. 특히 1타 강사를 중심으로 한 인터넷 강의 프로그램이 봇물처럼 제작되며 1타 강사 재벌 시대가 탄생되었습니다. 지방 학생들도

1타 강사들이 강의하는 EBS 교육 방송, 인터넷 유료 강의 들으며 서울 수도권 못지않은 영어 실력의 평준화를 이룰 수 있었습니다.

그때부터 틈새시장으로 초등 영어 교육은 영어 동화책을 통한 원서 리딩이 목동, 강남을 중심으로 붐이 일기 시작했습니다. 영어 독서 붐을 일으키는 데 일조한 것으로 유명 영어 유치원의 영향이 컸었습니다. 유명 영어 유치원마다 수천 권의 영어 동화책, 원서가 있는 영어 도서관을 구비하기 시작했습니다. 유치원 아이들에게 영어 동화책을 읽도록 과제를 주고 붐을 조성한 것이지요. 비싼 영어 유치원을 보내지 못하는 엄마들은 엄마표 영어를 만들어 그림 영어 동화책부터 챕터북까지 다양한 원서 읽기 붐을 확장시켰습니다.

필자처럼 영어 교육 트렌드 감을 빨리 캐치하는 사람 중심으로 영어 도서관 형태의 리딩 학원들이 강남, 목동 여기저기 생겼습니다. 필자는 2005년도에 목동 '최초' 영어 도서관 학원을 만들어 목동 원서 리딩 시장을 주도했습니다. 강남에 있는 몇몇 업체도 함께 영어 도서관 학원을 오픈하면서 원서 리딩 시장이 커지기 시작했습니다.

수도권 신도시 중심으로 확장되던 원서 리딩이 붐을 타면서 전국적으로 알려지기 시작했습니다. 원서 리딩을 계속한 수많은 아이들 중에서 영어 영재들이 전국적으로 탄생하기 시작했습니다. 원서 리딩 효과가 엄마들 사이에서 알려지면서 영어 동화책, 영어 챕터북 위주의 원서 전문 영어 도서관 학원들이 주목받았습니다.

특히 2020년도는 코로나 전염병이 전 세계로 퍼진 악몽의 해였지요. 코로나 재앙이 대한민국을 강타하면서 생각지도 못했던 비대면 줌 학습 시대가 열렸습니다. 집합 금지로 학교나 학원이 휴강하면서 비대면 학습 시대가 5년 이상 앞당겨졌다고 합니다. 코로나 때문에 학교를 가지 않으니 평소 독서 습관이 잡히지 않은 아이들은 학습 결손이 생겨 학력 저하가 더욱 심해졌습니다.

자녀 교육에 열심인 엄마들은 오히려 코로나 위기를 스스로 학습하는 기회로 만들어 앞서가는 아이를 만들었습니다. 몇 개월로 끝날 줄 알았던 코로나가 무려 3년간 이어졌기 때문입니다. 그로 말미암아 온라인 강의하는 학교나 학원 강사들의 수준을 엄마들이 속속들이 파악할 수 있었습니다. 그 정도 수준이면 스스로 책을 많이 읽는 게 낫겠다고 생각하는 학부모들이 많아진 것입니다.

이때부터 영어 교육의 축이 원서 리딩으로 서서히 전환되기 시작했습니다. 원서 리딩을 서브로 생각했던 목동, 강남 엄마들이 메인으로 바꾸기 시작했습니다. 이 학원 저 학원 다녀봤지만 결국 아이가 리딩을 해서 체화를 시켜야 레벨이 올라가고 영어 잘하게 된다는 확신을 얻은 덕분입니다. 그 덕분에 초등 몇 년간은 필수 코스로 반드시 원서 리딩을 시켜야겠다는 엄마들이 엄청나게 증가했습니다. 게다가 최근에 대화형 AI인 챗GPT의 놀라운 성능이 발표되면서 주입식 암기 영어 교육, 문제 풀이하는 점수 따는 내신 영어, 입시 영어의 설 자리가 몇 년 안에 사라질지도 모른다는 위기를 감지하기 시작했습니다. 뛰어난 성능을 가진 AI 챗GPT가 인간의 영역을 위협하는 시대에 기계는 못 하지만 인간만이 할 수 있는 교육 제도의 개편이 필요하게 된 것입니다.

AI가 잘하는 것은 AI에게 맡기고 인간만이 가진 고도의 상상력, 창의력, 감수성이 샘솟는 방향으로 영어 교육을 바꿔야 하는 시대가 되었습니다. 주어진 문제에 4지 선다형 정답 찾는 영어 교육, 문법 한두 문제 해결하려고 문법책을 몇 권씩 떼면서 세월 보내는 죽은 영어 교육, 수백 문제 이상 영어 독해 지문을 풀어서 유형별 독해 지문 파악하는 요령 익히는 영어 교육, 한국말로 정확하게 해석 잘하는지 시험을 위한 영어 교육, 이런 영어 교육에 우리 아이의 미래를 맡겨야 할까요?

요즘 활용되어 인기를 끌고 있는 AI 챗GPT가 고3 학생보다 수능 영어를 더 빠르게, 더 정확하게 맞추는 시대입니다. 정해진 정답을 찾아가는 영어 교육이 아니라 4차 산업혁명 시대에 걸맞은 영어 교육으로 혁명적 전환이 필요한 시대입니다.

이미 고등 교육을 마친 학생이라면 챗GPT 등, 디지털 기기를 활용해서 다양한 방면으로 학습해도 되지만 모든 기초 과정을 배우는 연령대인 초등 영어 교육만큼은 달라져야 합니다. 언어 천재 영미권 작가들이 쓴 보석 같은 원서 리딩을 꾸준히 하면 상상력이 자라게 됩니다. 상상력을 기반으로 자기만의 스토리를 창작할 수 있는 힘이 생깁니다. 그것을 바탕으로 영어 이야기를 스스로 만드는 Writing 훈련을 합니다. 나만의 스토리를 쓴 후 발표하는 훈련을 하면 살아있는 영어를 습득할 수 있습니다. 하기 싫어도 시험을 위해서 억지로 해야 하는 20세기 영어 공부법은 이제 버릴 때가 되었습니다.

21세기 AI 시대를 살아가야 하는 우리 아이들입니다. 나만의 포트폴리오(portfolio)를 만들기 위해서 원서 리딩을 하고, 읽었던 책을 통해서 스토리를 창작하고, 창작한 스토리를 친구들에게 발표해 보는 영어 교육은 왜 영어를 공부해야 하는지 강력한 동기 부여를 제공해 줍니다.

이와 같은 신나는 액티비티 활동을 실현할 가장 좋은 영어 교육 시스템으로 무엇이 있을까요? 바로 영미권 아이들이 읽고 있는 오리지널 영어 원서가 가득 찬 영어 도서관 수업입니다. AI 시대가 펼쳐지고 있는 요즘에 가장 필요한 인간의 능력은 상상력, 창의력, 감수성을 키우는 교육입니다. 이를 실현할 가장 적합한 영어 교육 시스템은 영어 보물이 가득 찬 영어 도서관 활용입니다. 앞으로 AI 시대를 리드할 초등 영어 교육의 중심은 영어 도서관 학원이 지배할 것입니다.

"네가 가지고 있는 최선의 것을 세상에 주라. 그러면 최
선의 것이 돌아오리라."

-M.A.베레-

5장

대한민국 영어 살리기,
영어 도서관으로
혁명적 영어 교육 전환

01

영어 도서관이 메인,
혹은 서브

영어 교육에 관심 있는 엄마들 사이에서는 "영도를 메인으로 하느냐? 서브로 하느냐?" 이런 말들을 자주 합니다. 여러 엄마들이 그런 말을 하다 보니 주변 엄마들도 그런 말에 휘둘리는 분들이 많습니다. 그렇다면 영도를 서브로 해야 한다고 주장하는 분들은 어떤 이유일까요? 아래 세 마디 속에 그 이유가 다 내포되어 있다고 할 수 있습니다.

"영도를 메인으로 하기엔 뭔가 부족하고 불안해요~! 스피킹도 해야 하고, 문법도 해야 하고, 라이팅도 해야 하고, 단어도 익혀야 하고요. 그래서 우리는 서브로 하려고 해요~!"

"이제 고학년이나 중학생인데 영도 다니기에는 너무 늦지 않았나요? 이미 늦었으니 영도는 포기하고 그냥 문법, 독해나 배워 중학교 영어 내신 점수라도 높이려고요~!"

SR 5점대 돌파! 챕터북, 뉴베리 300권 읽더니 하버드를 꿈꾸기 시작했다!

"영도를 다니다 보니 문법과 어휘가 부족해서 책을 대충 읽는 것 같더라고요. 그래서 영도는 서브로 하고 옛날식 문법, 독해 학원에서 정확하게 읽고 해석하는 영어를 다시 가르치려고요~!"

왜 아직도 이런 논쟁들이 엄마들 사이에서 심심찮게 회자되고 있을까요? 영도들이 어떤 시스템으로 지도하길래 '서브냐? 메인이냐?'라는 말이 계속 나돌까요? 이 기준을 어느 정도 알아야 휘둘리지 않고 소신껏 나갈 수 있을 텐데 말이죠. 그렇다면 영도를 메인으로 해야 한다는 엄마들 의견도 들어볼까요?

"어릴 때부터 지금까지 영도에서 영어책을 많이 읽혔더니 파닉스를 따로 배운 적이 없었는데 영어책을 줄줄 읽고 이해해요. 말하기, 쓰기 실력도 원어민 수준만큼 되더라고요."

"리딩 수준이 높아지고 독서량이 많아지니까 시간이 없어서 문법, 독해를 따로 배우지 않았어요. 하지만 어법에 맞는 문장을 정확하게 구사하며 독해 속도가 상당히 빠르더라고요."

"중, 고생인 우리 두 아이 초등 때 영도에서 원서를 많이 읽히면서 따로 영어학원을 다닌 적이 없었어요. 그 덕분에 중, 고생 우리 아이 영어 성적은 늘 상위권이고요. 어휘량도 엄청나고 표현력도 풍부해서 수준 높은 에세이도 원어민만큼 쓰고 있어요. 그것을 보니 영어나, 국어나, 독서가 답이라는 확신을 갖게 되었어요."

그렇다면 영도 선택 시 서브와 메인의 기준은 무엇일까요? 아이의 받아들이는 능력에 따라 각각 다릅니다. 영도를 서브로 다니려면 SR 레벨 최소한 5점대 이상 만들고 나서 하는 게 좋습니다. 픽션, 논픽션 합해서 50페이지 이상 되는 챕터북을 최소한 300~400권 이상 읽은 아이를 말합니다. SR 5점대 이상이란 현재 중3 영어 교과서 수준의 책을 자유자재로 읽고 이해할 만큼의 영어 실력자를 말합니다.

어휘력과 독해력, 기본적인 어법에 있어서 영어가 체화된 아이들입니다. 영도를 일찍 시작했건, 늦게 시작했건, 상관없이 최소한 5점대 레벨까지는 영어 독서에 올인한 아이가 나중에 앞서 나갑니다. 그렇게 하려면 수많은 영도 중에서 메인 시스템으로 운영하는 쪽을 선택해야 합니다. 일단 SR 5점대 이상 만든 아이들은 서브로 다니든, 혼자서 영어책 읽든, 상관없습니다. 중등 내신 준비나, 토플 준비나, 무슨 영어를 해도 응용을 잘할 수 있으니까요. 그 정도 실력이 안 되는 아이들은 메인으로 다녀서 그런 실력을 갖추는 게 우선입니다.

몇 년간 영어 독서에 올인해서 영어로 생각할 수 있는 영어 두뇌를 만드는 게 중요합니다. 영어 두뇌가 만들어진 아이들은 고급레벨로 치고 올라갈 수 있는 힘이 생깁니다. 문제는 아이가 영도와 다른 영어학원 합쳐서 영어만 두 군데 이상 다니는 경우입니다. 게다가 다른 과목 학원까지 다니면서 학원 스케줄과 숙제에 치이지 않고 소화하기란 보통 힘든 게 아닙니다.

하지만 그게 안되는 아이는 이리저리 바쁘기만 하지 스스로 감당이 안 됩니다. 멀티태스킹을 하면 효과가 떨어지듯이 영어 실력 향상에도 별 도움이 되지 않습니다. 슈퍼맨이 아닌 이상 시간 낭비, 비용 낭비만 하는 셈입니다.

영어 기초가 잡혀서 혼자서 영어책 읽을 수준이 된다면 몇 년 정도는 영도에 올인해야 합니다. 초1에서 중1 사이 골든 타임 때 읽은 영어 원서에 나온 문장과 스토리들은 평생 동안 남아서 진가를 발휘합

SR 5점대 돌파! 챕터북, 뉴베리 300권 읽더니 하버드를 꿈꾸기 시작했다!

니다. 이게 영어 독서의 힘입니다. 스파르타 영어학원에서 스트레스 받아 가며 하루 30개, 50개씩 단어를 외워도 응용하지 못하는 영어와는 차원이 다릅니다.

하지만 영어 원서를 읽으면서 어휘를 익힌 아이들은 스토리가 연상되기 때문에 오랫동안 기억되며 수백 개의 단어일지라도 풍부한 영어 표현력이 길러집니다. 영어 원서를 집중해서 읽은 아이들은 단어 2,000개 정도만 알아도 원어민처럼 영어를 자유자재로 표현할 수 있습니다. 일반 영어학원을 다닌 아이들은 단어 5,000개 이상을 외웠어도 응용을 못하고 쩔쩔매는 현상이 나타납니다. 이게 영어 독서와 일반 영어 학습의 차이입니다.

영어 독서 골든 타임은 평생에 딱~! 한번 옵니다. 골든 타임 때 영도를 메인으로 선택하여 올인한 아이들은 영어 영재 반열에 올라갑니다. 내 자녀가 상상력이 풍부한 21세기형 인재가 되기를 원하세요? 남다른 영어 표현을 구사할 수 있는 언어 감각의 천재가 되기를 원하세요? 문장의 힘, 스토리의 힘이 사람을 감동시킬 수 있다는 것을 믿으세요?

영도를 메인으로 할 것이냐? 서브로 할 것이냐?라는 근시안적 논쟁보다는 내 자녀의 인생에서 영어 독서가 차지하는 비중이 장래에 얼마나 큰 영향을 미칠 것인가를 생각하면 좋겠습니다.

"창의력은 연결하는 능력이다."

-스티브 잡스-

02

영어 못하는 이유,
영어 공부 방법이 문제

    지난 5월 초에 초4 어떤 엄마와 상담했습니다. 초1부터 초4까지 3년 5개월 동안 서울 목동의 어느 유명 영어 학원에 다녔다고 합니다. 3년 5개월 동안 그 학원만 믿고 다녔는데 엄마가 살펴보니 아이 실력이 그다지 오르지 않았습니다. 오랫동안 다녔는데도 불구하고 영어 실력이 신통찮아서 그 학원 영어 공부 방법에 문제가 있는 게 아닐까 의심이 들었다고 합니다.

    그래서 여러 학원, 여러 영어 공부법을 인터넷에 검색하다가 센클영도를 알게 되어 찾아왔다고 합니다. 아이 SR 레벨과 단어 테스트할 때 그 엄마와 상담해 본 결과 아이 영어 공부 방법상 문제가 있음을 발견했습니다. 테스트 결과가 나왔습니다. 단어 공부는 열심히 시켰는지 4학년 평균 이상은 되었습니다. 문제는 SR 레벨 결과입니다.

SR 1점대 수준으로 4학년 평균 레벨에 한참 못 미쳤습니다. 세부적인 리터러시 영역별 분석 결과도 100점 만점 기준 각 10점대 이하 수준이었습니다. 영어 지문을 읽고 이해하는 부분이 현저히 낮았습니다. 1분 동안에 단어와 문장을 읽어 내는 유창성 평가인 ORF(Oral Reading Fluency)도 10단어 정도였습니다. ORF가 10단어이면 영어 문장을 제대로 읽어 낼 수 없을 뿐만 아니라 문장을 읽어도 무슨 말인지 도통 이해할 수 없는 수준입니다. ORF 평가에서 보통 1분에 100단어 이상 나와야 글을 문장 단위로 빠르게 읽고 이해할 영어 실력이 됩니다.

100단어 이상 빠르게 읽고 이해하려면 어릴 때부터 재밌는 스토리북을 많이 읽어야 길러집니다. 이런 결과가 나온 이유가 그 학원 영어 공부법 문제라는 것을 엄마 상담을 통해서 구체적으로 알게 되었습니다.

영어 처음 배우기 시작하는 초1 때부터 그 학원은 원어민식 영어 공부법을 가르친 게 아니었습니다. 한국식 영어 공부법을 가르친 것입니다. 리딩책, 문법책, 단어장, 라이팅책, 워크북 등등

한국식으로 문장 읽고 해석하고, 문법 공부하고, 단어 외우고, 해석하는 문장 시험 보고, 문법 시험 보고, 이런 식으로 말이죠. 예전 엄마 세대가 영어 공부했던 방법과 거의 같습니다. 이렇게 영어 공부하면 영어 사고력이 전혀 자라지 않을 뿐 아니라 영어 유창성이 길러지지 않습니다.

그 영어학원을 폄훼하는 것 같지만 나아진 것은 단어와 문법 실력, 한국말로 해석하는 거였습니다. 목동의 유명한 영어학원조차 아직

도 한국식 영어 수업으로 아이들을 가르치고 있으니 그저 답답하고 안타까울 따름입니다.

엄마의 영어 교육 정보에 대한 무지로 인해서 영어 잘할 수 있는 아이가 아까운 시간 낭비, 비용 낭비를 한 셈입니다. 비단 이런 학원이 목동뿐일까요? 전국 각 지역 영어학원 수업 방법을 면밀히 분석하면 이와 별반 다르지 않습니다.

이렇게 하면 열심히 하는 것 같고, 잘하는 것처럼 보이지만 진정한 영어 구사 능력을 통한 영어 실력 향상이라고 할 수 없습니다. 처음 영어 공부 시작할 때 방법을 어떻게 하느냐에 따라 영어 영재가 되기도, 영어 둔재가 되기도 합니다.

수준에 맞는 영어책, 이해되는 쉬운 스토리 북을 통해 문장이 나오는 순서대로 읽고 이해하도록 방법을 바꿔야 합니다. 오리지널 스토리 북을 읽히지 않고 처음부터 한국인이 만든 영어 리딩책으로 한 문장씩 읽고 해석하고, 문법 공부 가르치는 영어 공부법을 선택한 아이는 안타까운 일입니다.

리딩이 안 되는 아이에게 다른 영어 파트를 아무리 가르치고 문장을 달달 외우게 한다고 될까요? 이런 방법은 영어식 사고력, 원어민 아이 같은 영어 유창성을 키울 수 없습니다. 리딩이 술술 터져야 응용력이 생겨서 라이팅도, 문법도, 어휘력도 향상됩니다.

리딩이 술술 터지게 하려면 어떻게 해야 할까요? 수준에 맞는 책, 재미있는 영어 동화책을 꾸준히, 체계적으로, 함빡 읽어야 터집니다. 이야기의 구조에 익숙해진 아이들은 수많은 스토리를 통해서 영어 두뇌가 자랍니다.

SR 5점대 돌파! 챕터북, 뉴베리 300권 읽더니 하버드를 꿈꾸기 시작했다!

영어 두뇌가 만들어지고 영어방이 모국어방처럼 만들어져야 비로소 원어민 아이 같은 영어 사고력을 소유하게 됩니다. 영어 사고력이 장착된 아이는 읽는 대로 이해하고, 읽는 대로 말하고, 읽는 대로 글을 쓰는 영어 영재가 됩니다.

엄마 영어 교육 정보의 부재로 아직도 내 아이가 목동의 유명 어느 영어학원처럼 공부하고 있는 것은 아닐까요? 첫 단추, 첫 출발이 잘못되었다면 지금이라도 바꿔야 합니다.

내 아이 영어 자유인을 만들고 싶으세요? 그렇다면 늦어도 초4, 5, 6 되기 전에 바꿔야 합니다. 그것이 내 아이 영어 인생을 성공으로 인도하는 길입니다. 영어 잘하느냐, 못하느냐에 따라 대학 색깔이 바뀌고, 직업이 달라지고, 사는 생활 수준이 달라집니다. 영어 공부 방법만 바꾸어도 영어 영재의 길이 보입니다.

> "어떤 것도 대가 없이 얻어지는 것은 없다. 일한 만큼 노력한 만큼 받게 되어 있다."
>
> -나폴레온 힐-

03

조기 유학생도 인정한
원서 리딩의 탁월한 효과

얼마 전 중1 때 캐나다 유학을 가서 5년간 살다 온 원어민 수준의 영어 강사를 면담할 기회가 있었습니다. 어찌나 영어를 유창하게 잘하고, 에세이를 뚝딱 잘 쓰는지, 솔직히 놀랍기도 하고 부러웠습니다. 국내에선 죽으라고 영어 공부해도 잘 안 되는데 조기 유학 가면 다 이렇게 영어가 유창해지는지 궁금해서 몇 가지 물어보았습니다.

처음 캐나다 가서 어떤 과정을 겪으면서 영어가 유창했는지를 말이죠. 그랬더니 자신의 캐나다 유학 경험과 한국 영어 교육과의 차이를 말해 주었습니다. 중1 때 가서 처음 8개월간의 캐나다 학교생활은 지옥이었다고 합니다. 도통 무슨 소리인지 전혀 알아들을 수가 없었답니다. 무슨 내용으로 수업하는지 그냥 시간만 때우다가 왔다고 합니다.

이와 같은 고백은 위의 강사뿐만 아니라 영어권에 처음 유학 간 학

　　　SR 5점대 돌파! 챕터북, 뉴베리 300권 읽더니 하버드를 꿈꾸기 시작했다!

생들은 누구나 동일하게 겪는 과정입니다. 한마디도 못 알아듣고, 말을 못 하니, 당연히 친구를 사귈 수 없었겠지요. 수업을 좇아가지 못하니 심한 스트레스와 우울증에 시달렸습니다.

조기 유학 가기 전에 나름대로 문법 공부와 단어 공부는 열심히 하고 갔다고 합니다. 그게 아무 소용이 없었다는 거지요. 한국서 배운 영어 문법이나 문제 풀이 영어는 실용 영어를 구사하고 에세이를 쓰는데 아무런 도움이 되지 못함을 뼈저리게 느꼈다고 합니다. 혼자 고립되는 학교생활을 몇 달간 하다 보니 캐나다 담임 교사가 가엾게 여겼다고 합니다. 그래서 자신을 위해서 일부러 천천히 반복해서 말해 주기도 했답니다.

수업에 빨리 적응하도록 가까운 곳에 위치한 위니펙 도서관을 소개해 주면서 레벨에 맞는 영어책을 많이 읽어 보라고 권했답니다. 위니펙 도서관에 있는 책 중 일부는 다행히 영어 원서를 한글로 번역된 책이 여러 권 있었답니다. 이해되는 영어책은 원서로 그냥 읽었고, 이해되지 않는 책은 한글로 번역된 것을 먼저 읽고 나서 내용을 안 후에 읽었답니다.

그렇게 해서 영어 원서를 수백 권 읽었더니 원서 내용이 쉽게 이해되기 시작했고 어휘력과 리딩 실력이 확 늘었다고 합니다. 그때부터 영어 실력이 급상승하면서 영어 문장이 눈에 들어오기 시작했고, 어휘력이 늘었고, 귀가 열리기 시작했답니다. 몇 달 동안 원서 리딩을 꾸준히 한 어느 날 신기하게도 친구들의 말과 수업하는 영어 교사의 말이 전부 들리고 이해되었다고 합니다.

영어가 귀에 쏙쏙 들리고 이해되었던 그날의 경험이 너무나 신기하고 감격되어서 혼자 화장실에 가서 울었답니다. 그때부터 하고 싶은 말을 영어로 말하기 시작했고 영어 에세이를 술술 쓸 수 있었다고 합니다. 이 강사는 그때부터 한국적 영어를 탈피하고 두뇌의 티핑 포인트가 이루어진 셈입니다.

조기 유학 간 한국 학생들은 저마다의 방법과 경험을 토대로 이런 과정을 거치면서 영어를 터득합니다. 이 강사는 리딩으로 영어 내공이 쌓이며 체화되다가 어느 날 영어가 확 터진 케이스입니다.

그때의 언어 터득 경험을 통해서 원서 리딩의 효과가 대단함을 체험했다고 합니다. 이때부터 원서 리딩이 영어 터득하는 최고의 방법이라는 확신을 갖게 되었답니다. 한국에 와 보니 수많은 영어학원에서 가르치는 수업 방식과 현재 중, 고등학교 영어 교육을 보면서 이건 아닌데 하는 안타까움이 있었다고 합니다.

한국의 내신 위주 영어 시험과 문법, 독해 위주의 주입식 영어 교육으로는 글로벌 영어를 터득할 수 없다는 것이지요. 그러다가 원서 리딩으로 올바른 영어 교육을 추구하는 센클의 교육 방침이 마음에 들어서 교사로 지원하게 되었다고 합니다.

우리의 경험상 모국어 터득할 때 어땠나요? 듣기를 하다가 어느 날 말을 배우기 시작했습니다. 말을 하기 시작할 때 한글을 배웠고 동화책을 읽으며 읽기를 배웠습니다. 그때부터 한국어 구사 능력이 폭발적으로 늘었습니다. 중학교 들어갈 때까지 따로 문법을 배운 적이 없습니다. 그래도 한글을 읽고, 쓰고, 사용하는 데 불편함이 없었습니다.

영어 터득도 이와 같은 과정을 거칩니다. 리딩을 체화시켜 영어

SR 5점대 돌파! 챕터북, 뉴베리 300권 읽더니 하버드를 꿈꾸기 시작했다!

읽기와 쓰기가 되면 문법을 따로 배우지 않아도 저절로 언어 규칙을 터득할 수 있으니까요. 리딩 체화가 먼저냐? 문법 공부가 먼저냐?

다소 진부한 논쟁이지요. 문법 공부를 먼저 해서는 영어가 유창해 질 수 없다는 것은 다 아는 사실입니다. 위의 조기 유학생들뿐만 아니라 한국에서 영어 영재 된 아이들 대부분이 어릴 때부터 리딩으로 영어를 체화시켰습니다. 수많은 스토리 북으로 리딩을 먼저 체화시킨 후에 문법을 공부해야 쉽게 배우고 제대로 터득할 수 있습니다. 조기 유학생도 인정한 원서 리딩의 탁월한 효과를 영어 배우는 한국의 모든 학생들도 체험하기를 소망합니다.

문법 공부하기 전에 수준에 맞는 재미있는 영어 동화책 수백 권 읽는 일부터 먼저 하게 하세요! 그게 바로 글로벌 세상, AI 시대를 살아갈 우리 아이의 영어 유창성을 길러 주는 가장 확실한 영어 공부 방법입니다.

"시간과 정성을 들이지 않고 얻을 수 있는 결실은 없다"

-발타자르 그라시안-

04

리딩 뚫리면
나머지 영역은 저절로 해결

영어는 영역별로 6개 Part로 나뉩니다. Listening, Speaking, Reading, Writing 4가지 큰 Part와 Vocabulary, Grammar 2개의 작은 Part로 구분할 수 있습니다. 영어를 처음 배울 때는 음성 언어인 듣기와 말하기를 먼저 배웁니다. 요즈음은 일찍부터 영어를 배우기 때문에 유아기에 자연스럽게 영어 유튜브, 영어 방송, 영어 동요 부르기 등을 통해 듣기와 말하기에 노출시킵니다.

또 어떤 아이들은 아예 영어유치원에 입학해서 원어민 교사에게 2~3년 정도 영어 수업을 받는 경우도 있습니다. 리딩의 중요성을 아는 엄마들은 일반 유치원을 다니더라도 그림 영어 동화책부터 시작해서 수많은 영어 동화책을 읽도록 이끌어 줍니다. 꾸준히 읽은 아이들은 초등 입학할 때쯤 되면 리더스 책을 뛰어넘고 챕터북을 자연스럽게 읽고 이해할 수준까지 리딩 레벨이 올라가기도 합니다.

보통 모국어는 엄마, 아빠와 주변의 모국어 환경으로부터 자연스럽게 듣기, 말하기를 깨우칩니다. 그런데 모국어인 한글 깨우치는 것을 자세히 살펴보면 음성 언어만 배우다가 문자 언어를 초등 입학 무렵에 배우는 아이들도 종종 있습니다. 이처럼 음성 언어만 배운 아이는 문자 언어를 함께 배우는 아이보다 언어 구사 능력이 현저히 떨어집니다. 자녀 교육에 일찍 눈뜬 엄마들은 아이가 2~3살이 되어 우리말 옹알이를 시작할 때부터 한글책을 사다 놓고 'ㄱ''ㄴ''ㄷ' 'ㄹ''ㅏ''ㅑ''ㅓ''ㅕ' 한글을 가르치기 시작합니다. 그때부터 4가지 영역, 즉 듣기, 말하기, 읽기, 쓰기를 동시에 배우고 익히도록 합니다. 동시에 배운 아이들은 그렇지 않은 아이보다 언어 구사 능력이 훨씬 빨리 향상됩니다.

2~3년 정도 빨리 배운 아이들은 5~6세 때는 한글을 완전히 깨우치면서 쉬운 동화책을 혼자서 읽을 수준이 됩니다. 만약 문자 언어인 읽기, 쓰기를 초등 입학 때까지 가르치지 않는다면 언어 습득 향상에 상당한 지장을 받습니다. 아이들은 한글을 깨우치고 스스로 동화책을 읽기 시작하면서 언어 구사력과 문장 이해력이 폭발적으로 향상됩니다. 이처럼 유아기 때부터 읽기, 쓰기에 많은 자극을 주면 아이 두뇌는 스펀지처럼 흡수하여 똑똑한 아이로 자랍니다.

하지만 한글 깨우치는 것을 늦게 시작했거나 혼자 자연스럽게 알 때까지 내버려 둔 경우는 어떻게 될까요? 스스로 한글을 읽지 못하니 동화책을 멀리하게 되고요. 장난감이나 게임기, 핸드폰만 매달립니다. 동화책을 읽지 못하는 아이들은 어휘 구사력, 이해력, 사고력이 현저히 떨어집니다. 또래 아이들보다 출발이 늦어진 아이는 초등 졸업할 때까지 학업을 따라가는 데 상당한 어려움을 겪습니다.

영어도 이와 마찬가지입니다. 비록 외국어이지만 영어 소리에 노출시키는 것과 동시에 문자 언어인 읽기, 쓰기를 동시에 배우고 익히는 게 효과적입니다. 리딩은 6개 영역 중 한 부분이지만 6개 영역을 통합해 주며, 6개 영역을 균형 있게 발전시키는 핵심 파트 역할을 합니다. 리딩을 못하는 아이는 다른 영역을 할 줄 알아도 응용을 못합니다. 듣기, 말하기, 쓰기, 어휘, 문법을 골고루 연결하고 접착제처럼 붙여 주어 완전한 영어 구사 능력자로 발전시킵니다. 사람으로 비교하면 두뇌 역할을 하는 것이 리딩입니다. 리딩 훈련을 꾸준히 받은 아이들은 6개 파트를 조화롭게 연결하여 온전한 영어 실력자가 됩니다. 원서 리딩은 아래와 같은 교육적 효과가 있습니다.

첫째, 듣기가 지속적으로 발전합니다.

수입된 원서 책들의 대부분은 영미권 현지에서 녹음한 오디오가 있습니다. 따라서 오디오를 통해서 듣고, 읽으면, 듣기의 지속적인 발전을 가져옵니다. 원어민의 음성을 꾸준히 듣고 읽으면 아이들은 그대로 모방하기 때문에 원어민처럼 발음하며 읽게 됩니다. 초급 수준 영어 동화책 내용의 80% 이상은 대화체로 표현되어 있습니다. 반복해서 따라 읽은 아이들은 원어민 아이처럼 영어 말문이 터집니다. 눈으로 읽고 끝내는 것보다는 오디오 들으면서 읽으면 감정 이입이 일어나 이야기에 몰입합니다. 몰입을 통해 스토리가 저절로 기억되어 상황에 맞는 살아 있는 단어와 문장을 구사하는 힘이 생깁니다.

둘째, 원어민들이 사용하는 살아 있는 관용적인 표현을 습득할 수 있습니다.

영어 원서를 자세히 살펴보면 초급책은 80% 이상, 중, 고급책은 50% 이상이 구어체로 되어 있습니다. 시리즈별로 여러 권을 반복해서 읽은 아이들은 본인도 모르게 수없이 많은 관용적인 표현을 습득할 수 있습니다. 자주 만나고, 반복해서 듣고, 읽고, 사용한 문장이나 표현은 무의식 중에 나의 언어로 자리 잡습니다. 마치 우리 말 터득할 때처럼 반복적으로 읽고 말해 보다가 영어 말문이 터져서 원어민들과 자연스러운 대화를 할 수 있습니다.

셋째, 글을 읽고, 이해하는 이해력, 사고력이 놀랍게 발전합니다.

처음 리딩할 때는 단어와 문장이 생소해서 읽어도 무슨 내용인지 이해를 못 합니다. 왜냐하면 아직 두뇌 속에 외국어를 받아들일 만한 준비가 없기 때문입니다. 쉬운 레벨 영어책을 수백 권 읽다 보면 영어를 이해하고 받아들이는 영어 두뇌가 만들어집니다. 처음에는 영어 두뇌가 형성되지 않아서 이해 속도가 늦어 천천히 읽습니다. 자꾸 읽다 보면 스키마가 생기고 탄력이 붙습니다. 그때부터 이해하는 속도가 빨라지며 많은 양을 빠른 시간에 읽고 이해하는 속독 실력까지 갖추게 됩니다.

넷째, 스토리 속의 재밌는 문장, 감정 이입이 되어 읽은 좋은 표현, 상황에 맞는 적절한 표현들은 몸이 기억하는 언어가 됩니다.

수많은 리더스 북, 챕터북 속에 등장하는 원어민이 사용하는 생생한 문장들이 체화되어 자연스럽게 사용할 수 있는 힘이 생깁니다. 리딩을 통해 익숙해진 단어와 문장들은 영어 일기나 에세이를 쓸 때 원어민처럼 글을 쓸 수 있습니다.

다섯째, 원서 리딩을 꾸준히 한 아이들은 글을 읽으며 다음에 이어질 내용을 추론하는 능력, 새로운 어휘에 대한 유추 능력이 길러집니다.

그런 유추 능력으로 어휘력이 확장됩니다. 어떤 상황, 어떤 사건 속에서, 어떤 단어를 사용하는지, 단어의 쓰임새를 터득합니다. 내신이나 입시 위주로 영어 공부한 학생들은 맹목적으로 단어만 외우니 시험이 끝나면 금세 까먹습니다. 단어와 문장이 미처 내 것이 되기도 전에 휘발되어 버립니다. 단편적인 스킬, 시험 성적을 높이기 위해서 몇 개의 지문, 몇 개의 문장으로 연습하기 때문에 몸이 기억하는 영어를 만들 시간이 부족합니다. 하지만 수많은 스토리를 통해서 반복적으로 만났던 어휘들은 자신도 모르게 내재화되어 필요할 때 알맞은 어휘를 적절하게 사용할 수 있는 힘이 생깁니다.

여섯째, 문법과 Writing을 자연스럽게 터득할 수 있습니다.

미국 국어 교과서인 랭귀지 아트에 등장하는 지문을 보면 80% 이상이 리더스 북이나 챕터북 속에 있는 스토리를 인용합니다. 랭귀지 아트에서 사용하고 있는 문장으로 문법과 Writing을 가르칩니다. 언어 천재 작가들이 쓴 표현만큼 좋은 문장이 없다는 뜻이지요. 어법에 맞는 재미있는 문장, 신나는 이야기로 문법을 가르치니 아이들이 쉽게 배우고 익힙니다. 그래서 '가장 좋은 문법은 교과서 속에 있다' 라고 말하지요. 원서 리딩을 하게 되면 교과서에 인용되는 좋은 스토리를 많이 듣고, 읽고, 반복하게 되면 문장의 패턴을 익히게 되어 문법을 쉽게 깨우칩니다.

이처럼 리딩이 뚫리면 듣기, 말하기, 읽기, 쓰기, 어휘, 문법 등 6

개 영역이 저절로 해결됩니다. 간혹 엄마들에게서 이런 이야기를 많이 듣습니다. "원서 리딩이 좋다는 것은 알겠는데 과연 원서 리딩만 하고 나머지는 안 해도 될까요?" "지금은 리딩을 잘하고 있지만 다른 엄마가 그것만 해서는 안 된다고 하거나, 다른 프로그램이 훨씬 좋다고 할 때는 귀가 얇아서 꿋꿋하게 이겨 낼 자신이 없어요."라며 불안해합니다.

이런 엄마들은 리딩에 대한 확신과 믿음이 없기 때문입니다. 효과가 금방 눈에 보이지 않는다고 조급해합니다. 이미 한국에서 영어 영재 자녀를 만든 모든 엄마들이 이구동성으로 외치는 첫 번째 키워드가 있습니다. "초등 골든 타임 때 500권 이상 원서 리딩을 먼저 해라!"입니다. 영어 두뇌를 먼저 만들어야 영어 응용력이 생겨 영어 실력에 가속도가 붙습니다.

원서 리딩은 영어의 어느 한 부분만 향상시키는 것이 아니라 다른 영역까지 골고루 향상시키는 최고의 보약이자 보물입니다. 수많은 영어 보물이 숨겨진 원서 리딩을 통해서 우리 자녀가 영어 자유인 되기를 소망합니다.

> "이 세상에 위대한 사람은 없다. 단지 평범한 사람들이
> 일어나 맞서는 위대한 도전이 있을 뿐이다."
>
> -윌리엄 프리데릭 홀시-

05

한때 문법 강사였던 엄마가 보내 준
격려의 글

이 글은 예전에 문법 강사였던 엄마기 필자에게 보내 준 글입니다. 개인 정보 보호법상 아이 이름은 익명 처리합니다.

"안녕하세요~

OO, OO 두 아이 엄마입니다. 오늘 이성은 냉철해지고 감성은 따뜻해지는 일석이조의 센클 학부모 설명회를 열어 주셔서 정말로 감사드립니다.

이두원 대표님은 전에 상담 때도 느꼈던 거지만 영어 교육에 관한 소신을 듣자면 정말로 이 분은 영어를 사랑하시는 분이구나 느낄 수 있었어요. 소위 말하는 데스크 잉글리시 세대에 태어나 시험 영어는 강하지만 영어를 영어답게 사용하지 못하는 안타까움에 늘 센클 성인반도 개설해 주십사 열렬히 부탁하는 센클 매니아 학부모랍니다.

SR 5점대 돌파! 챕터북, 뉴베리 300권 읽더니 하버드를 꿈꾸기 시작했다!

원어민조차 어려워하고 이해할 수 없는 영어를 배우고 있는 우리 학생들이 참으로 안타깝기 이를 데 없습니다. 하지만 이제 곳곳에서 하나둘씩 이두원 대표님 같은 통찰력과 소신으로 영어에 다가가는 사람들이 늘고 있음에 소망을 가져 봅니다.

몇 년 전 우리 아이가 저학년이었을 때 제주도로 4주간의 영어 캠프를 간 적이 있었습니다. 그때 저는 중등부 문법을 가르치는 강사로 참여했는데요. 외국에서 온 여러 원어민 교사들과 함께하는 실속 있는 캠프였어요. 중등부 아이들에게 문법과 리딩을 가르치고 있었는데요. 원어민 교사가 리딩 지문을 보면서 고개를 절레절레하더라고요. 무엇보다 웃픈 상황이었던 건 그 원어민 교사가 리딩 문제 답을 다 틀리게 골랐다는 거예요. 학생들은 원어민 쌤이 실력이 없는 것 같다며 괜스레 비아냥거렸던 일이 생각납니다.

하지만 그 원어민 쌤 관점으로는 이해 불가였던 거지요. 즉 영어의 주인 된 사람의 관점에서 봤을 때 당연히 한국식 사고로 영어라는 모양을 한국어 그릇에 껴 맞추어 안간힘을 쓰고 있는 우리의 모습이 참으로 이상했을 겁니다. 참으로 부끄러웠습니다. 그래서 양해를 구했어요. 한국에선 다 이런 식으로 시험을 본다고 말이죠.

그랬더니 그 원어민 쌤이 그건 영어가 아니라고 하더라고요. 오늘 본 〈이웃집 찰스〉 동영상에 나온 그 여자분이 하는 말과 동일한 메시지였습니다. 그 동영상을 보면서 몇 년 전 제주 영어 캠프가 오버랩 되면서 이상하게 순간 눈물이 핑~ 돌더라고요. 왠지 내 자녀들에게, 또 지금의 자라나는 세대들에게 그냥 미안한 생각이 마구 드는 그런 서툰 어른의 모습이 되어 버렸던 거예요.

그럼에도 불구하고 제가 마음 한편으로 위로받을 수 있었던 건 영어를 영어답게 가르쳐 주는 센클 영도에 늦게나마 내 아이들을 보내고 있는 것이에요. 영어 사교육에 숟가락 하나 더 얹고 있는 교육자로서 모든 문학 작품을 지문으로 격하시켜 배운 지난 세대로서 말이죠.

너무 뒤늦게 영어의 맛을 알고 늘 영어를 배고파 하는 제2외국어 사용자로서, 순간순간 내 아이들에게 성숙된 영어가 아닌, 성장하는 영어만 강요할까 마음 다잡고 다잡는 학부모로서 센클의 선택은 그야말로 베스트 초이스였습니다. 긴 글 읽어 주셔서 정말 감사합니다. 이 긴 글은 아이들에게 사랑의 수고를 아끼지 않는 센클 모든 학원 관계자 선생님들에게도 보내는 감사의 편지랍니다. 정말 고맙습니다."

이런 편지를 받을 때마다 올바른 방법으로 영어 교육을 리드하고 있다는 확신을 얻게 되어 용기와 힘이 생깁니다. 현재 진행되고 있는 한국 입시 영어 교육을 바라볼 때 이대로는 안 된다는 의식은 누구나 갖고 있을 것입니다. 지금이 어떤 시대인가요? 4차 산업혁명이란 화두가 던져진 지 벌써 10년이 흘렀습니다. 우리 사회, 국가, 산업계에 전방위적으로 4차 산업혁명이 일어나고 있습니다. AI와 로봇, 사물인터넷, 자율주행 등으로 대표되는 4차 산업혁명은 급속도로 우리 사회를 변화시키고 있습니다. 몇 년 전 바둑 세계 챔피언 이세돌을 이겼던 단순한 알파고 수준이 아닙니다. 이제는 대화형 AI인 챗GPT가 개발되어 소설을 창작하고, 음악을 작곡하고, 논문을 쓰고, 의사, 변호사 일을 도와주며 인간만이 할 수 있는 고유한 영역을 넘나들기 시작했습니다.

이처럼 세상은 눈부시게 진화 발전하는데 왜 대한민국 입시 영어 교육만 변화를 모를까요? 언제까지 시험 영어에 갇혀서 아까운 시간과 비용을 낭비하게 할까요? 시험 끝나면 다 까먹는 영어, 글로벌 공용어로서 사용할 수 없는 죽은 영어를 강요하고 가르치고 있을까요? 왜 아직도 우리 아이들의 미래에 도움되지 않을 발목 잡는 영어 교육을 하고 있을까요? 주입식 입시 영어 교육, 성적 위주의 문법 중심 내신 영어 교육을 벗어나게 하는 방법은 정말 없을까요?

공교육, 사교육 영어 교육 현장은 10년 전이나 지금이나 별로 바뀐 게 없는 현실을 바라볼 때 참으로 답답하고 안타깝습니다. 이제 대한민국 영어 교육을 뒤흔들 영어 혁명이 일어날 때가 되었습니다. 그런 날이 오기를 간절히 기다리며 원서 리딩의 올바른 길을 확장시키는 일에 앞장서겠습니다.

"승자와 패자를 분리하는 단 한 가지는 승자는 실행하는 사람이라는 점이다."

-앤서니 로빈스-

06

점수 따는 영어의 맹점,
터질 게 터졌다!

영어 점수 높다고 영어 잘하는 걸까요? 요즘 점수 따는 영어의 맹점이 심각합니다. 수능 입시 영어 교육의 문제점이자 점수 따는 영어의 맹점이 될 사건이 터졌습니다. 2023년도 출제된 수능 영어 23번 문제가 문제였습니다. 그 문제는 모 입시 업체 사설 모의고사와 동일한 지문이 출제되었습니다. 이미 학원에서 그 문제를 풀어 보고 설명 들은 학생들은 문제를 읽지도 않고 보자마자 바로 정답을 찾을 수 있었다고 합니다. 그 입시학원을 다니지 않았거나 처음 23번 문항을 접한 학생들은 3점짜리 23번 문제가 틀릴 확률이 높으니 당연히 불리할 수밖에 없습니다.

공정성이 담보되어야 하는 수능 입시 영어에서 사설 모의 고사와 동일한 지문이 출제되었다는 것은 심각한 사회적 위화감을 조성할 사건입니다. 문제 하나 때문에 수능 영어 등급이 바뀔 수 있는 사건

SR 5점대 돌파! 챕터북, 뉴베리 300권 읽더니 하버드를 꿈꾸기 시작했다!

이라 출제 경위와 사전 문제 유출은 없었는지 철저한 조사를 한다고 합니다. 그런데요, 더 심각한 게 있습니다. 그런 문제를 처음 보는 학생들도 정답을 찾아낼 수 있다는 것입니다. 수능 모의고사나, EBS 지문을 3년 동안 수없이 풀어 본 학생이라면 지문 내용을 몰라도 찍기를 통해서 정답을 찾을 수 있다고 합니다.

이게 무슨 영어 실력일까요? 찍기 잘하는 요령을 가르치고 배우니 한심할 따름입니다. 잘 찍는 것도 실력이라면 더 이상 할 말이 없습니다. 그런데 만약 내 아이조차 이런 식으로 문제를 푼다면 부모로서 기분은 어떨까요? 오죽하면 어느 일타 영어 강사가 "나는 학생들에게 시험 잘 치는 영어 독을 심어 주는 것 같아서 양심에 자괴감이 든다."라고 고백했을까요? 수능 등급 올리기 위해서 발등에 불 떨어진 학생들을 위한 강의이니 어쩔 수 없지 않느냐며 변명하는 분도 있지만 대한민국 입시 영어, 정말 심각합니다.

영어 점수, 즉 내신 영어, 수능 영어 점수 높다고 영어 잘하는 걸까요? 현재 목동, 강남의 일부 엄마들을 보면 내 아이가 초등 고학년만 되어도 내신 영어학원, 입시 영어학원 쪽으로 방향을 바꿔 문제 푸는 영어를 가르칩니다. 이게 과연 올바른 영어 공부일까요? 이게 우리 아이 중, 고등과 미래 인재를 준비할 올바른 영어 공부 방법일까요? 시험 보는 스킬부터 먼저 가르치는 영어가 과연 내 아이 영어 실력 향상에 얼마나 도움이 될까요? 정공법 영어가 아니라 어떻게 해서라도 높은 점수 받게 하려는 편법 영어를 가르치니 심각한 문제입니다.

얼마 전에 모 초등 고학년 엄마와 상담한 적이 있었습니다. 아이가 목동에 있는 유명한 어학원에 다니는데 영어를 어떻게 배우고, 독해 지문을 풀어 내는지 유심히 살펴봤다고 합니다. 그랬더니 아이가 문제의 답을 찾아내기 위해 전체를 다 읽고 이해한 후에 답을 찾아내는 것이 아니라 지문 안에 많이 등장하는 단어부터 체크하더랍니다. 그런 다음 지문의 내용은 제대로 읽지도 않고 바로 해당 문제의 답을 찾았다고 합니다.

엄마가 깜짝 놀라서 이런 방법을 어떻게 알게 되었느냐고 물었더니 학원에서 그렇게 가르친다고 합니다. 이게 점수 따는 영어, 시험 보는 스킬 가르치는 영어 공부의 문제점입니다. 학부모에게 보이는 점수 높이려는 편법 영어, 진짜 영어 실력 향상보다는 수많은 유형의 문제를 풀게 해서 요령으로 바로 정답을 찍는 영어, 초등 시절부터 이런 영어를 가르친다는 현실에 그 엄마는 회의를 느끼고 비로 그 학원을 끊었다고 합니다.

문제는 그 영어학원만 그렇게 지도하는 게 아닙니다. 대부분 중등 내신, 입시 학원들은 그런 수업을 공공연히 하고 있습니다. 그렇다면 진정으로 영어 잘하는 영어 영재들의 로드맵은 어떤 것일까요? 필자는 목동에서 20년 이상 영어학원, 영어 도서관을 운영하면서 수천 명의 학생들을 지도하고 상담한 빅데이터가 있습니다. 영어 영재들의 로드맵은 만 5세부터 그림 영어 동화책 읽기부터 시작합니다. 그때부터 초4까지 영어 동화책을 뛰어넘어 두꺼운 원서 리딩에 올인합니다. 이런 아이들은 영어 사고력과 인지 능력, 두뇌가 폭발적으로 성장합니다.

초저가 되었을 때는 이미 영어 독서 레벨 SR 4점 대를 뛰어넘습니다. 초고가 되면 SR 6점대는 기본입니다. 높은 아이들은 SR 8점대 이상 실력도 나옵니다. 이 정도 리딩 실력 갖춘 아이들이 내신 영어, 입시 영어로 방향 바꾸는 게 영어 영재들의 로드맵입니다.

왜냐하면 이미 리딩으로 원어민 수준만큼 영어를 체화시켰기 때문에 어휘력, 사고력, 독해력이 잘 다져진 상태입니다. 이런 아이들은 입시 영어로 방향을 바꾸거나, 시험 보는 스킬을 배우더라도 아무 문제가 없습니다. 고3처럼 확률적 찍기로 영어 문제를 해결할 필요가 없습니다. 이 정도 리딩 실력을 갖춘 아이들은 시험 보는 스킬도 불과 3개월이면 적응합니다.

하지만 초고가 되었는데도 SR 2점대 책을 읽는 수준이거나, 잘하면 SR 4점대 수준이라면 더욱 바짝 리딩에 올인해야 합니다. 최소한 SR 5점대 이상 책을 자유롭게 읽을 실력을 갖추는 게 우선입니다. SR 5점대 이상 원서 리딩 실력을 갖추지 않은 아이가 '남이 장에 가니 나도 장에 간다'라는 식으로 내신 영어로 방향을 바꾸면 영어다운 영어 실력을 향상시킬 수 없습니다. 기초 체력도 갖추지 않은 아이가 바로 축구장 시합에 뛰어든 격이니 제대로 된 실력을 발휘할 수 없습니다.

고3 되었을 때 찍기 할 수밖에 없는 아이를 만들고 싶은 분 없으시죠? 그렇다면 지금부터 먼저 내 아이의 영어 수준, 원서 리딩 수준부터 확인해 보세요! 초등 시절 원서 읽기 골든 타임은 평생 한 번 밖에 오지 않습니다. 시험 부담이 없는 이 좋은 시절, 원서 리딩에 함빡 빠진 아이들은 평생 영어 자유인으로 살 수 있습니다. 굳이 초고 때 내신 영어로 갈아타지 않아도 됩니다. 내신 영어, 시험 영어는 중, 고등 6년 동안 신물 나게 배울 거니까요.

영어 영재는 태어나는 것이 아닙니다. 교육 정보에 빠른 지혜로운 엄마를 통해서 만들어집니다. 점수 따는 영어의 맹점에서 벗어나 진정한 영어 능력자를 키우는 길, 시험 영어를 뛰어넘어 원어민 아이처럼 유창한 영어 영재를 만드는 길, 기초 영어가 부족했던 아이가 원서 리딩 영어 보약으로 시험 영어에도 강한 인재를 만드는 길, 오직 원서 리딩 시스템을 잘 만나면 가능합니다.

"행동하는 사람 2%가 행동하지 않는 사람 98%를 지배한다."

-지그 지글러-

SR 5점대 돌파! 챕터북, 뉴베리 300권 읽더니 하버드를 꿈꾸기 시작했다!

07

온라인 영어 프로그램은
허가받은 게임 시간

아이가 온라인 영어 학습하는 날은 허가받은 게임 시간입니다. 물론 그렇지 않은 아이도 있습니다. 하지만 대부분 아이들은 달콤한 게임의 유혹을 이기지 못합니다. 그래서 엄마가 지켜볼 때는 온라인 숙제를 하지만 잠시만 자리 비우면 금세 게임 사이트로 순간 이동합니다.

영리한 아이들은 숙제 한 흔적을 남기려고 온라인 숙제 중인 것으로 켜 놓고 게임합니다. 마우스 한두 번 클릭하면 자동으로 체크되면서 숙제했다는 시간이 입력되니까요. 이처럼 온라인 프로그램, 온라인 숙제는 실제 학습을 시키려는 목적으로 만들었지만 비효율적인 게 많습니다. 온라인 학습을 만들어 효과 보게 하려는 순기능보다는 부작용이 많아서 문제입니다. 하지만 시공간을 초월해서 어디에서나 할 수 있다는 것과 동영상을 통해서 생생하게 학습을 전달하는 장점은 있습니다. 이러한 장점이 있지만 의지력과 목적 의식이 약한 아이에게는 학습보다는 게임이나 나쁜 사이트에 빠질 위험이 높은 게 현실입니다.

3년간 이어진 코로나 때문에 비대면 학습이 활성화되면서 학교마다, 학원마다 각종 줌을 통한 온라인 프로그램들이 있습니다. 온라인으로 학습하고, 숙제하고, 친구도 사귑니다. 그런데 과연 이 많은 온라인 학습이 실제 학생들의 실력 향상으로 이어질까요? 아이들에게 물어보면 십중팔구 아이들은 온라인은 공부하는 게 아니라고 합니다. 그 시간은 허가 받은 게임 시간이라고 생각합니다. "나 오늘 이만큼 여기저기 학원에서 공부하느라고 힘들었잖아요." "그러니까 온라인 숙제하면서 머리 식힐 테니 엄마는 터치하지 마세요."라고 합니다.

PC 앞에 앉아서 잠깐 온라인 숙제하다가 삼천포로 빠지면 한두 시간 금세 훌쩍 갑니다. 그야말로 온라인 공부는 시간 잡아먹는 귀신입니다. 온라인 숙제를 할 때는 할 수만 있다면 부모님이 옆에서 지켜보는 게 좋습니다. 시간 제한을 두고 몇 분 안에 끝내도록 유도해야 게임이나 다른 사이트 서핑을 막을 수 있습니다.

자녀 나이가 적든, 많든 마찬가지입니다. 물론 중, 고생이 되면 부모가 옆에 있는 것을 싫어하니 이마저도 쉽지 않습니다. 그래서 공부 머리, 영어 잘하는 머리, 만들어 주려면 초등 때 종이책 읽는 습관을 갖게 해야 합니다. 초등 때 책 읽는 습관을 잡지 않은 아이는 중, 고등학교에 가도 역시 책을 읽지 않으며 공부와는 멀어집니다.

그래서 온라인 학습은 영어처럼 오디오 듣기 학습, 동영상 강의,

녹음하는 기능 등, 보조 학습 기능으로 사용하기에는 훌륭합니다. 하지만 온라인 영어는 휘발성이 강해서 진정한 이해력, 사고력, 기억력을 향상시켜 주지 못하는 게 문제입니다. 온라인 영어 학습을 집에서 수년간 해 온 학생을 실제 테스트해 보면 독해력, 어휘력, 사고력 점수가 현저히 낮게 나옵니다. 엄마들도 이러한 결과에 대단히 실망합니다. 이게 온라인 디지털 매체 학습의 한계입니다.

영어 실력 향상을 목표로 한다면 반드시 종이로 된 영어 원서를 읽고, 듣고, 노트에 정리해 보는 과정이 필요합니다. 이를 통해서 영어로 상상하는 능력과 독해력, 사고력, 어휘력, 기억력이 증진됩니다. 아날로그 종이책 읽는 영어 독서 습관이 잡히면 책을 좋아하게 되어 타 과목까지 공부 잘하는 아이로 변화됩니다.

온라인 학습은 시대 상황상 불가피한 측면은 있습니다. 하지만 최소한 활용하도록 잘 감독해야 합니다. 올바르게 사용하도록 절제하는 교육이 필요합니다. 온라인 학습 시간을 핑계 삼아 허가받은 게임 시간이 되지 않도록 독서하는 부모의 모범적인 태도와 역할이 자녀를 변화시킬 수 있습니다.

"성공이란 마술도 눈속임도 아니다. 그것은 집중하는 법을 배우는 것이다."

–잭 캔필드–

08

귀공자, 귀공녀 같은 우리 아이,
어떤 능력을 물려줄까?

요즘 아이들 한 명, 한 명을 자세히 보노라면 너무나 귀티 나고, 이쁘고, 똑똑합니다. 대한민국이 선진국 되어서일까요? 어찌나 귀티 나고, 이쁘고, 멋있는지요! 같은 대한민국 아이들인데 10년 전, 20년 전 아이들과는 비교할 수 없을 정도로 귀티 나고, 멋있고, 똑똑해졌습니다. 똑같은 유전 인자를 받았을 텐데 요즘 아이들이 더 귀티 나고, 멋있고, 똑똑한 이유가 무엇일까요?

사는 게 풍족해서일까요? 사랑을 많이 받아서일까요? 좋은 사교육을 많이 받아서일까요? 아마 세 가지 다 포함된 것이겠죠. 귀티 나고 똑똑한 대한민국 아이들, 게다가 영어까지 잘해서 이런 아이들이 자라서 대한민국을 뛰어넘어 글로벌 리더가 될 것을 생각하니 가슴이 벅차오릅니다. 요즘 BTS, 엑소, 블랙핑크, 트와이스 같은 세계적인 K-팝 스타들 때문에 한국인의 위상이 몰라보게 높아졌습니다. 잘생

긴 선남, 선녀들의 재능과 외모는 단연 세계 탑입니다. 귀공자, 귀공녀 같은 준수한 외모와 재능을 가진 Korean에 반해서 Korean을 흠모하는 세계인들이 엄청 늘었다고 합니다.

그렇다면 귀공자, 귀공녀 같은 우리 아이에게 어떤 능력을 물려줄까요? 세계적인 투자의 귀재 워런 버핏이 이런 말을 했습니다. "Read! Read! Read!" 부자가 되고 싶다는 어떤 청년들에게 이 세 마디를 들려주었다고 합니다. 이유가 무엇일까요? 이 시대에 던진 워런 버핏의 "Read!"라는 화두는 4차 산업혁명을 이끌 핵심 키워드이면서 부를 창조하는 근본적인 소스이기 때문입니다.

실제 리딩 많이 한 아이들은 모든 면에서 앞서갑니다. 특히 영어책을 많이 읽은 아이들은 글로벌 감각이 원어민 아이 못지않게 발달합니다. 글로벌 언어인 영어만큼은 자유자재로 구사합니다. 그야말로 글로벌 리더가 되기 위한 자연스러운 조건을 어릴 때부터 갖출 수 있습니다.

영어책, 한글책을 무수히 읽은 아이들은 사고력, 상상력, 이해력이 책을 읽지 않은 아이와는 비교할 수 없을 정도로 성장합니다. 독서 습관 잘 잡힌 이런 아이들이 중, 고등에서 Top을 달리는 것은 어쩌면 자연스러운 결과입니다. 필자가 목동에서 공부 잘한다는 아이의 엄마를 통해서 듣고 분석한 바에 의하면 신기하게도 다음과 같은 공통점을 갖고 있습니다.

첫째, 거실 중앙에 TV가 없습니다. TV가 있을 명당 자리에는 책장과 책이 가득 꽂혀 있습니다. 문갑 위에는 항상 읽었던 책이 여기저기 놓여 있습니다. 거실을 TV 보는 공간으로 활용하는 것이 아니라 책을 보는 공간으로 활용합니다. 자녀의 학창 시절 공부를 위해서 부모가 TV를 포기하고 책 읽는 환경으로 바꾼 것입니다.

둘째, 거실에 소파가 없습니다. 소파 놓을 거실 자리에는 긴 타원형 책상과 의자가 식구 숫자만큼 놓여 있습니다. 가족이 함께 모여 책을 읽거나, 토론하거나, 공부하는 공간으로 활용합니다.

셋째, 거실 구석에는 녹색 칠판이나 화이트보드가 있습니다. 주요 사안을 칠판에 쓰면서 설명하거나, 가족 스케줄을 기록하는 보드판으로 활용합니다. 예전에 메타 인지 능력(- 고차원 인지 능력: 내 안에 나를 보는 눈)을 매스컴에서 언급하면서 붐이 일어난 적이 있었습니다. 수능 상위 1% 안에 있는 인재들의 학습법으로 자신이 뭘 아는지, 모르는지 직접 설명해 보는 공부법을 말합니다. 칠판이 있다는 것은 메타 인지 능력 향상을 위한 도구로 사용하기 위한 것입니다. 우리 집 귀공자, 귀공녀가 잘 자라서 나라의 인재가 되고 글로벌 리더가 되는 것은 국가, 사회, 가정의 큰 축복입니다. 미래에 축복받을 내 아이를 위해서 어떤 환경을 만들어야 할까요? 어떤 능력을 갖추도록 도와주어야 할까요?

워런 버핏이 언급한 것처럼 무수한 책을 읽는 독서 습관이 길러져야 나라의 인재이든, 글로벌 리더이든, 가능합니다. 이를 위해서 자녀 교육 성공을 위한 가정, 학교, 학원의 협력 시스템 구축은 정말 중요하지요. 위에 공부 잘하는 아이들 공통점을 언급한 것처럼 가정을 독서 환경으로 바꾸는 것이 우선입니다. 그게 힘들다면 읽기, 쓰기 같은 독서 습관을 잡아 주는 학원을 만나는 것도 방법이 되겠지요. 운동이든, 예능이든, 공부든, 좋은 시스템을 갖춘 전문 기관에서 수년간 훈련받은 아이들이 미래의 인재로 성장합니다. 하루아침에 BTS, 손흥민, 임윤찬, 블랙핑크, 등과 같은 K-팝 스타, 세계적인 운동선수, 피아니스트, 예술가를 만들 수 없습니다. 귀공자, 귀공녀 같은 내 자녀가 미래의 인재로 성장하도록 자녀의 잠재력을 믿고 끝까지 뒷받침한 부모의 특별한 교육 환경 조성과 노력, 열정이 합쳐질 때 가능합니다.

"새로운 것을 배우고 뭔가 새로운 것을 시도해 보라. 그리고 멋진 실수를 해 보라. 실수는 자산이다."

-다니엘 핑크-

09

신박한
영어 공부란?

초등 영어, 왜 어렵게 공부로 시작할까요? 예전에 어떤 분이 출간하여 히트 친 《영어 공부, 절대로 하지 마라!》라는 책이 있었습니다. 그 책의 주요 내용은 영어를 공부로 하지 말라는 반어법적인 메시지였습니다. 이해도 안 되는 문법책 쌓아 놓고 시험 위주로 공부하지 말라는 경고였습니다. 영어 듣기 테이프 하나라도 제대로 들어서 먼저 귀부터 뚫으면 영어 우등생이 된다는 그런 메시지였습니다. 그 당시 영어 공부하는 사람들에게 충격적인 제목이었습니다. 충격 요법으로 인해 영어 학습서 베스트셀러 반열에 올랐습니다.

사실 지금도 영어를 공부로 하는 사람들이 대부분입니다. 특히 중, 고생이나 대학생은 시험이 코앞이니 어쩔 수 없긴 합니다. 하지만 초등 영어 공부는 달라야 합니다. 영어를 처음 시작하는 아이들은 첫 출발이 대단히 중요합니다. 영어를 공부로 접근하면 십중팔구

SR 5점대 돌파! 챕터북, 뉴베리 300권 읽더니 하버드를 꿈꾸기 시작했다!

실패합니다. 그러면 공부로 안 하고 어떻게 하면 좋을까요?

처음에는 그냥 신기한 그림 영어 동화책 펼쳐 놓고 그림 속 이야기를 느끼도록 합니다. 신기한 그림을 보면서 이야기를 만들고, 상상하고, 영어 동요와 문장 들으며 영어 소리에 친숙하기만 하면 됩니다. 영어 공부가 아니라 아이의 지적 호기심과 상상력을 자극하는 거니까요. 수백 권의 신나는 그림 영어 동화책으로 이야기를 상상하고, 영어 소리에 친숙하도록 하는 게 영어 잘하는 첫 번째 해야 할 조건입니다. 그런 아이들은 파닉스를 특별히 배우지 않아도 영어 문장을 읽기 시작합니다.

그렇게 해서 그림 영어 동화책이 익숙해질 무렵, 스토리가 있고, 문장이 제법 나오는 영어 동화책으로 넘어갑니다. 영어 동화책 넘어갈 때 주의할 점은 아이에게 읽기 재미에 빠질 신박한 책을 잘 골라 주어야 합니다. 영어책이 정말 신박하다고 느껴야 점점 영어책을 가까이하고 많이 읽을 수 있습니다. 예를 들어 아래 영어 동화책을 한번 살펴볼까요? 아이들이 좋아하는 탐정 동화책 《Nate The Great and the Sticky Case》의 일부입니다.

우리의 탐정, '네이트 그레이트'는 쉴 틈이 없습니다. 친구 클로드 가 가장 좋아하는 공룡 우표를 잃어버렸다네요. 드디어 우리의 탐 정, '네이트 그레이트'가 활동을 개시합니다. 어디서, 어떻게, 잃어버 렸는지 단서를 찾기 위해 질문합니다. 엄마한테 쪽지 남기고 임무를 해결하려고 클로드의 집으로 갑니다.

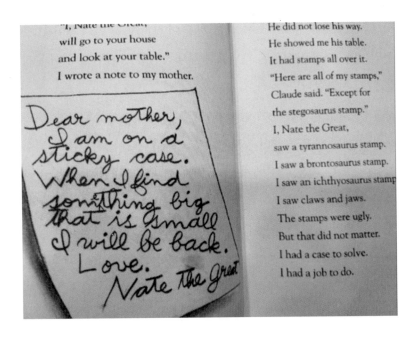

네이트 그레이트의 예리한 질문을 통해 공룡 우표를 찾기 위한 수 색 작업이 시작되었습니다. 블라~, 블라~, 블라~, 이렇게 해서 마침 내 클로드가 부탁한 공룡 우표를 찾아 주며 주인공의 임무는 끝납 니다.

미스터리나 탐정 동화책을 좋아하는 아이라면 자신이 주인공 '네이트 그레이트'가 되어서 함께 탐정 소년이 됩니다. 영어책 읽으며 스스로 주인공이 되니 저절로 읽기 재미에 빠지며 이야기에 몰입하게 됩니다.

문장 속에 혹 모르는 단어가 나오면 유추합니다. 정말 답답하면 이야기 결말을 알고 싶어서 스스로 단어를 찾아봅니다. 수동적 영어 공부가 아니라 스스로 이야기에 빠져들어 능동적으로 단어 찾아서 이해하려고 합니다. 자신이 좋아하는 이런 영어 동화책을 만나면 아이는 스스로 영어 공부하는 아이로 바뀝니다. 영어 감각은 점점 좋아지고 영어책 읽어야 할 동기 부여를 얻습니다.

이런 책들을 한 권, 두 권, 열 권, 백 권, 이상 읽는 아이들은 영어 자체를 즐기는 아이로 바뀝니다. 점점 재밌는 영어 동화책을 찾아서 읽게 되고 영어 리딩에 빠지는 선순환 구조가 만들어집니다. 아이들의 취향에 맞는 신박한 영어 동화책 읽기에 빠진 아이들은 영어를 공부라고 생각하지 않습니다.

스토리가 좋아서, 다음 이야기가 궁금해서, 점점 영어책을 찾게 되는데요. 수백 권의 신박한 영어책들이 아이의 잠자는 언어 두뇌를 자극합니다. 영어 인지 능력을 쑥쑥 자라게 합니다. 영어책을 많이 읽으면 영어 사고력이 아이도 모르게 점점 만들어집니다.

그런데 내신 영어, 입시 영어는 아무리 영어 지문 읽고, 문법 분석하며 해석하고, 문제 풀이를 수백 번씩 해도 영어 두뇌, 영어 사고력이 만들어지지 않습니다. 왜 그럴까요? 영어 방법 자체가 "이 지문은 그냥 문제 풀이하는 영어 공부야!"라고 두뇌에 세팅되어 있기 때문입니다. 설사 짧은 스토리나, 긴 스토리나, 어떤 지문이 있을지라도 추론하고 상상할 수 있는 마음 자체가 아예 일어나지 않습니다.

시중에 판매하는 영어 리딩 교재를 살펴보세요. 영어 독해 연습을 위해서 만든 리딩 교재이기 때문에 아이들이 읽기 재미를 느낄 수 없습니다. 독해 지문이 짧거나, 긴 지문을 수백 개 이상 연습한다고 영어 사고력, 상상력, 추리력이 생길까요? 영어 두뇌, 영어 사고력을 갖추기 위한 영어 첫 출발, 누가 해 줄 수 있을까요?

결국 영어 천재, 언어 마술사를 만드는 길은 타고나는 것도 아니고, 머리가 좋아서도 아닙니다. 순전히 엄마의 영어 교육에 대한 올바른 정보와 판단, 정성이 있으면 가능합니다.

이런 과정을 초등 시절에 집중적으로 제공받은 아이들은 영어 영재가 되는 행운을 얻습니다. 영어 잘할 수 있는 큰 축복과 혜택을 받은 것이지요. 수백 권의 스토리는 아이로 하여금 언어 천재를 만들고. 리딩 불꽃이 터지는 연쇄반응을 일으키게 합니다. 고통스럽게 문법책 떼고, 문장과 단어 외우고, 영어 지문을 일일이 해석하는 과정을 건너뛰게 하는 것, 그게 바로 신박한 원서 리딩만이 가져올 수 있는 신비한 영어 터득 비법입니다.

주변에 영어 잘한다는 아이들 살펴보세요. 이들 아이들의 십중팔구가 어릴 때부터 신박한 영어 동화책, 영어 원서 수백 권 이상 읽은 아이들입니다. 내 아이 영어 미래를 좌우하는 신박한 원서 리딩, 초등 시절 밖에 기회가 없습니다. 초등 졸업 전 신박한 원서 리딩에 푹 빠진 아이들은 영어 능력자가 됩니다.

"인간은 항상 시간이 모자란다고 불평을 하면서 마치 시간이 무한정 있는 것처럼 행동한다."

−세네카−

10

영어 때문에
조기 유학 보내야 할까요?

코로나 터지기 전만 해도 목동, 강남에 있는 초3 이상 학생 중 한 반에 3~4명 정도가 조기 유학 보내던 시절이 있었습니다. 영어권에 조기 유학 몇 년 이상 다녀온 아이들 영어 까먹지 않게 하려고 한때 어학원 리터니(Returnee) 반이 붐이었습니다. 하지만 지금은 상황이 확! 달라졌습니다. 환율 인상이라는 비상 상황에다 무엇보다 고비용 투자해서 조기 유학 보낼 필요성이 사라졌습니다.

조기 유학 10분의 1 비용이면 효과 볼 수 있는 프로그램이 있는데 군이 가지 않아도 되니까요. 요즈음 상담하다 보면 주재원으로 가족이 모두 영어권에서 살다 온 경우를 제외하곤 리터니 학생 찾기가 매우 힘들어졌습니다. 그렇다면 영어권 조기 유학 대체할 수 있는 것으로 어떤 프로그램이 있을까요?

원어민 어학원도 있고, 화상 영어도 있고, 영어학원도 있고, 원어민 개인 지도, 등등 여러 가지가 있습니다. 하지만 얼마나 자연스럽게 영어권 아이들처럼 영어를 체화시킬 수 있냐가 중요합니다. 몸이 기억할 정도의 인풋을 통해서 마치 영어권 나라에 사는 것과 같은 것으로 어떤 게 있을까요?

언어학자들이 이구동성으로 비영어권 학생들에게 강조하는 게 있습니다. 영어권 아이들이 읽고 있는 만큼 레벨에 맞는 책으로 수평선 읽기(Horizon Reading)를 해라! 그것이 영어권 또래 언어를 체화시키는 최고의 방법이라고 말합니다. 그런 방법을 엄마표 영어로 집에서 몇 년 동안 엄마와 함께해 줄 수 있다면 가장 좋겠지요. 하지만 현실 여건상 모든 엄마들이 자기 아이에게 지속적, 체계적으로, 집에서 지도할 수 없습니다. 그래서 체계적인 시스템과 콘텐츠를 갖춘 영어 도서관을 찾습니다.

우선 영도에 오면 수준에 맞는 영어책으로 원서 리딩하는 흥미를 이끌어 줍니다. 함께 영어책 읽는 독서 분위기에 빠져서 영어 독서하는 습관을 잡아 줍니다. 영어 독서하는 동안에는 게임이나 스마트폰에 마음 빼앗기지 않도록 합니다. 그래야 지속적인 원서 리딩에 몰입할 수 있으니까요.

책을 다 읽고 나면 리딩 교사, 스피킹, 라이팅 교사의 지도를 받으며 읽은 책에 대한 독후 활동을 합니다. 몇 년 동안 집중해서 이런 훈련받으면 영어 실력은 비약적으로 상승하고 영어권 또래 아이만큼 영어 구사 능력이 향상됩니다.

내 아이 영어 때문에 조기 유학 생각해 본 적이 있나요? 초등 때 원어민처럼 영어가 유창한 아이 만들고 싶은가요? 스마트폰, 게임기를 멀리하는 아이로 만들고 싶은가요? 영어 독서 습관도 잡고, 책을 좋아하는 아이로 키우고 싶은가요? 주변에 체계화된 센클 영어 도서관에 등록한다면 질문의 해답을 얻게 되며 조기 유학 대체할 수 있는 강력한 프로그램을 만나게 될 것입니다.

"행동에는 말로는 다 할 수 없는 위대한 파급력이 있다."

-스티븐 코비-

SR 5점대 돌파! 챕터북, 뉴베리 300권 읽더니 하버드를 꿈꾸기 시작했다!

11

영어 도서관 다니는데
스피킹, 라이팅도 늘까요?

영도 다니던 학생 중 SR 2점대 초3 학생과 SR 3점대 초3 학생 두명이 지난 여름 방학 동안 각각 싱가폴과 괌에 2개월 어학 캠프에 참석했습니다. 한 학생은 초급 1점대 리더스 책을 읽는 단계에 입학해서 지금은 《Henry & Mudge》 2점대 책을 읽으며 영도 시스템대로 숙제를 성실히 잘 했던 아이였고요. 3점대 학생은 캠프 가기 전 《Magic Tree House Series》에 빠져서 읽다가 미국령 괌에서 주최하는 어학 캠프를 갔습니다. 학생의 두 엄마는 영어책 듣고, 읽고, 영도만 다녀도 과연 스피킹, 라이팅까지 향상될까 늘 불안했었다고 합니다. 방학 때 2개월 어학 캠프를 다녀오고 나서 영도 시스템에 대한 확신을 갖게 되었다며 고마워했습니다.

이유인 즉 영도에서 수업했던 R. F. T(Reading Fluency Training) 훈련과 따라 쓰기 훈련이 이번 어학 캠프를 통해서 톡톡히 효과 봤다고 합니다. 영도 다닐 때만 해도 아이가 R.F.T 녹음하는 것과, Good Passage 따라 쓰는 것이 스피킹, 라이팅 실력 향상에 과연 도움이 될까 의심을 했다고 합니다. 그랬는데 어학 캠프 2개월 하는 동안 현지 원어민 영어 쌤이 칭찬할 정도로 영어책에서 배웠던 표현을 스피킹과 라이팅 수업에 자연스럽게 잘 활용했다고 합니다.

오히려 원어민 쌤이 한국에서 어떤 영어를 배우고 왔길래 자연스럽게 잘 표현하냐며 엄마에게 물어봤다고 합니다. 특히 괌 영어 캠프에 같이 참석했던 다른 영도 다녔던 아이들보다 센클 영도 다녔던 자기 아이가 가장 좋은 평가를 받았다며 기뻐했습니다. 어학 캠프 갔다 온 이후로 엄마는 센클 영도에 대한 확신을 갖게 되었고 다른 엄마들에게 열심히 소개하겠다며 센클 왕팬이 되었습니다.

영도 다니는 엄마들은 우리 아이가 영도만 다녀도 스피킹, 라이팅 실력이 늘까 늘 불안해합니다. 영도 말고 추가로 뭔가를 더 해야 되지 않을까 노심초사합니다.

그런 불안 때문에 영도를 메인으로 하지 못하고 다른 어학원, 영어학원과 병행하는 경우가 있습니다. 그건 원서 리딩과 영도 시스템에 대한 확신이 없기 때문입니다. 위의 두 아이처럼 평소 영도 다닐 때는 Listening, Reading 외에 Speaking, Writing 실력까지 향상되는 것을 깨닫지 못하다가 영어권 현지에 가서 확인하고 온 셈입니다.

물론 어떤 영도는 아예 서브로 다니라고 권유하는 곳도 있습니다. 그런 영도는 메인으로 할 만한 콘텐츠와 시스템이 없으니까 어쩌면 당연한 권유일 수 있습니다. 하지만 센클 영도는 다릅니다. 리딩을 매개로 해서 Listening 훈련은 날마다 합니다. 영어책을 읽고 나면 AR Book Quiz를 통해서 지문 이해력을 확인합니다. 리딩 노트에 Summary나 어려웠던 단어를 적어서 외웁니다. 원서 레벨별 필수 Sight Words를 뽑아서 만든 《CEN VOCA 1단계에서 14단계 어휘집》을 통해서 8,000단어 이상 어휘 훈련을 시킵니다.

게다가 R.F.T 훈련과 Good Passage 따라 쓰기까지 있어 자연스럽게 스피킹, 라이팅 실력까지 길러 주고 있습니다. 그래서인지 영어 교육 파워 블로그를 운영하는 여러 인플루언서가 수십 개 영도 업체들을 비교 분석하면서 센클은 '어학원 수업을 대체할 유일한 영어 도서관'이라고 평을 했습니다. 그런 평가를 받으려고 한 것은 아닙니다. 단지 사교육 1번지 목동에서 살아남기 위해 17년 동안 영어 독서, 원서 리딩 분야의 한 우물을 깊이 있게 판 노력과 노하우의 결실이라고 할 수 있습니다.

사실 요즘 초등생들 방과 후에 다녀야 할 여러 학원들 때문에 무척 바쁘게 뛰어다닙니다. 초등생들이 대통령 스케줄보다 더 바쁘다는 우스개가 있는 세상이니까요. 한 과목도 아니고 여러 사교육 학원을 다녀야 하니 아이들이 소화할 수 있는 스케줄을 잘 짜 주는 게 엄마의 지혜입니다. 같은 영어라면 효과 있는 한 가지를 선택해서 올인하는 게 아이 영어 실력 향상에 더 도움이 됩니다. 원서 리딩은 초등 시절 꼭 읽어야 할 재미난 영미권 책으로 사고력, 상상력을 키워서 좋고, 영어 실력도 올릴 수 있으니, 꿩 먹고 알 먹는 영어 교육법입니다.

"하고자 하는 자는 방법을 찾고, 하기 싫은 자는 핑계를 찾는다."

-인도 속담-

12

대한민국 영어 살리기,
영어 도서관으로 진정한 영어 교육 혁명

입시 영어 1타 강사들만 떼돈 버는 작금의 수능 입시 영어 방식은 뿌리부터 썩게 만듭니다. 대한민국 교육에서 수능 입시만큼 Washback Effect가 높은 게 없습니다. 우리나라 초, 중, 고 교육이 오직 대학 입시에 목을 매달고 교육하고 있으니까요. 이런 현상은 배우는 사람이나 가르치는 사람이나 입장은 똑같습니다.

Washback Effect란 언어학에서 말하는 역류 효과, 즉 평가의 결과가 차후의 학습에 미치는 영향을 말합니다. 쉽게 비유하자면 한강 하류에 큰 강둑을 만들어 강물의 흐름을 막아 놓으면 강물 하류부터 거슬러 올라가 최초의 강물 발원지인 상류 꼭대기까지 물 흐름이 올라가며 영향을 받게 됩니다. 이게 바로 Washback Effect입니다.

수능 시험이 어떻게 출제되는가에 따라서 공교육, 사교육이 거기에 맞춰 덩달아 춤추는 현상입니다. 특히 사교육은 수능 고득점을 받기 위한 것이라면 물불 가리지 않습니다. 족집게 강사를 채용하거나 실력 있는 1타 강사를 채용해서 점수만 잘 따도록 만들면 최고 학원으로 평가받습니다. 발등에 불 떨어진 고3 학생들은 높은 점수 받기 위해서 유명 입시학원에 몰리고 인터넷 1타 강사들의 강의에 열광합니다.

이러한 역류 효과는 긍정적이기보다는 대개는 부정적으로 나타납니다. 악화가 양화를 구축한다는 경제학 진리처럼 말이지요. 어떤 과목이 수능에서 차지하는 비중이 높으냐, 낮으냐에 따라 과목에 대한 수업 태도가 확 달라지고 가르치는 교사의 위상이 달라집니다. 중요도가 높은 과목을 가르치는 교사는 인기가 높고 수입도 괜찮습니다.

하지만 중요도가 떨어지는 교사는 학교뿐만 아니라 사회에서조차 찬밥 신세로 전락합니다. 그해 수능 과목 시험의 난이도가 어떻게 출제되느냐가 학생들과 사교육 업체에게는 초미의 관심사입니다. 시험 난이도에 따라서 과목 쏠림 현상이 나타나기 때문입니다. 이러한 기현상을 막기 위해서 영어와 한국사 두 과목을 절대 평가로 바꿨지만 아직도 여전합니다.

대학 입시에서 주요 비중을 차지하는 영어 과목을 절대 평가로 바꾼 이유가 여러 가지 있지만 대표적인 2가지는 이것입니다. 첫째, 영어 사교육비를 줄이기 위해서입니다. 둘째, 영어 과목에 대한 과잉 학습 부담을 낮추기 위해서입니다. 그렇다면 영어를 절대 평가로 바꾸고서 위 2가지 목표가 이루어졌을까요?

모두가 알다시피 교육부의 영어 절대 평가 시도는 완전히 실패했습니다. 사교육비는 오히려 풍선 효과 현상으로 다른 과목으로 옮겨 갔습니다. 영어 공부에 대한 과잉 열풍은 다소 주춤해 보일 뿐이지 아직도 여전합니다.

이처럼 이미 실패한 영어 절대 평가 제도를 언제까지 계속해서 밀어 부칠 건지 답답합니다. 대화형 AI가 전 세계적으로 확장되고 있는 시대입니다. 세상이 급속도로 변하는 21세기에 살면서 아직도 낡은 20세기 영어 교육 제도, 평가 방식으로 우리 학생들의 발목을 잡고 있습니다. 대한민국이 글로벌 리더를 키워서 앞으로 세계 5대 강국으로 도약하기 위해서는 영어 강국을 만들어야 할 절체절명의 위치에 있습니다.

초, 중, 고, 영어 교육에 절대적 영향을 미치는 낡은 수능 절대 평가로 오히려 영어 약소국으로 퇴보하는 우를 막아야 합니다. 이제는 수능 영어 절대 평가 시스템의 잘못된 정책을 과감하게 수정해야 할 때가 되었습니다. 초, 중, 고, 영어 교육에 엄청난 영향을 미치는 수능 영어가 잘못되었다는 것은 인지하면서도 왜 바꾸지 않는 걸까요? 영어 혁명은 이런 수능 영어 제도를 혁신적으로 뜯어고칠 때 이루어집니다. 미래 세대의 진정한 영어 실력, 세계 공용어인 영어를 자유롭게 구사하기 위해서 과감한 제도 개편이 필요합니다.

킬러 문항이 될 독해 문제를 시험으로 출제하니 일타 강사들만 재벌 만들고 있습니다. EBS에서 문제를 출제하니 발등에 불 떨어진 고3 수험생 중 일부는 영어 지문을 공부하기보다는 한글 해석본을 달달 외워서 점수 따려고 합니다. 이런 고3 영어 교육 현실을 외면하면서 어떻게 영어 실력을 향상시킬 수 있다는 걸까요? 학생들에게 독을 먹이는 영어 교육을 누가 부추기고 있는 걸까요? 이런 현실을 보고도 눈 감고 있는 고3 영어 교사들과 수능 영어 주관하는 교육부 관계자들은 도대체 월급 받을 자격이 있을까요? 그게 아니라면 온몸을 던져서 영어 교육 혁명에 앞장서야 합니다.

미국에서는 다음과 같은 행위들을 용납할 수 없는(Unacceptable) 수업 행위로 규정한다고 합니다. (Moore, 1993): [참조: 2014년 수능 영어 절대 평가 교육부, 한국교육과정 평가원 자료 인용]

① 수업 목표를 시험 준비에 두는 것
② 시험에 출제되는 문항과 비슷한 문항들을 가지고 반복 풀이 연습을 하는 것
③ 기출 문제를 보여 주는 것
④ 시험 대비 숙제를 내는 것

대한민국 고등학교 영어 교실과 사교육 입시 학원들은 미국에서는 용납할 수 없는 수업 방법을 버젓이, 공공연히, 자랑하면서, 가르치고 있습니다. 이 얼마나 어처구니없는 영어 교육 현실입니까? 이걸 보고도 눈 감고, 귀 닫고 있으니 더욱 안타까운 일입니다. 오늘날 대한민국이 선진국이 되었다고 하지만 입시 영어 교육 분야에서는 세계에서 가장 후진국에 속해 있습니다. 그렇다면 대학에 입학하기 위한 고등학교 영어 교육의 목표는 무엇일까요?

① 대학에서의 수학에 필요한 수준

② 고등학교 교육 과정이 요구하는 수준

③ 고등학교 단계에서 학교 교육을 마치더라도 일상적으로 영어 소통이 가능하도록 요구하는 수준이라고 합니다.

국민 공통 기본 교육 과정 영어와 '영어1'에서 배운 내용을 토대로 하여 장차 다양한 진로와 전공 분야에 관련된 업무와 학술적 연구를 수행하는 데 필요한 영어의 이해 능력과 표현 능력을 기르도록 하는 과목입니다. 활용 어휘 수는 3,000단어 내외입니다. 영어2 과목에는 인문, 사회, 과학, 예술, 체육, 문화 등 모든 분야의 다양한 정보를 종합적으로 이해하고 이를 활용할 수 있는 능력을 기르는 데 목표를 둡니다. 따라서 고등학교 영어 교육에서 상급 정도의 과정으로 볼 수 있습니다.

① 일반적인 주제 및 추상적인 내용의 말이나 글의 의미를 평가하면서 이해한다.

② 학술 분야의 다양한 정보를 종합적으로 이해하고 활용한다.

③ 화제나 주제 및 상황을 고려하여 외국인과 자연스럽게 의사소통을 한다.

④ 외국인의 사고방식, 생활 태도 등을 이해하고, 바르게 판단할 수 있는 안목을 기른다.

⑤ 우리의 문화적 특성을 외국인에게 바르게 소개한다.

영어1 과목은 국민 기본 교육 과정에서 배운 내용을 심화하여 일

SR 5점대 돌파! 챕터북, 뉴베리 300권 읽더니 하버드를 꿈꾸기 시작했다!

상 영어를 이해하고 상황에 적합하게 사용하도록 도와주는 과목입니다. 그리고 장차 각종 전공 분야의 학술 연구에 기본이 되는 언어 능력을 신장하는 데 목적을 두고, 중급 수준의 영어를 이해하고 활용할 수 있는 능력을 기르는 데 역점을 둡니다. 활용 어휘 수는 2,300단어 내외로 합니다.

[고등학교 영어2 교과의 지도]

1. 의사소통 능력의 중시

① 듣기, 말하기 지도는 유의적, 의사소통 중심의 연습을 많이 시켜 유창성을 기르게 한다.

② 적절한 문화 학습을 통하여 올바른 판단력과 가치관을 기를 수 있도록 도와준다.

③ 학생들의 의사소통 능력을 높일 수 있도록 오류의 즉각적인 수정을 피하도록 한다.

2. 학생 흥미와 동기 유발

① 자신감을 가지고 적극적으로 의사소통 활동에 참여하는 태도를 기른다.

② 읽기 지도는 직독직해와 속독하는 습관을 기르도록 한다.

③ 쓰기 지도는 실용적인 내용을 주제로 다양한 능력을 기르도록 도와주며 영어식 사고로 표현하게 한다. [참고 문헌: 김진우, 영어 교육의 원리와 방법, 유풍출판사, 1994. 제7차 교육과정운영의 실제, 장학자료, 서울시 교육청, 2002.]

이상이 대학 입시 관문을 통과하기 위한 고등학교 영어 교육의 방향입니다. 대학 입시가 어떤 방향으로 출제되는지에 따라 초, 중, 고, 영어는 그대로 따라갑니다. 위의 고등학교 영어 교육 목표는 좋은데 배우는 교재가 그런 목표를 실현할 수 있을지 의문입니다. 한국인 영어 교수, 영어 교사와 영어 교재 출판사들이 만든 고등학교 영어 교과서와 참고서로 고등 교육의 실제적인 효과를 거둘 수 있을까요?

대한민국 초, 중, 고, 영어가 사는 길은 아이들이 배우고 시험 보는 본질적인 영어 교과서부터 혁명을 해야 합니다. 그래야 수업 방법이 바뀌고, 평가 방법이 바뀌고, 진정한 영어 혁명이 일어납니다. 영어 배우는 본질적인 목표는 외국인들과 자유로운 의사소통입니다. 글로 하나, 말로 하나, 의사소통을 가장 효과적으로 할 수 있는 최상의 영어 교재가 무엇일까요?

한국 사람이 만든 영어 교재, 영어 교과서가 그걸 실현할 수 있을까요? 글자만 알파벳으로 되어 있지 글의 내용이나 생각, 문화가 영어권 사람과 다르다면 배운 영어를 얼마나 활용할 수 있을까요? 원어민 작가, 원어민 교사가 만든 영어 동화책, 원서 소설, 영어 잡지를 활용해야 진정한 영어 교육을 할 수 있습니다. 대한민국에서 만든 영어 교재 중에서 원어민이 만든 오리지널 영어 원서보다 더 완벽하고 더 뛰어난 교재가 있을까요? 오리지널 원어민이 만든 영어 동화책, 영어 소설로 영어 수업을 바꾸기만 해도 학생들은 신나게 영어 공부에 몰입할 것입니다.

흥미 있는 스토리, 감동을 주는 원서 소설, 현지 문화, 정치, 사회,

시사가 녹아 있는 영어 잡지는 학생으로 하여금 스스로 영어 공부할 수 있는 강력한 동기 부여를 일으킵니다. 이제는 영어 교육을 위한, 영어 교육에 의한, 영어 시험만을 위한 교재는 과감히 버릴 때입니다. 드디어 인간의 지능에 가까운 AI가 등장하여 세계인을 놀라게 하고 있습니다.

2023년 2월 8일 자 뉴스 보도를 보면 챗GPT를 이용하여 수능 영어를 풀게 했더니 불과 몇 분 만에 수능 2등급 영어 점수가 나왔다고 합니다. 고등학생이라면 수능 영어 2등급 받기가 얼마나 어려운지 잘 압니다. 학생들은 인공지능 AI의 놀라운 영어 실력에 두려움을 느낄 것입니다. 이와 같은 AI가 바로 우리 곁에서 상용화할 수 있는 단계까지 왔습니다. 언제까지 정답 맞추기 위한 주입식 암기 영어 교육에 매달리는 교육을 해야 할까요?

사람이 암기를 잘할까요? AI가 잘할까요? 물어보나 마나입니다. AI가 빅데이터를 딥러닝하여 시, 소설을 쓰고, 논문을 작성하고, 주식 투자를 조언하고, 변호사, 의사의 역할을 대신할 정도로 지능화되고 있습니다. 지금 같은 추세로 발전한다면 인간이 해야 할 많은 분야는 AI에게 빼앗길 것입니다. 인간은 암기나 주입식 교육이 아니라 상상력, 창의력, 비판적 사고력, 감수성을 샘솟게 하는 방향으로 모든 교육이 전면 개편되어야 합니다.

AI는 할 수 없지만 인간만이 할 수 있는 일을 찾아서 교육 커리큘럼을 다시 짜야 하는 시대가 왔습니다. 대한민국 초, 중, 고, 영어도 시험 위주의 점수 따는 영어를 과감히 벗어던지는 영어 교육 혁명이 일어나야 합니다. 영어 교육 혁명은 영어 원서로 수업하는 영어 도서관에서 일어나고 있습니다.

교육부의 정책 입안자들부터 시작해서 현직 초, 중, 고 영어 교사, 사교육 강사, 학생들까지 도도한 시대의 흐름을 꿰뚫는 변화를 리드해야 합니다. 영미권 아이들이 읽고 있는 영어 원서로 공교육 수업을 확 바꾼다면 아이들은 저절로 독서하는 습관을 갖게 될 것입니다. 뛰어난 천재 작가들이 쓴 원서를 통해서 상상력, 창의력, 감수성은 놀랍게 발전할 것입니다. 원서 읽고 토론하고, 원서 내용을 글로 쓰고, 원서 내용을 영어로 발표하면 영어 교육이 추구하는 근본 목적이 성취되면서 신나는 영어 교육으로 살아날 것입니다.

한 번 시험으로 끝나는 객관식 수능 영어 절대 평가로 어떻게 고등학생 3년 과정 실력을 정확하고 공정하게 평가할 수 있을까요? 구시대의 유물인 수능 영어 절대 평가는 이제 과감하게 버릴 때입니다.

AI 시대에 맞는 평가 방식을 도입해야만 입시 영어 교육이 살아납니다. 고1부터 고3 과정 3년 동안 수업 현장을 통해서 영어 교사가 엄정한 절대 평가 방식의 내신 수업을 통해 1:1로 평가하면 됩니다. 학생들의 리스닝, 스피킹, 리딩, 라이팅, 발표력, 토론 능력은 현장의 영어 교사가 가장 잘 압니다. 개개인 학생을 판단하여 A, B, C, D, E, F, 6단계 등급을 교육부가 지정한 평가 기준에 따라 공정하게 평가 점수를 기록하면 됩니다. 지금처럼 고등학생 수험생 50만 명을 한날, 한꺼번에 시험을 보려고 하니 개개인에 대한 스피킹, 라이팅, 발표력, 토론 능력 같은 주관적 평가 방식 도입 자체가 불가능했습니다.

물론 좋은 고등학교와 중하위권 고등학교 학생 간 수준별 실력 차이가 분명히 있습니다. 하지만 엄정한 절대 평가 방식을 교육부 전문가들이 만들어 그 기준에 도달한 것에 따라 A부터 F까지 공정한 절대 평가 등급을 적용한다면 충분히 해결할 수 있습니다. 이런 평가 방식을 연 2회 실시하여 고3까지 평균 점수를 연차별로 차등 적용한다면 지금 같은 1타 강사나 사교육 강사가 수능 문제 풀이로 떼돈 버는 방식은 사라지게 될 것입니다.

서두에 언급한 것처럼 Wash Back Effect 즉, 역류 효과의 법칙에 따라 우리나라 최종 입시 관문인 대학 입시 영어 평가 방식이 바뀌면 초, 중, 고, 영어는 저절로 바뀝니다. 진정한 영어 교육 혁명을 위해서 교육부 관계자들과 영어 교육과 대학교수, 중 고등 영어 교사, 사회 영어 교육 전문가, 영어권 국가에서 추천받은 원어민 전문 교수가 주축이 되어 초, 중, 고, 학생들이 학창 시절에 반드시 읽어야 할 영미 필독서를 선정하면 됩니다.

현재 만들어진 영어 교과서에 집착하지 말고 엄정한 기준에 맞게 영미 필독서 초등 300권, 중등 200권, 고등 100권, 도합 600권을 선정합니다. 선정한 영미 필독서는 모든 초, 중, 고, 학교 졸업 전에 의무적으로 읽도록 지도합니다. 초, 중, 고 시절에 선정된 영미 필독서를 영어 교재로 활용하고 졸업 전 필수 과정 원서 읽기 캠페인을 벌인다면 인문학 영어 독서 붐과 함께 대한민국 영어가 비로소 선진국 반열에 올라가는 놀라운 영어 혁명이 일어날 것입니다.

"우리에게는 지금까지 존재하지 않았던 것을 꿈꾸는 사람들이 필요하다."

-존 F. 케네디-

에 필 로 그

영어 도서관을 17년 이상 운영하면서 수많은 엄마와 아이들을 만났습니다. 그들을 만나면서 올바른 영어 교육이 무엇인지, 어떻게 하면 우리 아이가 영어를 유창하게 잘할 수 있는지 고민에 대한 확실하고 강력한 해답을 제시하고자 이 책을 집필했습니다. 필자 말고도 수많은 분들이 영어 교육 노하우에 관한 책들을 출간했었습니다. 이 책도 그분들이 쓴 유사한 수백 권의 책들 중의 한 권으로 보는 분도 있을 것입니다. 하지만 필자의 책은 17년간 영어 도서관을 운영한 현장 경험과 노하우를 통해서 보통 아이들 누구나 원서 리딩을 꾸준히 하면 영어 영재가 될 수 있다는 확신을 심어 주고자 저술한 책입니다. 실제 원서 리딩을 통해서 영어 영재가 된 수많은 아이들의 노하우를 전파하고자 쓴 책입니다. 원어민처럼 유창하게 영어 잘하는 아이를 만들고 싶은 엄마들에게 원서 리딩의 효과가 어떤 것인지, 원어민 아이와 같은 영어 두뇌가 어떻게 만들어지는지에 대한 노하우가 들어 있습니다. 이 책은 눈앞에 다가온 AI 시대를 살아갈 우리 자녀에게 어떤 영어 교육법이 가장 효과적일지 대안을 제시했습니다.

영어 기초는 겨우 떼어 리더스 수준의 책은 읽지만 챕터북 이상의 책을 자유자재로 읽지 못하고 원서 리딩을 포기하는 수많은 아이들을 만났습니다. 그들의 안타까움을 보면서 이 책을 통해서 그 고비를 뛰어넘어 자유로운 영어 능력자가 되기를 간절히 바라는 마음을 담았습니다. 누구나 원서 리딩에 집중하면 영어가 터지는 티핑 포인트, 즉 언어의 변곡점을 초등 시절에 맛볼 수 있습니다. 빨리 도달하고, 늦게 도달하는 차이는 있지만 포기하지 않는 아이는 그런 경지에 도달할 수 있습니다. 티핑 포인트를 경험하고 영어 두뇌가 만들어진 아이와 그렇지 않은 아이와의 영어 실력 격차는 가면 갈수록 점점 벌어집니다.

원서 리딩에 확신과 믿음이 없는 엄마들은 아이가 고학년이 되거나, 중1 되면 문제 풀이하는 내신 영어, 입시 영어 쪽으로 방향을 바꿉니다. 내신 영어, 입시 영어로 방향을 바꾸는 그 순간부터 내 자녀가 영어 자유인으로 살 수 있는 길을 스스로 포기하는 것입니다. 아이 인생을 멀리까지 봐야 하는데 당장 눈앞의 점수만 보는 옛날 영어 학습법을 선택하니 참으로 안타깝고 답답한 일입니다. 조금만 더 원서 리딩에 집중하면 티핑 포인트를 경험하고 영어 영재가 될 수 있는 길이 있는데 말입니다. 그걸 경험하지 못하고 포기하는 엄마들을 수없이 보면서 그들의 안타까움을 해결하고자 이 책이 탄생되었습니다.

영어권에 유학 가지 않고도 원어민 아이처럼 영어 잘하는 길, AI가 인간의 영역을 위협해도 끝까지 살아남을 수 있는 영어 공부법, 상상력, 창의력, 사고력이 샘솟는 영어 교육, 이런 영어 교육을 대한민국에서 가장 효과적으로, 지속적으로, 확실하게 실현할 수 있는 곳이 어디에 있을까요? 바로 보석 같은 오리지널 원서가 가득 찬 영어 도서관을 활용하는 것입니다.

　내 아이 영어가 아직 만족스럽지 못하고, 챕터북, 뉴베리북을 자유자재로 읽지 못해서 고민하는 초3, 4, 5, 6 엄마라면 이 책을 통해서 해답과 확신을 얻기 바랍니다. 이 책을 읽고서 원서 리딩의 효과에 대한 확신과 믿음을 가지고 실천하는 아이와 엄마가 된다면 이 책을 집필한 필자의 큰 보람이자 기쁨입니다. 대한민국 영어를 글로벌 공용어 수준으로 격상시켜 줄 혁명적인 영어 도서관 활용 영어 독서교육으로 확! 바뀌는 그날을 꿈꾸면서….

목동에서 이두원

참고 문헌 및 도서

1. 유자효, 아직, 시학, 2014.
2. 르네상스 러닝 한국법인 타임교육 제공, SR, AR교육 자료.
3. 스티븐 크라센, 미국 남가주 대학교 언어학 박사 어록.
4. 비고츠키, 러시아 교육 심리학자의 교육이론.
5. 우길주, 부산 교육대학교 영어학과 교수 칼럼.
6. 로드앨리스, 오클랜드 대학교 교수 어록.
7. 《레미제라블》의 작가 빅토르 위고 어록.
8. 앨빈토플러, 미래학자 《제3의 물결》 저자 어록.
9. 《싱크빅》의 저자 벤 카슨 스토리.
10. 오빌 프레스콧, 아이들에게 책 읽어주는 아버지.
11. 워런 버핏 어록.
12. 2014년 수능 영어 절대 평가 자료, 한국 교육과정 평가원.
13. 김진우, 영어 교육의 원리와 방법, 유풍출판사, 1983.
14. 제7차 교육과정 운영의 실제, 장학자료 2002, 서울시 교육청.

[참고 기사]
1. 외고, 특목고 합격한 영어 상위 1% 학생 인터뷰, 내일신문
2. 미주리 대학교 조덕성 박사 야구와 리딩 관련 인터뷰, 미국 LA 중앙일보
3. 야구 관련 기고문: 2020년 3월 22일 (전 SK와이번스 이만수 야구 감독)

SR 5점대 돌파!

챕터북, 뉴베리
300권 읽더니
하버드를 꿈꾸기 시작했다!

ⓒ 이두원, 2023

초판 1쇄 발행 2023년 9월 4일
    2쇄 발행 2024년 5월 12일

지은이	이두원
펴낸이	이기봉
편집	좋은땅 편집팀
펴낸곳	도서출판 좋은땅
주소	서울특별시 마포구 양화로12길 26 지월드빌딩 (서교동 395-7)
전화	02)374-8616~7
팩스	02)374-8614
이메일	gworldbook@naver.com
홈페이지	www.g-world.co.kr

ISBN   979-11-388-2264-0 (03740)

- 가격은 뒤표지에 있습니다.
- 이 책은 저작권법에 의하여 보호를 받는 저작물이므로 무단 전재와 복제를 금합니다.
- 파본은 구입하신 서점에서 교환해 드립니다.